跨境电商 B2B 数据运营 1+X 职业技能等级证书配套教材
跨境电子商务师认证项目配套教材

跨境电商 B2B 店铺数据运营
（第 2 版）

跨境电商 B2B 数据运营 1+X 职业技能等级证书配套教材编委会　组编

主　编　毛居华
副主编　杨　玲　刘　颖　闫高杰
参　编　杨莉莉　余　萍　李春丽　江　彬
　　　　刘　青　姜丽丽　丁子格　张　莹
　　　　周　佩　华　丹

电子工业出版社
Publishing House of Electronics Industry
北京·BEIJING

内 容 简 介

本书以跨境电商 B2B 数据运营 1+X 职业技能等级证书（中级）标准为依据，重点介绍阿里巴巴国际站的店铺运营规划、店铺基础建设、产品管理、店铺基础营销、店铺付费营销、直播营销、商机获取、客户管理、交易管理、履约服务、店铺数据优化、AI 智能运营等内容。通过学习本书的内容，读者能基本掌握阿里巴巴国际站的店铺数据运营技能，可以达到跨境电商 B2B 店铺运营专员岗位的技能要求。

本书既可以作为高等职业院校相关电子商务类专业的核心课程教材，又可以作为相关从业人员的参考用书。

未经许可，不得以任何方式复制或抄袭本书之部分或全部内容。
版权所有，侵权必究。

图书在版编目（CIP）数据

跨境电商 B2B 店铺数据运营 / 毛居华主编. -- 2 版.
北京：电子工业出版社，2025. 1. -- ISBN 978-7-121-49651-6

Ⅰ．F713.365.2

中国国家版本馆 CIP 数据核字第 2025WH4196 号

责任编辑：陈　虹
印　　刷：三河市良远印务有限公司
装　　订：三河市良远印务有限公司
出版发行：电子工业出版社
　　　　　北京市海淀区万寿路 173 信箱　　　邮编：100036
开　　本：787×1092　1/16　　印张：17.25　　字数：464 千字
版　　次：2021 年 5 月第 1 版
　　　　　2025 年 1 月第 2 版
印　　次：2025 年 2 月第 2 次印刷
定　　价：59.50 元

凡所购买电子工业出版社图书有缺损问题，请向购买书店调换。若书店售缺，请与本社发行部联系，联系及邮购电话：(010) 88254888，88258888。
质量投诉请发邮件至 zlts@phei.com.cn，盗版侵权举报请发邮件至 dbqq@phei.com.cn。
本书咨询联系方式：chitty@phei.com.cn。

跨境电商 B2B 数据运营 1+X 职业技能等级证书配套教材编委会

主　　任：顾　明

执行主任：毛居华　姚　远　何　雄

前　言

　　商业活动的主要目的是获取利润。司马迁说："天下熙熙，皆为利来；天下攘攘，皆为利往。"逐利意味着必须准确、及时地掌握生产和消费市场情况，贱买贵卖。《管子·禁藏》中记载："其商人通贾，倍道兼行，夜以续日，千里而不远者，利在前也。"这句话生动地刻画了因掌握了"利在前"的市场信息，商人不远千里、日夜奔赴的经商情形。可见，信息是决定贸易成败的关键因素。

　　互联网信息技术的发展为国际贸易提供了前所未有的机遇。贸易信息的核心特点包括准确性、全面性、即时性与交互性。在古代，信息的交流主要依赖书信，信息量少、时效性差、成本高，可谓"家书抵万金"；在工业革命后的近现代，电话、电报等发明的出现，使得信息的即时性和交互性大为提高；在如今的互联网时代，信息实现了跨时空、全透明、全方位和全覆盖。即使在中国的一些偏远城市，我们也可以联系到大洋彼岸的企业。纵使相隔万里，贸易双方也能即时沟通和深入洽谈。

　　互联网信息技术正在深刻地改变着国际贸易模式。据海关总署测算，2024 年上半年，跨境电商进出口额为 1.22 万亿元，达到历史新高，跨境电商已成为国际贸易发展的新趋势和经济发展的新增长点。新时代的企业必须学会用互联网技术下的信息思维进行决策，掌握大数据运营能力。

　　跨境电商企业的数据运营不外乎"三板斧"：跨境电商平台数据运营、SEO（搜索引擎优化）和 SNS（社交网络服务）。其中，跨境电商平台数据运营是跨境电商企业普遍使用的工具；SEO 侧重为企业自身的官网或平台引流；SNS 则是要融入外国客户的社交圈子，寓业务于社交。

　　本书以阿里巴巴国际站为对象，系统讲解跨境电商平台数据运营能力。这是因为，在国内，阿里巴巴国际站的使用最为普遍。据调研，在开拓海外业务的企业中，约有 60%的企业在使用阿里巴巴国际站。另外，阿里巴巴国际站的功能也具有普遍代表性，学会且熟练使用该平台，在使用其他跨境电商平台时就会更加得心应手。

　　感谢参与编写本书的教育界和产业界专家，大家是用心来构思和编写的。本书按照操作技能分为 12 章，每章以项目实操贯穿始终，以"一话一案例"起首，以"本章小结+本章练习"结束，深入浅出、体系完整，便于读者学习和理解。本书中的案例都是经过专家们精挑细选的，兼具故事性和知识性。即使是每章的开篇句，也是经过专家们反复推敲的，如第八章的开篇句"企业面临的最大挑战不再来自竞争对手，而来自客户"，强调在当前企业运营过程中，客户的重要程度甚至超过竞争对手，企业需要高度关注客户管理。

本书的编写团队由具备多年一线实战经验的研究人员、企业专家、骨干教师组成，包括清华大学国家服务外包人力资源研究院的副院长毛居华、研究员杨玲，阿里巴巴国际站校企合作负责人杨莉莉，邯郸职业技术学院的刘颖、张莹，天津海运职业学院的闫高杰，广州工程技术职业学院的余萍，义乌工商职业技术学院的李春丽，宁波职业技术学院的江彬、刘青，山东外贸职业学院的姜丽丽，河南信息统计职业学院的丁子格，厦门华天涉外职业技术学院的华丹，焦作师范高等专科学校的周佩。

　　由于编者的能力有限，本书的不足之处在所难免，敬请广大读者批评指正。

毛居华
2024 年 9 月

目 录

第一章　店铺运营规划 ... 1
　　第一节　概述 ... 1
　　第二节　市场分析 ... 4
　　第三节　店铺运营方案 ... 9
　　本章小结 ... 12
　　本章练习 ... 12

第二章　店铺基础建设 ... 14
　　第一节　平台入驻 ... 14
　　第二节　图片与视频制作 ... 18
　　第三节　店铺设计 ... 24
　　本章小结 ... 30
　　本章练习 ... 30

第三章　产品管理 ... 32
　　第一节　产品信息化 ... 33
　　第二节　产品发布 ... 43
　　第三节　产品运营 ... 52
　　第四节　产品数据分析 ... 55
　　本章小结 ... 59
　　本章练习 ... 59

第四章　店铺基础营销 ... 61
　　第一节　平台的营销活动 ... 62
　　第二节　自主营销 ... 68
　　第三节　视频营销 ... 79
　　本章小结 ... 85
　　本章练习 ... 85

第五章　店铺付费营销 ... 87
　　第一节　付费推广的基础知识 ... 88
　　第二节　推广设置 ... 94
　　第三节　品牌营销 ... 100
　　第四节　营销数据分析与优化 ... 102
　　本章小结 ... 104

| 本章练习 | 104 |

第六章　直播营销 ... 106
第一节　直播运营管理 ... 107
第二节　直播流量运营 ... 116
第三节　直播脚本撰写 ... 119
第四节　直播销售 ... 124
本章小结 ... 129
本章练习 ... 129

第七章　商机获取 ... 131
第一节　RFQ 商机获取 ... 132
第二节　EDM ... 136
第三节　询盘回复 ... 145
本章小结 ... 154
本章练习 ... 154

第八章　客户管理 ... 156
第一节　客户管理概述 ... 157
第二节　客户分层 ... 161
第三节　客群管理 ... 166
第四节　客户营销 ... 168
本章小结 ... 171
本章练习 ... 171

第九章　交易管理 ... 172
第一节　出口产品成本核算 ... 172
第二节　定价与报价 ... 175
第三节　交易确认 ... 181
第四节　订单管理 ... 188
本章小结 ... 193
本章练习 ... 193

第十章　履约服务 ... 195
第一节　外贸单证的办理与缮制 ... 195
第二节　生产备货 ... 205
第三节　跨境物流 ... 209
第四节　跨境电商通关 ... 215
第五节　跨境支付与结算 ... 219
第六节　一达通服务 ... 223
本章小结 ... 225
本章练习 ... 225

第十一章　店铺数据优化 227
第一节　数据分析的基础 227
第二节　店铺经营优化 232
第三节　店铺流量优化 236
第四节　店铺成长优化 239
本章小结 242
本章练习 242

第十二章　AI 智能运营 244
第一节　AI 智能运营基础 244
第二节　市场智能分析 247
第三节　产品智能管理 251
第四节　客户智能运营 259
本章小结 263
本章练习 264

第一章　店铺运营规划

凡事预则立，不预则废。

> **导入案例**
>
> **全球视野下的中小型企业的市场拓展策略**
>
> 在全球化日益加深的今天，企业不仅需要关注本土市场，还需要具备全球视野，理解并把握国际市场动态。
>
> 近年来，随着物联网、大数据、AI（Artificial Intelligence，人工智能）技术的飞速发展，智能穿戴设备（如智能手表、健康追踪手环、智能眼镜等）已成为电子产品市场的热点产品。科技巨头纷纷在智能穿戴设备领域布局，众多初创企业不断崛起。水木智能作为一家在该领域享有盛誉的解决方案提供商，自 2010 年由一群在自动化、AI 等领域拥有深厚背景的工程师共同创立以来，始终将市场洞察视为企业发展的核心驱动力。
>
> 自 2016 年入驻阿里巴巴国际站后，水木智能便踏上了拓展全球市场的征途。面对竞争激烈的国际市场，水木智能没有盲目出击，而是采取了稳健的市场分析策略。通过对全球智能制造行业趋势的深入研究，对目标市场需求的精准把握，以及对竞争对手优劣势的细致分析，水木智能逐渐明确了自身的市场定位与差异化的竞争优势。
>
> 水木智能的团队利用大数据分析工具，对潜在客户的兴趣点、购买行为及市场趋势进行了全面剖析。基于客户洞察，水木智能迅速调整了市场策略，制定了一系列产品展示与营销方案。水木智能不仅优化了其在阿里巴巴国际站上的店铺装修，采用了更加现代、专业的设计风格，还通过高清视频、3D 模型等多媒体形式生动展示了产品的技术实力与应用效果。同时，水木智能精心准备了详尽的产品资料与解决方案白皮书，以便在与客户沟通时提供更加专业、全面的服务。
>
> 水木智能通过精准的市场定位、差异化的竞争优势及专业的营销策略，成功吸引了高端客户的注意并赢得了订单。这一成功经验不仅为水木智能未来的发展奠定了坚实的基础，还为其他企业在国际市场上拓展业务提供了有益的借鉴。

第一节　概述

一、跨境电商 B2B 模式

1. 跨境电商

跨境电商（全称为跨境电子商务）是指分属于不同关境的交易主体，通过跨境电商平台达成产品交易、进行信息交流、提供服务的国际商业活动。跨境电商分为跨境零售和跨境批发两种模式。

跨境零售包括跨境 B2C（Business to Customer，企业对个人）和跨境 C2C（Customer to Customer，个人对个人）两种模式。跨境 B2C 是指分属于不同关境的企业面向个人消费者在线销售产品和服务，通过跨境电商平台达成交易、进行支付结算，并通过跨境物流送达产品、完成交易的一种国际商业活动。跨境 C2C 是指分属于不同关境的个人商家对个人消费者在线销售产品和服务，由个人商家通过跨境电商平台发布产品和服务、达成交易、进行支付结算，并通过跨境物流送达产品、完成交易的一种国际商业活动。

跨境电商 B2B（Bussiness to Bussiness，企业对企业）的概念有广义和狭义之分，广义的跨境电商 B2B 是指基于互联网的企业对企业的跨境贸易活动，即"互联网+传统国际贸易"；狭义的跨境电商 B2B 是指企业之间基于跨境电商 B2B 交易平台进行的贸易活动。跨境电商 B2B 和跨境电商 B2C 有明显的差异，跨境电商 B2C 重视终端消费者，而跨境电商 B2B 则专注于企业之间的商业往来，这导致它们的营销策略、平台选择等不同。跨境电商 B2B 是目前较为庞大、运营效率较高的商业模式，在整个跨境电商交易中占据绝对优势。

2. 跨境电商 B2B 交易平台

在全球化和互联网的影响下，跨境贸易呈现网状结构。在不同国家和地区的贸易活动中，由于地理距离、市场和法律制度不同，跨境电商交易通常要由多种商业角色共同完成。一个典型的跨境电商生态圈以跨境电商平台为中心，由商家、买家、跨境电商服务商、政府监管机构等参与者构成。

跨境电商 B2B 交易平台在跨境电商交易中占据主导地位。通过跨境电商 B2B 交易平台，商家能够向买家提供卓越的服务、独家产品、优惠的价格和可靠的送货服务，从而赢得买家的信赖和忠诚。跨境电商 B2B 交易平台的独特优势在于，它能够将来自世界各地的商家和买家连接在一起，简化产品交易流程。全球知名的跨境电商 B2B 交易平台主要有阿里巴巴国际站、敦煌网、中国制造网等。

阿里巴巴国际站于 1999 年在浙江杭州成立，是阿里巴巴集团的第一个业务板块，现已成为全球领先的跨境电商 B2B 交易平台。多年来，阿里巴巴国际站一直位居 Alexa 国际贸易类、电子商务类、贸易市场类、进出口贸易类网站排名前列，曾连续多次被美国《福布斯》杂志评为"全球最佳 B2B 网站"。阿里巴巴国际站帮助中小型企业拓展国际贸易的出口营销推广服务，通过向买家展示、推广商家的企业和产品，进而获得贸易商机和订单。它是出口企业拓展国际贸易业务的首选网络平台之一。

在跨境电商 B2B 交易中，商家可以在阿里巴巴国际站发布产品目录、企业信息、特殊的促销活动等，阿里巴巴国际站负责将这些信息传递给买家。此外，商家还可以得到免费的在线培训。买家可以在阿里巴巴国际站上寻找潜在的产品和商家，也可以发布他们需要的物资信息，从商家那里得到报价。

跨境电商 B2B 交易平台提供可信赖的专家监督服务，买家可以比较价格和服务质量，跨境电商 B2B 交易平台帮助买卖双方进行沟通、协商，从而促成交易。跨境电商 B2B 交易平台也会提供支付、保险和物流服务，提供所有所需的技术，以维持其上的活动，还提供类似第三方托管的服务，处理买家的投诉。

二、跨境电商数据运营基础

1. 数据分析在跨境电商运营中的应用

数据是通过科学实验、检验、统计等所获得的用于科学研究、技术设计、查证、决策的数值，其表现形式可以是符号、文字、数字、语音、图像、视频等。跨境电商数据分析是指通过对跨境电商平台或店铺产生的数据进行采集、整理、分析和挖掘，从中获取有用的信息，从而为跨境电商企业的经营决策提供帮助、提高决策的合理性和科学性的过程。

一般而言，跨境电商数据分析涉及的数据包括产品数据、客户数据、市场数据、营销数据、销售数据、供应链数据、店铺数据七大类别。在传统商业时代，企业的决策多依赖于经验总结。随着数字经济时代的到来，跨境电商企业在经营过程中可以通过数据了解市场、客户，通过分析客户的购买行为、购买偏好了解市场需求，从而调整运营策略，最终提高销售效益。因此，数据分析是跨境电商运营必备的一项核心技能。

数据运营是指利用数据驱动的方式来提升业务运营效率、改善业务运营效果的一系列活动和过程。数据运营可以帮助跨境电商企业更好地理解市场、优化业务流程和提升客户体验。首先，数据运营可以帮助跨境电商企业了解市场需求，深入了解不同国家和地区客户的需求和偏好，从而精准定位产品和市场。哪些产品在哪些市场上更受欢迎、客户的购买习惯如何等，这些数据都有助于跨境电商企业制定更有针对性的市场策略。其次，数据运营有助于精准营销。通过分析客户数据，跨境电商企业可以实现精准营销。了解客户的购买历史、购买偏好和购买行为有助于跨境电商企业进行个性化推荐和定制化营销，从而提高营销的有效性和转化率。最后，数据运营可以帮助跨境电商企业识别运营中的瓶颈和问题，通过数据驱动的决策提高整体运营效率。

跨境电商平台的内部数据是最主要的数据来源，如阿里巴巴国际站后台的数据参谋中有很多重要的数据，其中包括数据概览、店铺分析、半托管分析、视频分析、交易分析、履约分析、员工分析、访客详情等。

2. 跨境电商数据分析流程

数据分析是系统的过程，包括明确数据分析的目标、采集数据、处理数据、分析数据、展示数据、撰写数据分析报告等步骤。

（1）明确数据分析的目标：在开展数据分析之前，跨境电商企业需要明确数据分析的目标。这通常涉及确定想要解决的问题、需要验证的假设或想要实现的目标。跨境电商企业需要设定具体的、可衡量的、可实现的、相关的和有时限的（SMART）目标，以确保分析的方向明确。

（2）采集数据：根据数据分析的目标，确定需要采集哪些类型的数据。跨境电商企业需要制订数据采集计划，包括数据的来源、采集方法、采集频率等，并使用适当的工具和技术进行数据采集，如 API（应用程序编程接口）、数据抽取工具等。

（3）处理数据：数据分析中的一个重要环节，涉及对原始数据进行清洗、转换和整合。数据清洗包括去除重复数据、处理缺失值、纠正错误数据等。数据转换包括数据格式的转换、数据单位的统一、数据标准化或归一化等。数据整合是指将来自不同数据来源的数据合并成一个统一的数据集，以便进行后续的分析。

（4）分析数据：使用统计方法、数据挖掘技术或机器学习算法对数据进行深入分析。跨境电商企业需要根据数据分析的目标选择合适的分析方法（如描述性统计、推论统计、聚类分析、关联规则挖掘等），提取数据中的关键信息，识别数据模式、数据趋势和数据的关联关系。

（5）展示数据：将分析结果以图表、报告、仪表板等形式展示出来，方便用户理解和使用数据。首先，跨境电商企业需要选择合适的数据可视化工具和技术，如 Excel、Tableau、Power BI 等；其次，跨境电商企业需要使用清晰的标签、图例、颜色等，确保数据展示的准确性和易读性；最后，跨境电商企业需要根据需求，将数据展示为交互式的，以便用户自行查询数据。

（6）撰写数据分析报告：将分析结果和建议整理成数据分析报告。数据分析报告一般包括引言、方法、结果、讨论和建议等部分。数据分析报告撰写人员需要在数据分析报告中解释数据分析的结果，并讨论它们对业务决策的影响；同时，需要提出具体的建议或行动计划，以便用户据此采取行动。

第二节　市场分析

市场分析是指了解市场的基本状况及其影响因素，帮助企业制定有效的市场营销决策，在现代营销观念的指导下，以满足消费者需求为中心，研究产品从生产领域拓展到消费领域的全过程，从而实现其经营目标的过程。国际市场分析有助于管理者制定正确的国际经营战略；有助于企业制订正确的商业计划，确定市场进入、渗透和扩张所需要的各种必要条件；有助于管理者正确预测未来可能发生的各种事件，并对即将发生的全球性变化做好充分准备。跨境电商企业的市场分析一般包括 3 种类型，分别是全球市场分析、国家市场分析、平台市场分析。

一、全球市场分析

全球市场分析是一个综合性的市场分析过程，旨在深入了解全球市场的整体状况、趋势、机遇与挑战。它不仅关注市场规模等基本信息，还深入挖掘蓝海市场的潜力。

1. 全球市场规模

全球市场规模是指特定产品或服务在全球市场的整体规模，可由一系列指标来衡量，如产量、销售额、用户数量等。例如，预计 2025 年全球医疗器械市场规模将超过 5945 亿美元，到 2030 年将突破 8000 亿美元。数字技术与医疗服务的深度融合推动医疗器械行业不断升级，产品创新迭代速度加快。

2. 蓝海市场洞察

蓝海市场是指通过科技创新等方式，在原有市场的基础上发展出来的新市场，其竞争小、利润率高。在医疗器械细分市场上，AI、数字化、云监测等医疗技术的提升将逐步改变诊断与治疗的模式。AI 医疗器械、治疗家庭化、银发市场、康复训练、保健护理等成为未来增长的引擎，而诊断与治疗逐步向保健预防端倾斜。医疗器械细分领域的全球蓝海市场洞察如表 1-1 所示。

表 1-1 医疗器械细分领域的全球蓝海市场洞察

医疗器械细分领域	2023 年的销售额/亿美元	2023 年的复合增长率/%
体外诊断	776	4.5
心脏科	699	6.9
诊断成像	539	4.6
骨科	498	5.2
眼科	397	6.5
普外科和整形外科	312	6.5
内窥镜	276	7.5
给药设备	276	5.9
牙科	20	6.8
伤口处理	19	5.6
糖尿病护理	182	7.9
肾脏科	164	5.8
医院和健康通用耗材	144	3.7
神经科	13	9
耳鼻喉	125	6.8
其他(医疗健康技术等)	935	6.4
总计	5843	6

资料来源：2024 年第一季度阿里巴巴国际站医疗器械行业研究报告。

3. 外贸出口状况

每年，中华人民共和国海关总署（以下简称海关总署）都会统计并公布某产品的进出口数据，数据是真实的买卖双方交易记录。海关总署的统计数据显示，2023 年，中国医疗仪器及器械（海关编码为 9018~9023）的出口额为 1482.71 亿元。2023 年，中国医疗器械出口额排在前 3 位的产品类别是医疗、外科、牙科或兽医用仪器及器具，矫形器具，离子射线应用设备。2023 年，出口额排在前 3 位的国家为美国、日本、德国。

二、国家市场分析

国家市场分析包括国家市场分布分析、国家市场环境分析、国家市场产品需求分析等。

1. 国家市场分布分析

市场分布主要研究特定品类在世界范围内各个国家或地区的买家规模指数、同步增长率等排名。

买家规模指数是衡量一个国家或地区对特定品类需求量的重要指标。这一指标通常基于多个数据来源，如跨境电商平台交易数据、市场调研报告、海关进出口数据等。不同品类的买家规模指数可能存在显著差异，受到当地的经济发展水平、买家的购买力、文化背景、政策环境等多种因素的影响。

同步增长率是指某个时期内，特定品类产品或服务在某个国家或地区的销售额或交易量与前一时期相比的增长率。这一指标反映了该品类在该国家或地区的市场发展趋势和增长潜力。同步增长率的排名有助于企业识别哪些市场正在快速增长，从而调整市场策略和资源分配。

国家市场分布展示了不同品类的地区差异，它受到消费偏好、地区经济水平、贸易政策的影响。例如，北美和欧洲市场可能更注重品质和创新，而亚洲市场则可能更注重性价比和实用性。这种差异要求企业在进入新市场时，必须充分考虑当地的市场特点和消费偏好。近年来，一些新兴市场（如非洲、中东和东南亚等市场）的经济迅速增长，对特定品类的需求不断增加。这些新兴市场为企业提供了新的增长点和发展机遇。此外，各国政府的贸易政策、关税政策等对国家市场分布也具有重要影响。企业需要密切关注政策动态，及时调整市场策略，以应对潜在的风险和机遇。

例如，阿里巴巴国际站 2024 年第一季度的数据显示，在医疗器械行业，美国的成交量位于行业第一，印度、巴西、菲律宾等国家的成交量靠前，如图 1-1 所示。

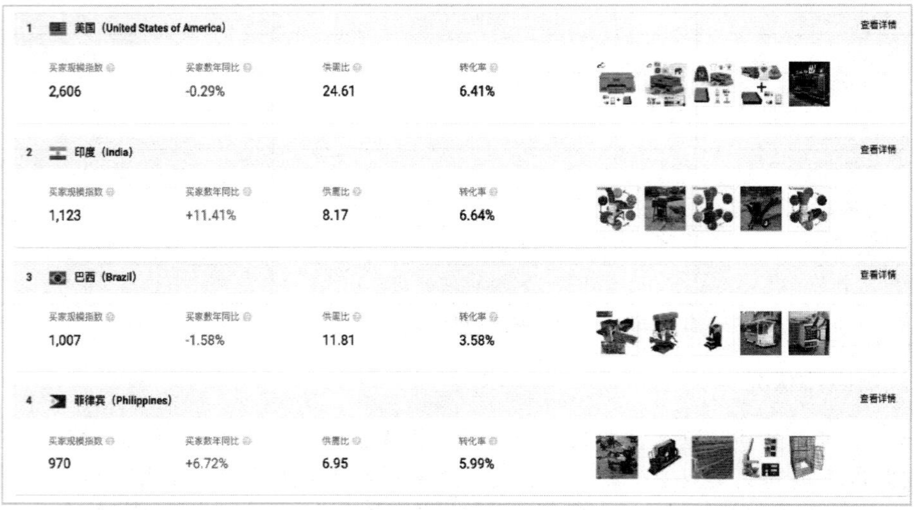

图 1-1　医疗器械行业的国家市场分布

2．国家市场环境分析

国家市场环境分析主要研究不同国家或地区之间是否存在影响贸易开展的政治情况和变化因素等，一般从政治、法律、经济、文化、技术等方面进行。

（1）政治和法律环境：包括政府的重要经济政策、政府对贸易实行的鼓励政策和限制措施、有关外贸方面的法律法规（如关税、配额、国内税收、外汇限制、卫生检疫、安全条例等）。

（2）经济环境：包括经济结构、经济发展水平、经济发展前景、就业、收入分配等。

（3）文化环境：包括使用的语言、教育水平、宗教、风俗习惯、价值观念等。

（4）技术环境：包括互联网渗透率、网络基础设施情况等。

3．国家市场产品需求分析

具体的产品是市场需求分析的核心，国家市场产品需求分析一般从类目、产品、搜索词3 个方面进行。不同国家或地区由于文化、气候、经济等因素的差异，对产品的需求会有所不同。例如，俄罗斯、加拿大、美国、澳大利亚、巴西等国家的文化和气候存在差异，对服装的款式、材质、颜色等有不同的偏好；发展中国家对农业机械、工业设备等机械设备的需求较大；发达国家则更注重高效、节能、环保的设备。搜索词是反映买家需求的重要指标。通过分析搜索词，我们可以了解买家对某个产品或类目的关注度和购买意向。

相对于类目，关键词代表更加细分的市场。通过分析行业热搜词，商家可以深度了解买家需求的规律，把店铺定位落到实处，以便指导店铺的选品工作。关键词分析一般从关键词列表、搜索指数两个角度进行。例如，男装行业关键词"Men shirt"（男士衬衫）的搜索指数如图 1-2 所示。由图 1-2 可知，"Men shirt"的平台搜索指数于 2019 年 3 月新贸节期间达到新的峰值，在 4—5 月有所回落。

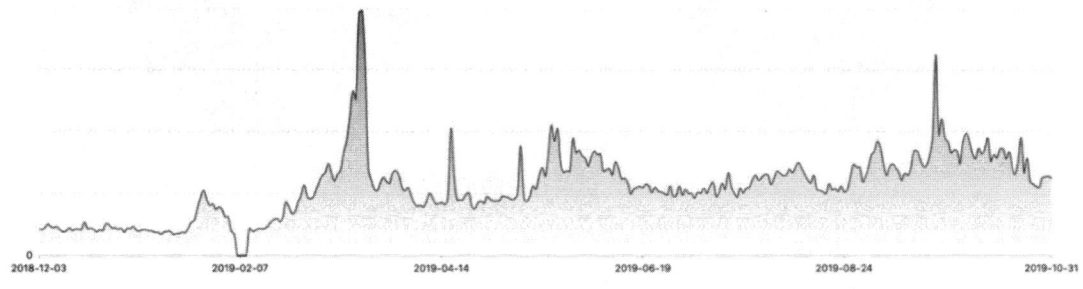

图 1-2　男装行业关键词"Men shirt"的搜索指数

根据沉淀的交易数据，我们可以了解细分市场的基本情况。

三、平台市场分析

全球市场分析与国家市场分析侧重于从宏观角度进行分析，如果商家需要进一步了解市场的竞争环境，就要对具体平台与行业进行深入的分析。平台市场分析包括类目表现分析、客户特征分析、商机潜力分析。平台市场分析能帮助商家了解店铺所处的行业环境、目标市场对该产品的需求、目标市场的容量及其发展趋势，并预计价格的变化等，进一步找到一些最有发展前途的细分市场，构建正确的产品结构及规划合理的运营方案。

1. 类目表现分析

了解行业的类目表现有助于商家明确细分市场，选择市场容量较大的细分市场，从而精准地进行店铺定位。例如，男装行业的类目表现如图 1-3 所示。由图 1-3 可知，男装的销售规模占比在服装二级类目中排名第二，其中男士的 T 恤、衬衫、袜子为销售规模占比排在前 3 位的三级类目。

把类目和市场潜力进行二维分析，可以进一步得出细分市场的商机潜力。男装行业细分类目的商机潜力如图 1-4 所示。

2. 客户特征分析

客户特征一般通过买家画像得到。买家画像是根据平台上买家的统计数据，结合其采购行为得出的对客户群体特征的分析。买家的统计数据包括买家来源、买家规模指数等，如图 1-5 所示。买家画像还可以用于细分市场需求，让商家了解该类目买家需求的特征。例如，男装类目的买家画像如图 1-6 所示。由图 1-6 可知，男装类目的买家主要是中小零售/批发商、品牌商/贸易商、大型品牌连锁企业。

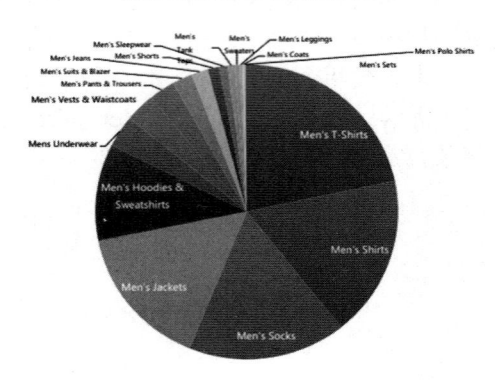

图 1-3　男装行业的类目表现

图 1-4　男装行业细分类目的商机潜力

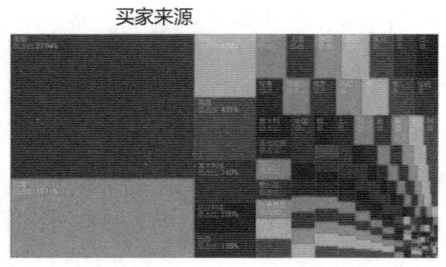

图 1-5　买家的统计数据

图 1-6 男装类目的买家画像

3．商机潜力分析

商机潜力主要从市场容量、市场增速、市场供给 3 个角度进行评估。市场容量从大到小分为超大型市场、大型市场、中型市场、小型市场、微型市场 5 级；市场增速从高到低分为超高速增长、高速增长、中速增长、低速增长、负增长 5 级；市场供给从高到低分为供给极不充分、供给不充分、供给较不充分、供给平衡、供给过剩 5 级。例如，男装市场的商机潜力分析如图 1-7 所示。由图 1-7 可知，男装市场为超大型市场，保持着超高的市场增速，但市场供给不充分，所以对商家来说有巨大的发展空间。

图 1-7 男装市场的商机潜力分析

第三节 店铺运营方案

一、店铺定位

1．店铺定位的目的

恰当的店铺定位是店铺成功的基础，它决定了店铺的目标市场、产品选择、营销策略及品牌形象。恰当的店铺定位能够帮助店铺从众多竞争对手中脱颖而出，吸引并留住目标客户。

恰当的店铺定位可以形成店铺的正面形象。店铺通过优化店铺的整体形象及产品的设计，可以更好地满足目标客户的心理需求，从而对目标客户的心智和情感进行管理。恰当的店铺定位有助于店铺在目标客户心中树立良好的形象。

恰当的店铺定位有助于店铺形成差异化的竞争力。通过对店铺进行定位规划，并从产品特征、包装、服务、风格视觉等多个方面进行研究，同时考虑竞争对手的情况，店铺可以使得产品或品牌形成差异化，从而在目标客户心中占据一个有利的位置，使目标客户与店铺产生共鸣，进而接受和认可产品或品牌。

恰当的店铺定位可以避免后期产品因不符合市场需求而导致的店铺流量不足的问题，让店铺更清晰地了解目标客户的特征。

2．店铺定位的步骤

（1）国际市场调研：对影响目标市场供需变化的各种因素及其动态、趋势进行分析，主要包括国内外相关政策分析、市场需求及规模分析、经营模式和平台选择分析。

（2）行业市场调研：通过对目标国家市场、买家画像、商机潜力、类目表现、关键词热度等进行分析，了解行业整体及细分市场的状况。

（3）企业分析：要进行店铺定位，除了需要进行国际市场调研、行业市场调研，还需要考虑企业自身的能力及核心竞争优势，进行企业分析。企业分析是指找出本企业具有的未来有竞争优势的资源，对所拥有的资源进行识别和分析的过程。企业分析包括企业规模分析、供应链及生产研发能力分析、团队实力分析、资质证书分析、经营目标分析、企业竞争力分析等内容。

在国际市场调研、行业市场调研、企业分析的基础上进行市场定位、产品定位、企业定位，可以进一步明确店铺定位。

二、店铺运营目标

1．店铺运营目标体系

店铺运营目标是店铺的经营方向与愿景，可以指导店铺的各项经营活动。店铺运营目标的制定对于确保店铺的长期成功和可持续发展有着重要的意义。明确的店铺运营目标可以帮助店铺集中精力和资源，进行资源的有效分配。店铺运营目标也是衡量店铺绩效，建立店铺运营度量标准和监测系统的基础。

在制定店铺运营目标时，企业需要考虑多个维度的目标体系，使其与企业的整体战略和市场环境相匹配。店铺运营目标一般包括销售目标、运营效率目标、客户满意度目标、市场目标等。

销售目标是店铺最基本和关键的目标之一，包括销售额、销售增长率等。销售目标一般根据市场需求和竞争情况进行预测和制定。

运营效率目标包括供应链、物流、支付等运营环节的效率，如订单处理时效、物流时效、支付成功率等。提升店铺的运营效率，有助于提升客户体验和利润率，增强店铺的竞争力。

客户满意度目标关注店铺提供给客户的体验和服务质量，包括客户反馈、投诉率、客户忠诚度等指标。提高客户满意度是保持客户忠诚度和口碑传播的关键，对店铺的长期成功至关重要。

市场目标指的是在整个平台市场或国家市场拥有多少的市场占有率。它关注企业在市场竞争中的表现及所占的市场份额。市场目标对企业的发展具有重要意义，它不仅能为企业的市场营销活动提供明确的方向，还能帮助企业明确自身在市场中的定位和竞争策略。

2．店铺运营目标拆解

店铺运营目标拆解是店铺运营目标落地的关键环节。店铺运营目标拆解常用的方法是同比增长系数法。同比增长系数法可以将整体目标按照同比增长率分解为多个子目标。以店铺销售目标为例，其拆解方法如下。

首先，确定总体销售目标与时间周期，如年度销售额增长。

其次，计算同比增长系数，即每个时间周期内要实现的增长率，可以使用以下公式计算同比增长系数：同比增长系数=（目标值-基准值）/基准值。目标值是设定的整体目标，基准值是参考的历史数据或过去时间周期的实际结果，可以参考近两三年的数值进行均衡。

再次，将同比增长系数应用于各子目标，以拆解目标并设定具体的子目标。例如，去年的销售额为 100 万元，按照同比增长系数为 20%来计算，今年的目标销售额=去年的销售额+去年的销售额 × 同比增长系数=100+100×20%=120（万元）。

最后，进一步拆分目标。一般来说，我们可以从过程和时间两个维度将整体目标拆解为具体的、可操作的子目标，并为实现整体目标提供指导和执行路径。

三、店铺运营计划

制订店铺运营计划一般包括进行市场分析、制定店铺运营目标、制定运营策略、制订运营实施计划、运营优化等步骤。

（1）进行市场分析。店铺需要通过市场数据进行分析，了解行业整体状况及细分市场状况；选择细分行业类目，确定差异化运营定位。

（2）制定店铺运营目标。店铺运营目标包括销售增长率目标、销售额目标、运营效率目标、市场目标、客户目标等，其中销售增长率目标和销售额目标是在实际工作中最常用的店铺运营目标。店铺运营目标一般以年度、季度或月度为单位进行制定，并结合历史销售数据和增长趋势进行预测。在制定完店铺运营目标后，店铺需要将整体目标拆解成具体的业务指标，如平均订单金额、销售数量、销售渠道的贡献比例等，以便更具体地指导跨境电商业务运营。

（3）制定运营策略。制定运营策略是制订店铺运营计划中的关键环节，店铺需要根据运营目标规划，制定流量、服务、产品、广告等运营策略，以保证店铺运营目标能够实现。店铺还需要按照跨境电商运营节奏将店铺运营目标拆解到月份维度，制订具体的执行计划。

（4）制订运营实施计划。店铺需要制订运营实施计划，实施运营方案。

（5）运营优化。根据店铺优化措施及数据反馈，进行优化措施调整。店铺需要进行定期的监控和评估，并根据情况及时调整和优化，进行迭代，以便保障店铺运营目标的实现；需要充分考虑企业的资源和能力（如人力、财力、技术等），合理分配资源，以支撑店铺运营目标的实现；需要为店铺运营目标设定明确的时间期限（如月度、季度或年度等），以监控和评估店铺运营目标的实现情况。

本 章 小 结

本章主要介绍了店铺运营规划的内容：第一节从整体上介绍了跨境电商 B2B 数据运营，包括跨境电商 B2B 模式，以及跨境电商运营基础；第二节介绍了市场分析，市场分析包括全球市场分析、国家市场分析、平台市场分析 3 种类型；第三节介绍了店铺运营方案。通过学习本章，读者应能掌握店铺运营规划的过程，从整体上把握跨境电商 B2B 数据运营。

本 章 练 习

一、选择题

1. 对有自己的工厂及产品研发团队的中小型工贸一体化企业来说，更适合其开拓跨境电商市场的平台是（　　）。

   A. 阿里巴巴国际站

   B. 速卖通

   C. 亚马逊

   D. 天猫

2. 下列选项中，不属于竞争对手的是（　　）。

   A. 销售女士连衣裙的不同店铺

   B. 销售电视机的店铺和销售智能音响的店铺

   C. 销售真丝连衣裙的店铺和销售休闲连衣裙的店铺

   D. 销售女士棉衣的店铺和销售女士羽绒服的店铺

3. 跨境电商 B2B 企业为了进入拉丁美洲市场，须保证产品符合当地的信仰和习俗，如特殊着装要求，这就需要该企业进行（　　）的调研。

   A. 国际经济环境

   B. 国际文化环境

   C. 国际政治环境

   D. 国际法律环境

4. 在分析跨境电商市场时，经常会用到市场供需比指标，供需比是对（　　）的反映。

   A. 市场竞争情况

   B. 市场容量

   C. 市场规模增长量

   D. 市场转化率

5. 某阿里巴巴店铺已经运营了 10 年，其曝光率、询盘率、支付转化率均高于行业平均水平，该店铺在制定运营目标时，应当关注（　　）。

   A. 销售目标

   B. 经营效率目标

   C. 订单处理效率

   D. 供应链管理

二、简答题

1. 店铺定位的步骤有哪些？
2. 平台市场分析一般包括哪些方面？

三、实训题

某跨境电商企业计划开拓海外市场，经营服装类目。请你帮助该企业进行阿里巴巴国际站民族服饰和袜子细分类目的市场调研。

第二章　店铺基础建设

店铺基础建设状况是决定店铺盈利水平的根本因素。

> **导入案例**
>
> 顶级设计院的订单砸中了这家中小型企业
>
> LLA是一家享誉国际的美国建筑设计企业，由一群以设计见长、理念相近、长期共事的建筑师于2000年创立，总部位于纽约。国内中小型企业奥纳陶瓷在2014年入驻阿里巴巴国际站，在2018年9月的采购节和2019年3月的新贸节鲁中区域的"百团大战"中都获得了交易额第一的好成绩。
>
> 2019年3月2日，一个来自LLA的询盘引起了奥纳陶瓷老板徐某的注意。发送询盘的是LLA的主设计师。通过进行询盘内容分析、背景调查，徐某将其列为重点客户。经过两个月的努力，徐某最终拿下了订单。事后，徐某回忆说，如果没有精美的旺铺装修和让LLA的主设计师心动的产品主图，我可能拿不下这个订单。
>
> LLA的主设计师并没有从系统发出询盘，而是细心记录了店铺页面上的电子邮箱，通过电子邮箱发来了询盘。在询盘中，他发送了旺铺首页的截图，并说奥纳陶瓷的页面呈现很精美、瓷砖设计很新颖，想要进一步了解奥纳陶瓷，同时给出了在建工程需要的意向产品设计。
>
> 在利用精美的旺铺装修和产品主图吸引了LLA的主设计师后，徐某耐心地提供跟进服务，最终获得了LLA的订单。
>
> 近几年，我们欣喜地看到，越来越多的阿里巴巴国际站商家以旺铺装修和产品主图为导引，为自己赢得了商业价值和品牌价值双赢的订单。

第一节　平台入驻

入驻阿里巴巴国际站的流程包括信息采集、店铺注册认证、账号与店铺信息完善、子账号管理等。

一、信息采集

在入驻阿里巴巴国际站时，企业需要先提交企业信息，并完成产品发布，方可选择开通店铺的日期，所以企业信息采集和产品信息采集是店铺基础建设的必要步骤。

1. 企业信息采集

企业信息采集包括企业的工商认证信息采集和企业基础信息（如工厂、展会、研发团队等）采集。企业信息采集要符合可靠性、完整性、实时性和准确性原则。

1）企业的工商认证信息采集

需要采集的企业工商认证信息一般包括以下 3 种：企业执照信息、企业经营地址信息和认证人信息。企业执照信息包括中英文的企业注册全称、企业注册国家或地区、中英文的企业注册地址、注册资本、中英文的企业法人姓名、执照的起始时间、截止时间、照片。企业经营地址信息包括企业联系国家或地址、中英文的企业经营地址、企业经营场地的照片。认证人信息包括中英文的认证人的姓名、认证人的性别、认证人的身份证信息、认证人的手机号和电子邮箱等联系方式、认证人的职位信息等。

2）企业基础信息采集

企业基础信息被直接展示在产品详情页和旺铺企业信息页。完整且丰富的企业基础信息是企业综合实力的展示，也是买家筛选企业的重要依据。企业基础信息包括以下 5 种：基本信息、研发设计信息、加工制造能力信息、外贸出口能力信息和展示信息。基本信息包括企业名称、企业注册地、企业注册年份、企业运营地址、主营业务、企业的法人等。研发设计信息包括认证或检测、荣誉证书、专利和商标等。加工制造能力信息包括工厂的地址、工厂的面积、加工贸易、质检人员的数量、研发人员的数量、生产线的数量和年产值等。外贸出口能力信息包括上一年的销售额、出口比例、主要市场及占比、外贸部门的员工、出口方式、最近的出口港口、是否有海外办事处、贸易方式下的交货条款、语言能力、接受的支付货币和付款方式等。展示信息包括企业的标志、企业的详细信息、企业形象展示图、企业的视频和企业的参展图片等。

2. 产品信息采集

产品信息采集是指对产品的基本信息进行整理。产品信息采集包括产品基础信息采集和产品图片采集。

1）产品基础信息采集

产品基础信息是指在了解产品的竞争优势、用途、特点、参数等信息的基础上整理出来的基础信息，包括产品的标题、属性、功能、价格、基础参数、尺寸、重量等。

2）产品图片采集

在了解了企业的主营产品、产品用途、客户群体和目标市场，并确定了产品图片的风格后，需要做的工作就是进行产品图片采集。产品图片主要有产品主图、产品细节图、产品卖点图、产品包装图、产品使用效果图和产品使用场景图。

二、店铺注册认证

1. 会员注册

要入驻阿里巴巴国际站并办理出口通业务，企业就要先成为阿里巴巴国际站的会员。目前，可以入驻阿里巴巴国际站的企业有在中华人民共和国国家市场监督管理总局注册过的做实体产品的企业（如生产型企业和贸易型企业），服务型企业（如物流企业、检测认证企业、管理服务企业等）、离岸企业和个人无法入驻。

目前，阿里巴巴国际站按年收费，费用由基础服务费和增值服务费组成。其中，基础服务费（出口通）为 29 800 元/年。金品诚企（Verified Supplier）是阿里巴巴根据买家的采购习惯推出的综合性推广服务，其目前的市场价格为 80 000 元/年。

2．信息认证

注册信息包括企业的工商认证信息和企业基础信息两个方面。在企业类型符合要求的前提下，企业需要提交企业的工商认证信息，通过实地认证来确认企业的身份。进行认证审核是为了给买家提供更加真实、安全的交易环境，以确保买家能放心交易。企业在完成实地认证之后，需要根据企业的经营类型，按照阿里巴巴国际站的指引准备并提交企业基础信息。

3．店铺开通

在提交企业基础信息之后，企业需要至少发布一款产品，并在审核通过 3 小时左右后，完成有关阿里巴巴国际站规则的考试。在通过考试后，企业才可以选择店铺开通时间。

三、账号与店铺信息完善

1．账号信息完善

账号信息可以帮助企业更好地管理店铺，如在进行交易时，企业需要提供相关账号信息，以确保账号的安全性。此外，在一些担保交易，以及退货、换货等交易环节中，企业也需提供相关账号信息，以便处理售后事宜。账号信息一般包括个人信息、账号安全、账号设置、资金账户管理等，如图 2-1 所示。

图 2-1　账号信息

在完善账号信息时，企业需要注意安全性、即时性、完整性、可控性等要求。

（1）安全性。完善的账号信息可以提高账号的安全性。通过提供准确的联系信息和进行安全设置，商家可以便捷地验证身份、重置密码，以及应对安全威胁和风险。在在线交易、账单支付、客户支持等场景中,个人信息有助于确认合法的账号持有人。

(2)即时性。完善的联系信息可以确保企业及时收到重要通知、更新和促销信息。这对于账单提醒、服务更新等非常重要。

(3)完整性。完整的账号信息可以帮助企业建立积极的品牌形象。

(4)可控性。管理员或拥有特定权限的用户可以使用访问权限、角色设置等功能来更好地对其他账号进行管理。

2. 店铺信息完善

店铺信息包括店铺名称、店铺 Logo、店铺域名、企业展示信息、实力宣传信息等。完善的店铺信息可以让买家更好地了解商家的实力和经营状况,增强买家对商家的信任感。

在店铺信息中,企业档案(Company Profile)是重要部分,起到宣传企业形象、提升品牌价值、建立品牌认同感、拉近与买家的距离、建立信任感的必要部分,如图 2-2 所示。

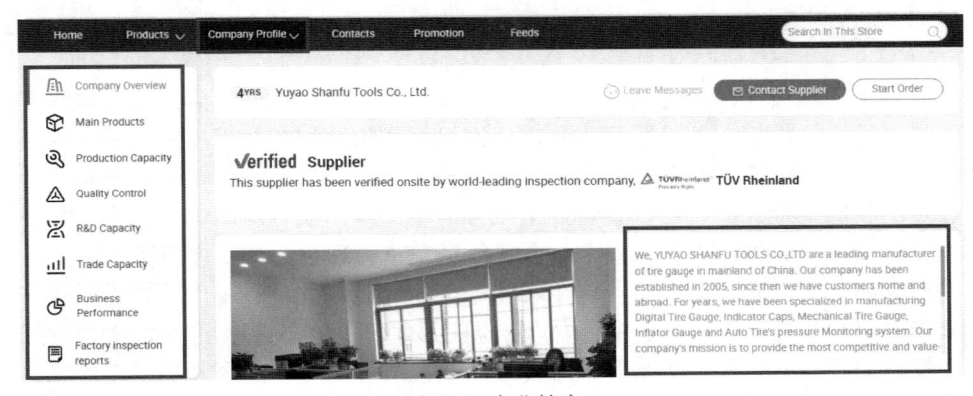

图 2-2　企业档案

通常而言,企业介绍文案的基本内容框架包含以下 4 个部分。

第一部分:我们是谁?这是企业介绍,通常包括企业的名称、理念、组织结构、文化、联系方式等。

第二部分:我们在做什么?这是业务范围介绍,重点介绍企业的产品和服务,通常包括业务范围、业务流程、服务优势等。对于有竞争对手的产品,企业应突出介绍产品特色;对于没有竞争对手或竞争不激烈的产品,企业应突出介绍产品的价值。企业可以用相关运营数据展示企业的实力,有实力的企业通常会将优势产品和服务单独进行介绍。

第三部分:我们做过什么?这是企业的业绩及案例介绍,通常包括外贸出口能力、相关证书和案例。案例通常最有说服力。没有大量成功案例的新企业可以略过不提案例,而应重点突出其他方面的实力,如获得的资质、合作伙伴等。

第四部分:我们将来要做什么?在结尾部分,企业可以对自己的愿景及中远期规划进行介绍。

以下是一个企业介绍文案模板,读者可按照括号中的提示填写相应的英文。

Established in_____(成立年份),_____(公司英文名称)is a professional manufacturer and exporter that is concerned with the design, development and production of_____(行业产品). We are located in_____(公司所在城市), with convenient transportation access. All of our products comply with international quality standards and are greatly appreciated in a variety of different markets throughout the world.

Covering an area of ＿＿＿＿（工厂占地面积）square meters, we now have over ＿＿＿＿（员工人数）employees, boast an annual sales figure that exceeds USD＿＿＿＿（销售额）and currently export ＿＿＿＿（出口比例）of our production worldwide. Our well-equipped facilities and excellent quality control throughout all stages of production enable us to guarantee total customer satisfaction. Besides, we have received ＿＿＿＿（国际证书，通过如 ISO 9001 认证）.

As a result of our high quality products and outstanding customer service, we have gained a global sales network reaching＿＿＿＿（主要出口国家）.

If you are interested in any of our products or would like to discuss a custom order, please feel free to contact us. We are looking forward to forming successful business relationships with new clients around the world in the near future.

四、子账号管理

如果有多个人需要在跨境电商平台上进行操作，为了界定责任，降低店铺风险，企业就需要进行账号结构的规划，并设置子账号，根据组织架构及相关的管理制度进行权限分配。

阿里巴巴国际站的店铺账号分为 4 种：管理员、业务经理、制作员、业务员。

管理员的权限是最大的，可以查看到子账号的相关操作及管理店铺。主账号与子账号在实际操作上无区别，区别在操作权限上。业务经理负责管理自己和下属业务员的产品，并管理自己的询盘和客户，同时可选择管理下属业务员的询盘和客户。制作员负责创建产品、管理产品和产品组、管理图片银行。业务员负责创建和管理被分配到的产品，接收与回复针对所创建和管理的产品的询盘。子账号信息会被展示在名片中，作为企业的联系信息，因此在创建子账号时，企业需要如实、准确地填写信息。一般子账号的信息为英文的。

子账号的数量有一定的限制。在阿里巴巴国际站中，仅管理员可创建子账号，最多可创建 5 个高级子账号。当有业务员离职时，管理员需要做好子账号回收与子账号重新分配工作。子账号可以被重新分配给新的业务员，如果没有新的业务员，那么管理员可以删除子账号或直接管理子账号。

第二节　图片与视频制作

具有视觉冲击力的高品质的产品图片和视频能够提升店铺的整体视觉效果，影响买家对产品的认知和购买转化率，从而直接影响产品的销量，所以跨境电商运营者需要掌握必要的图片与视频制作技巧。

一、图片分类与拍摄

1. 图片分类

1）产品图片

产品图片分为产品主图、产品详情页图片、产品海报图。产品主图一般不少于 6 张，主要展示产品的卖点、不同角度、使用效果等。产品详情页图片一般在15张以内，主要展示产品的尺寸、细节、优势、包装等。产品海报图主要展示产品的核心卖点。

2）企业图片

企业图片一般包括企业信息图、工厂图片、成功案例图片、资质证书图片等，一般用于旺铺装修及产品详情页通用模块。企业信息图包括企业介绍、办公环境图片、企业团队图片等。工厂图片包括工厂环境图片、生产工艺图片、仓库物流图片等。成功案例图片包括客户拜访图片、展会信息图片、客户评论图片等；资质证书图片包括企业荣誉证书图片、产品认证证书图片、能力认证证书图片等。

2．图片拍摄

1）图片拍摄的基本流程

只有在拍摄产品图片前做好准备工作，才能让拍摄效果更加完美。准备工作主要包括全面了解产品、确定拍摄风格、制定拍摄方案、确定拍摄顺序、准备拍摄器材。

2）图片拍摄的基础要求

（1）清晰、干净的主体物。在产品图片中，除主体物外，还有背景和道具。背景和道具可以适当地被进行虚化或模糊处理，但主体物一定要清晰、干净，带给人美的感受，以彰显产品的质感。

（2）颜色正确且大小适中。产品图片的颜色一定要与主体物的颜色相符，不能失真。主体物在画面中要大小合适，否则将影响视觉感受。

（3）背景色搭配正确。拍摄者应根据产品的风格与特质来选择合适的背景颜色，以便更好地衬托产品。产品图片常用的背景色有3种：黑色、白色、灰色。这3种中性颜色几乎可以与所有颜色进行搭配。

（4）多角度与细节展示。多角度展示产品既可以让买家多方面地了解产品的外观，又可以体现产品的品质。产品细节是买家非常关注的信息。

3）图片拍摄的基本技巧

拍摄产品不只是选择一个角度进行拍照即可，还需要根据产品的特性对产品进行合理的摆放、构图，使展示效果更好。

在拍摄产品时，巧妙地使用道具可以丰富画面、烘托氛围。在拍摄多个产品时，拍摄者不仅要考虑造型的美感，还要尽可能地将产品摆放得错落有致，避免造型呆板。

在拍摄产品之前，拍摄者要为产品的构图和取景做好前期准备，即先将所要拍摄的产品、道具等进行合理的组合，设计出一种最适合该产品的摆放角度来体现产品的性能与价值，再进行拍摄。一般来说，拍摄者除了需要从正面、侧面进行拍摄，还需要从一些特殊角度（如平视、20°～30°角侧视、45°角侧视和各个俯视角度）进行拍摄，从每个角度都拍两三张图片，以更全面地展示产品的特点。拍摄角度分为平视、俯视、仰视、斜侧、垂直、微距6种。

（1）平视：用相机从产品的正前方进行拍摄，镜头与产品保持平行。采用平视角度拍摄的画面会显得端庄，但是缺乏立体感，容易显得呆板，拍摄者可以借助背景或道具来增加画面的层次感。

（2）俯视：用相机从高处向下对产品进行拍摄，画面中的水平线升高，给人低头俯视的感觉。这种拍摄角度可以同时拍到正面、侧面和顶面3个面，能有力地表现产品的立体感，增强空间的深度。

（3）仰视：用相机从低处向上对产品进行拍摄，使产品显得高大和修长。仰视多用来拍摄模型、灯具等。

（4）斜侧：介于正面、侧面之间，能够在一个画面内同时表现产品的正面和两个侧面的形象特征，表现产品的立体感。

（5）垂直：相机的拍摄方向与地面垂直，从被拍摄的产品上方由上而下进行拍摄。从垂直角度拍摄改变了人们平时观看实物的视角，将三维空间变成二维空间（线条清晰的平面图案），使画面具有特殊的美感。

（6）微距：近距离拍摄产品，可以得到更清晰、真实的细节效果，从而更好地展示产品细节，让买家直观地认识产品。

4）图片拍摄光源的选择

拍摄产品与拍摄其他物体在光线的使用方面有一定的区别。在产品拍摄中，灯光使用较多，自然光使用较少，因此在画面布局和灯光处理方面比较复杂。光源分为室内自然光、人工光源及辅助设备。

室内自然光是指由室外自然光通过门窗等射入室内的光线，极易造成物体受光部分与阴暗部分的明暗对比。自然光不利于拍出产品的质感，也很难表现产品的色彩。在拍摄时，拍摄者要设法调整拍摄角度，改善产品的受光条件，增大产品与门窗的距离；合理地利用反光板，使产品的暗处局部受光，以缩小产品的明暗差别。

人工光源是指各种灯具发出的光，这种光源是产品拍摄中用得最多的一种光源。在使用人工光源进行拍摄时，拍摄者要根据产品的具体条件及自己想要表现的内容合理使用人工光源。

辅助设备主要有闪光灯、反光罩、挡光板、蜂巢、柔光箱、背景布等。

5）场景构建

不同的产品拍摄对场景构建的要求不同。例如，要拍摄小而精的产品，可以使用静物台搭配灯箱；要拍摄大件产品，可以搭建背景幕布；要拍摄服装类目的产品，可以选择模特实拍。一般来说，场景构建分为室外拍摄场景构建、室内拍摄场景构建等。

室外拍摄主要针对模特拍摄，采用自然光加反光板补光的方式进行，这样拍摄出来的图片更加自然、独特。在拍摄时，拍摄者应多让阳光从侧面照射被摄人物，忌阳光直射，尽量远离色彩明艳的景物，以避免偏色。

室内拍摄对拍摄场地的面积、背景布置、灯光等都有要求，需要准备辅助器材，如柔光箱、三脚架、同步闪光灯、引闪器、反光板等。室内拍摄分为小件产品拍摄和大件产品拍摄，拍摄者在拍摄前需要针对不同的产品进行拍摄场景的构建。小件产品适合在单纯的场景中进行拍摄，可以使用微型摄影棚或白色、纯色的背景。大件产品的拍摄场景尽量使用整洁且单色的背景，拍摄场景中不要出现与产品不相关的物体。

6）图片拍摄的布光方式

在摄影棚中拍摄产品时，拍摄者需要合理布光，以展示产品的质感。不同材质的产品所需的布光效果不同，材质柔软的产品需要使用柔和的光，反光性强的产品需要使用直射光来衬托产品的质感。

（1）正面两侧布光：这是拍摄产品时常用的布光方式之一，光线投射方向和相机的拍摄方向一致。正面两侧布光方式会让正面投射的光线全面且均衡，能够完整地展示产品且不会有暗角，但要保证室内光源均衡，光照的强度要够大。

（2）两侧 45°角布光：产品的顶部受光，正面未完全受光。这种布光方式适合拍摄外形扁平的小产品，不适合拍摄立体性较强、有一定高度的产品。

（3）单侧 45°角不均衡布光：这种布光方式会使受侧光照射的产品底部的投影变深，对产品的立体形状和质感有很强的表现力，但无法呈现产品的很多细节。拍摄者可使用反光板或白色泡沫板将光线反射到阴影面上。

（4）前后交叉布光：这种布光方式是前侧光和后侧光的组合，若仅从产品的前侧打光，则会使产品的背面出现大面积的阴暗，不能展示产品的细节；结合从后侧方打光，则可以体现出阴暗部分的层次感。

（5）后方布光：从产品的后面打光。这种布光方式只能照亮被摄物体的轮廓。

7）摄影构图

（1）九宫格构图：也称井字构图，属于黄金分割式构图的一种形式，即把被摄主体放在九宫格交叉点的位置上。对构图方位来说，右上方的交叉点最为理想，其次是右下方的交叉点。这种构图方式符合人们的视觉习惯，使被摄主体成为视觉中心，具有突出被摄主体并使画面趋向均衡的特点。

（2）三分法构图：将画面横竖分为 3 等份，每一份中心都可放置主体形态，适用于多形态平行焦点的主体。这种构图方式可以鲜明地表现被摄物体，构图简练，可用于近景等不同景别。

（3）十字形构图：将画面分成 4 份，即通过画面中心画横、竖两条线，在交叉点上放置被摄主体，使画面具有安全感、和平感、庄重感和神秘感。

（4）横线构图：这种构图方式可以使画面产生宁静、宽广、稳定、可靠的感觉。在拍摄时，切忌从中间位置穿过，可以上移或下移，以避开中间位置。在构图中，除了单一的横线，拍摄者还可以组合使用多条横线。

（5）竖线构图：这是将产品竖向摆放和竖向排列的构图方式，可以使画面产生坚强、庄严、有力的感觉，也可以表现产品的高大，常用于拍摄长条或竖立的产品。

（6）斜线构图：这是将产品斜向摆放的构图方式，特点是富有动感、个性突出，多用于表现造型、色彩或理念等较为突出的产品。

（7）疏密相间法构图：在同一个画面中摆放多个物体进行拍摄，但不能将多个物体放置在同一平面中，而要使它们错落有致、疏密相间，让画面在紧凑的同时主次分明。

二、图片处理

图片处理是指对图片进行调色、明暗修改、彩度和色度的修改、特殊效果的添加、编辑和修复等处理，使其满足视觉营销需求。常用的图片处理软件有 Photoshop、Adobe Illustrator、CorelDRAW 等。

1．裁剪图片

店铺中的不同模块对图片有不同的尺寸要求，用 Photoshop 处理后的图片可能因为太大而无法被添加到对应模块中，或者被添加后无法在模块中进行展示，这时，商家就需要进行图片裁剪，去掉不需要的部分。

例如，系统要求产品主图的尺寸为 640 像素×640 像素，建议制作的产品主图尺寸为 750 像素×750 像素，以达到主题鲜明、图片清晰的目的，从而提升买家的视觉满意度；图片的常见格式有 JPEG、JPG、PNG、GIF 等，建议的主图格式为 JPEG 或 JPG；单张图片的大小不超过 5MB，建议单张图片小于 400KB。

2．图片效果调整

拍摄的图片除了大小不符合要求，还可能存在过暗、模糊、有瑕疵、颜色不准等问题。这时，商家需要依次对这些问题进行处理，保证图片更加接近产品的真实效果，如调整曝光不准确的图片，调整图片画面的整体色调，将模糊的图片清晰化，修复图片上的污点、瑕疵和褶皱，虚化背景和为产品更换颜色等。

3．产品主图差异化设计

产品主图是产品的流量入口，对引流起着至关重要的作用。商家要想在产品主图中呈现出产品的卖点，就要充分利用产品主图的设计技巧。

一张产品主图要想脱颖而出，就要与其他产品主图有差异。表现差异的方式有很多，如通过模特、卖点、场景、背景、搭配组合等来表现差异。这几种方式可以混合使用，但要做到美观、能够突出产品。对于有明确规格和型号要求的产品，产品主图要表现出其与同类产品的差异。

三、视频制作

1．视频拍摄的方法与过程

视频拍摄的方法有 3 种：①用手机进行拍摄，需要准备三脚架、小型滑轨和手持稳定器等辅助设备；②使用专业的摄影工具（如单反相机、摄像机等）来拍摄，这样可以获得画质更好的视频；③使用第三方视频生成工具来生成视频。视频拍摄包括了解产品的特点，准备道具、模特与布置场景，进行视频拍摄，后期合成 4 个步骤。

1）了解产品的特点

在拍摄视频前，拍摄者需要对产品有一定的认识，如了解产品的特点、使用方法和使用效果等。只有对产品有所了解，拍摄者才能选择合适的模特、拍摄环境、拍摄时间，并根据产品的大小和材质选择拍摄的器材与布光方式等。拍摄者应重点表现产品的特色，帮助买家了解产品，提高转化率。

2）准备道具、模特与布置场景

在了解产品的特点后，拍摄者就可以准备道具、模特与布置场景了，为视频拍摄做好准备工作。

（1）道具。视频拍摄可选择的道具很多，道具的选择要适当，避免出现场景杂乱的现象。在室内进行视频拍摄时，拍摄者需要选择合适的摄影灯，若需要对产品进行解说，则需要准备录音设备。

（2）模特。不同的产品对模特的需求不同，有些产品不需要模特。模特是为产品服务的，不能喧宾夺主。

（3）场景。拍摄的场景包括室内场景和室外场景。室内场景需要考虑灯光、背景和布局等。在进行室外拍摄时，拍摄者需要选择一个合适的环境，避免在人物繁杂的环境中进行拍摄。无论是室内场景还是室外场景，每款产品都需要被多方位地展示并被拍摄多组视频，以便后期挑选与剪辑。

3）进行视频拍摄

在一切准备就绪后，拍摄者就可以进行视频拍摄了。在拍摄过程中，为了保持画面的平衡，拍摄者需要使用三脚架，并根据产品的性能依次进行拍摄。在拍摄时，拍摄者要注意展示产品的全貌，并对产品的各个角度分别进行拍摄。

4）后期合成

在视频拍摄完成后，拍摄者需要将多余的部分剪掉，进行多场景组合，添加字幕、音频、转场和特效等。这些操作需要通过视频编辑软件来完成。常用的视频编辑软件有会声会影、Premiere 等。

2．视频拍摄的技巧

1）合理构图

在拍摄视频的过程中，拍摄者需要运用一些构图方法，让拍摄出来的视频更美。常用的构图方法主要有以下几种。

（1）三分构图法。这是一种在摄影、绘画、设计等艺术中常用的构图方法。三分构图法是指把画面在横向和纵向上都平均分成 3 份，横向线条和纵向线条的交叉处为分中心，每个分中心都可放置主体产品的构图方法。这种构图方法适用于多形态平行焦点的主体产品。

（2）对角线构图法。对角线构图法是指将主体产品安排在画面的对角线上的构图方法。利用这种构图方式能够得到很好的纵深效果和立体效果，画面中形成的线条还能起到吸引视线的作用。

（3）对称式构图法。对称式构图法是指将主体产品放在画面的中间，使画面形成对称关系的构图方法。这种构图方法能给人稳定、正式和均衡的视觉感受。

2）拍摄角度

为了呈现更全面的产品形态，拍摄者在拍摄视频时，要从不同的拍摄角度进行拍摄，以体现产品的特征。

（1）平摄：摄像机与产品处于同一水平线上，可以拍摄产品的正面、侧面和斜面。在拍摄小产品时，拍摄者可以采用平摄的角度，以体现产品的立体感。

（2）俯摄：用摄像机从产品的上方向下拍摄，能展示产品的顶面。

（3）仰摄：与俯摄相反，用摄像机从下往上拍摄，可以用于拍摄吊灯等产品。

（4）微距：在较近距离处以大倍率进行拍摄，往往用于拍摄小而精的产品。

3）场景选择

在拍摄主图视频时，拍摄者要选择能够与产品相搭配的场景，拉近买家与产品的距离，以便提高产品的转化率。

3．视频剪辑与发布

在视频拍摄完成后，拍摄者还需要进行剪辑，才能达到视频营销的效果。视频剪辑也需要通过视频编辑软件来完成。产品视频一般有两种：一种是产品主图视频，另一种是产品详情页视频。产品主图视频是产品给买家留下的第一印象，可以全方位、多角度地展示产品，彰显产品的专业度，增加商机。产品详情页视频能够介绍产品的详细信息，完整地展示产品的卖点和优势。

4．视频内容设计

视频营销的关键在于内容设计，产品视频的内容决定了其传播的广度。产品主图视频最主要的功能就是通过几十秒的视频将产品的卖点清晰地展示出来，并快速吸引买家的兴趣，进而使其产生购买意愿。因此，产品主图视频除了要展示产品的全貌和效果，还要将产品的卖点逐一展示在买家面前。

在提炼产品的卖点时，拍摄者首先要了解买家对产品的详细需求和期望，然后根据买家的关注点来设置产品视频展示的产品卖点，从而刺激买家的消费欲望，使其做出购买行为。

产品主图视频要尽可能地将产品完整地展示出来，但是在细节上不必面面俱到。在展示产品的卖点时，产品主图视频要以展示产品的优点为基础，展示太多的细节反而会影响买家的购买决策。

第三节　店铺设计

店铺装修是跨境电商数据运营中重要的一环。差异化的店铺装修风格会影响买家的心智、提高品牌调性、加深买家对店铺的记忆。同时，视觉上的优质体验可以降低页面跳出率，提升买家的购物欲望和下单概率，从而提高店铺的转化率。此外，清晰的导航还可以给买家提供方便，让买家迅速找到符合自身要求的产品，从而给买家带来优质的购物体验。店铺装修一般包括 3 个过程：店铺风格设计、店铺页面布局设计、店铺视觉优化。

一、店铺风格设计

店铺风格是指买家在浏览店铺过程中形成的对店铺页面的抽象视觉感受，由店铺的色彩、文字、版面布局、页面元素、内容等因素的影响共同构成，是买家对店铺整体形成的综合认知。店铺风格设计可以将店铺定位、产品特征与目标客户的视觉偏好进行整合，有效展示店铺的特色，体现差异化，方便目标客户进行正确联想与识记，从而有效影响目标客户的心智。此外，店铺风格设计还可以为后续的版面布局设计、页面元素设计提供决策依据。

1．店铺风格的类型

常见的店铺风格包括流行时尚风格、科技风格、自然风格、活力风格、华丽风格、商务风格、柔美风格、民族风格、节日风格、促销风格，如表 2-1 所示。

表 2-1　店铺风格的类型

类型	视觉元素	视觉特征
流行时尚风格	布局编排上的节奏感	流行
科技风格	简约干净的线条、粒子元素	理智、冷静、功能性强

续表

类型	视觉元素	视觉特征
自然风格	食品、花卉、棉麻等元素	舒适、健康
活力风格	明度、纯度的强烈对比	振奋、富有活力
华丽风格	丰富的对比色彩	华丽、神秘、辉煌
商务风格	简约的设计	职业、端庄
柔美风格	花朵、云朵等元素	唯美、浪漫
民族风格	民族风格元素	地域文化感受
节日风格	特定的节日元素	节日氛围
促销风格	强调买家利益的文字	优惠

流行时尚风格多以玫红色、橙色等鲜明的颜色作为主色调，加以布局编排上的节奏感，体现流行的视觉特征。科技风格多以蓝色、白色为主色调，使用具有空间感的构图方法，加以简约干净的线条、粒子元素，体现理智、冷静、功能性强的视觉特征。自然风格多以绿色、深棕色为主色调，采用食品、花卉、棉麻等元素，体现舒适、健康的视觉特征。活力风格多使用橙色、黄色、黑色等颜色，加以明度、纯度的强烈对比，使买家产生振奋、富有活力的视觉感受。华丽风格多使用高明度和高纯度的金黄色、紫色、深棕色，加以丰富的对比色彩，给人以华丽、神秘、辉煌的视觉感受。商务风格多使用白色、灰色、黑色等低纯度的颜色，以简约的设计表现出职业、端庄的视觉感觉。柔美风格一般使用粉色、淡绿色等轻快明亮的颜色，以偏向简单的线条、圆润纤细的字体体现唯美、浪漫的视觉感受。民族风格是一类风格的统称，在颜色、布局、元素上具有明显的地域文化特点，如中国风、英伦风等。在通用型店铺风格之外，常见的店铺风格还包括节日风格和促销风格。节日风格是为典型节日而设计的，用特定的节日元素来营造节日氛围。促销风格一般根据促销要求，用强调买家利益的文字让买家感受到优惠的氛围。

2. 店铺风格定位

店铺风格是店铺定位、产品特点综合作用的结果。商家需要在了解店铺和产品特点的基础上，通过综合设计完成店铺风格定位。

店铺定位是视觉风格定位的基础。店铺定位是指在通过分析目标市场与竞争对手的前提下，树立形象特征明确的、与产品相符的、区别于竞争对手的店铺形象，目的是让目标客户形成对店铺的独特记忆与认知。进行差异化的店铺定位是从同质化竞争中胜出，满足目标客户个性化需求的突围路径。例如，跨境电商品牌 Donner 以"初学者乐器"的定位占领了细分市场目标客户的心智。了解店铺定位一般从目标客户的特征、目标客户的需求、竞争优势等维度进行。B2C 客户特征一般通过人口统计学信息、交易信息、行为信息来体现，B2B 客户特征可以通过企业信息、交易信息、采购行为信息来体现。目标客户的需求是目标客户购物的目标、需要、愿望及期望。竞争优势是店铺相对于竞争对手所拥有的可持续性优势，分为成本优势、差异优势及聚焦优势。

调研产品特点一般从产品品类、产品风格两个方面进行。产品品类是具有若干共同性质或特征的产品的总称，是店铺根据产品的用途而对产品进行区分的分类结构。一般来说，一个店铺会经营相同大类的细分类目。例如，某跨境电商女装店铺的经营类目包括

Apparel/Women's Clothing/Women's Dresses，Apparel/Women's Clothing/Women's Top 等。产品风格可以从产品属性、产品卖点、产品营销关键词等维度进行提炼。产品属性是产品的内在特征，如纯棉 T 恤的"棉质"；产品卖点指产品特性发挥的功能，可以向买家说明这个产品与同类产品相比所具有的优势，如纯棉 T 恤的"透气"；产品营销关键词是产品的优势带给买家的好处，如纯棉 T 恤的"舒适"。

在了解店铺定位、产品特点的基础上，商家可以通过综合考虑店铺定位、产品特点、时令特性来确定店铺风格。

首先，店铺风格有其类目属性。例如，经营潮流女装的店铺，其产品特征是时尚、个性，因此可以采用流行时尚风格；经营孕婴用品的店铺，其产品特征是温馨、洁净，因此可以采用自然风格，以浅粉色、浅绿色、浅灰色为主色调；经营户外运动产品的店铺，多采用活力风格，以银色、灰色为主色调；经营数码产品的店铺，可以采用科技风格，以蓝色、银色为主色调；经营首饰、高端化妆品、手表、艺术品等产品的店铺，可以采用华丽风格。

其次，市场细分程度比较高、服务对象群体明确且共性明显的店铺可以根据目标客户的性别、年龄层次、兴趣爱好、消费能力等特征总结出视觉偏好，有针对性地设计店铺的视觉形象。例如，男性和女性在视觉喜好上有明显的差异，男性比较喜欢冷静、有科技感的冷色调，而女性比较喜欢感性的暖色调。不同年龄的人在视觉喜好上也有明显的差异，同样是销售女装，经营童装的店铺的目标客户是儿童，儿童容易对活力风格产生兴趣；经营少女装的店铺会更多地采用浪漫、梦幻的柔美风格；经营成熟女装的店铺则偏好商务风格，以彰显成熟之美。

最后，店铺风格受到时令特性的影响。在不同的季节，店铺可以采用不同的风格；在不同的节日，店铺可以更换对应的节日风格。

对店铺定位、产品特点、视觉感受进行整合统一，可以使店铺在视觉上呈现出一种整体的效果，达到满足目标客户的心理要求的效果。此外，在确定了店铺风格之后，商家还需要进一步总结视觉特征关键词衍生，确定其个性化视觉特征，并进行物化映射，提取个性化元素，设计匹配的颜色、字体、布局、装饰元素等，才能最终完成店铺风格设计。

二、店铺页面布局设计

店铺页面布局设计是店铺设计与装修的重要组成部分。合理的店铺页面布局设计能够提高店铺页面的可用性，提供有效信息，优化导购效果，丰富买家的视觉感受，减少买家浏览页面的挫败感，提升店铺的销售效率。

店铺页面包括店铺首页、产品详情页、营销页等。其中，店铺首页和产品详情页设计是店铺页面布局的重点。在设计店铺首页时，商家需要依据店铺风格并结合买家的需求及浏览习惯。在设计产品详情页时，商家需要依据产品的特性并结合买家的购物心理。

1. 店铺首页设计

1）店铺首页的内容设计

店铺首页的内容一般包含店招、分类导航、产品信息、促销信息、商家信息 5 类。从行业实践来看，B2C 类店铺首页展示的内容以分类导航、产品信息、促销信息为主，而 B2B 类店铺首页的内容会包含相对多的商家信息。店招一般位于店铺首页的顶端，是展示店铺形象的第一类信息，代表店铺的风格、产品的特点。

分类导航包括导航栏、产品分类等。店铺首页的作用之一就是把流量引导到产品所在的页面，帮助买家正确地找到合适的产品。因此，商家在设计店铺首页时，需要设计各种形式的分类导航。

产品信息包括爆品、主推产品展示等，起到引导转化的作用。店铺首页的产品展示一般需要进行精心设计。商家可以采用产品展示模块组件、通栏海报、轮播海报等多种形式对产品进行展示，以与产品列表页的铺货展示形式区别开来。海报是展示产品和其他信息的一种特殊形式，可以在丰富页面内容的同时，给买家带来视觉冲击，增加买家的新鲜感，是店铺吸引买家的重点视觉元素。

促销信息包括店铺活动介绍、店铺优惠券、折扣展示等。商家可以根据店铺的活动周期及平台的促销节奏，选择性地介绍优惠活动和展示优惠券，使店铺的活动内容丰富多彩，刺激买家的购买欲望。

商家信息包括客服联系方式、企业实力介绍、企业的优势等。商家信息一般用于展示商家的特点和优势，应该尽可能清晰、准确、全面，以便让买家对商家有更深入的了解。

2）店铺首页的结构设计

在设计好店铺首页的内容之后，商家需要设计店铺首页的结构，以整体把控内容框架、布局店铺首页的内容。

店铺首页的结构设计应遵循分屏法则。分屏法则认为，现代人浏览和切换网页的速度越来越快（一般在3秒左右），在设计网页时，应该让浏览者不需要滚动页面便可以把最重要的信息看全，并且留下深刻的第一印象。因此，商家在设计店铺首页的结构时，需要在店铺首页内容设计的基础上进行进一步的区分，形成首焦（第1屏）、第2屏、第3屏、第4～N屏、页尾等分区。一般来说，店铺首页的总体长度不宜超过8屏，太长的页面容易让买家视觉疲劳、选择困难，最终流失。

分屏的整体原则有3个：符合店铺首页的常规内容营销逻辑、依据产品分类的重要程度、考虑店铺活动的需要。整体来说，目标客户关注度越高的信息的位置应越靠前。店铺首页的结构如表2-2所示。

表2-2 店铺首页的结构

名称	主要作用	主要表现形式
首焦	吸引买家的眼球	轮播海报、通栏海报、活动
第2屏	展示主推产品的信息	轮播海报、双栏产品、热区切图
第3屏	展示分类导航、进行产品介绍	各类型产品及导航展示形式
第4～N屏	丰富店铺首页信息、充分展示店铺特点	产品陈列、信息展示、导航
页尾	提供服务信息和导航功能	商家信息、旺旺客服、保障服务、客户服务

店招、导航栏、首焦海报共同构成店铺首页的首焦。首焦是买家进入店铺后第一时间看到的内容，如果这部分内容能够吸引买家的眼球，就会大大提升其继续浏览店铺页面的可能性。相较于在首焦位置使用大量文字说明的设计形式，图片结合文案的设计形式更符合买家追求轻阅读与轻松购物体验的心理。因此，此位置一般使用轮播海报或通栏海报来展示信息。店铺在参加大型活动或促销活动时，也可以将这些活动的相关信息展示在首焦。

第 2 屏一般用来放置主推产品。主推产品较少的店铺可以采取全屏海报或双栏结构的设计形式，因为页面中的大尺寸图片更容易引起买家的注意。主推产品较多的店铺可以采取图像拼接的设计形式，这种设计形式可以在有限的空间内展示更多的产品，结合视觉动线、颜色和尺寸的变化等视觉手段，同样可以达到引流的目的。

第 3 屏通常用来放置图文形式的产品分类模块和产品陈列区。产品种类和数量较少的店铺可以利用推荐模块，按照人气指数、上架时间等排序方式展示产品。产品种类和数量较多的店铺可以采取分类展示的方式，利用标题或海报对不同种类的产品进行区分。

第 4~N 屏主要用来根据店铺需求进行产品陈列、信息展示、导航等，起到丰富店铺首页信息、充分展示店铺特点的作用。

页尾主要提供服务信息和导航功能等，一般包括商家信息、旺旺客服、保障服务、客户服务等模块。

以产品为主的店铺首页设计案例如表 2-3 所示。

表 2-3 以产品为主的店铺首页设计案例

屏数	模块	内容
1	店招+导航	企业名称、电话号码、电子邮箱、官网
2	全屏海报	产品海报
3	多语言工具栏	自定义设计
4	产品优势	每周上新，产品认证
5	核心产品分类	KA、KB、LA、LB、LC
6	热销产品	产品模块
7	企业优势	10 年生产经验，员工人数超 100 人，成熟的研发团队，流水线自动生产车间
8	企业视频	需提供视频
9	单品模块	行业其他产品引流
10	主营类目	产品导购
11	轮播海报	企业的优势
12	橱窗产品	主推产品
13	轮播海报	产品海报
14	企业信息	企业介绍、主营市场、证书、核心优势等
15	旺旺客服	职业装客服头像
16	参展图片/工厂流程图	客户案例
17	智能推荐模块	千人千面大数据推荐
18	询盘直通车	—

2．产品详情页设计

1）产品详情页的内容设计

产品详情页的内容包括产品展示信息、促销说明信息、实力展示信息、交易说明信息 4 种类型。

产品展示信息一般包括产品图片、功能参数、产品特点等，主要目的是展示产品的特性、体现产品的优势。

促销说明信息包括热销产品、搭配产品、优惠方式等。

实力展示信息包括品牌、荣誉、资质证书、销量、生产能力，主要目的是展示店铺的实力，增加交易的信任程度。

交易说明信息一般包括客服信息、购物须知、付款方式、包装信息、物流信息、问与答、售后服务信息，主要目的是解答买家对与交易相关问题的疑惑。

2）产品详情页的逻辑顺序设计

在确定了产品详情页的内容之后，商家需要进一步设计产品详情页的逻辑顺序。产品详情页的逻辑顺序并不是一成不变的，商家可以根据产品、销售方式进行灵活调整。根据逻辑顺序在不同场景中的应用，其设计方法一般有以下几种。

（1）B2C 产品详情页设计五步法。

B2C 是商家对个人买家的交易，个人买家会比较关注产品的款式、材料、功能、价格、评价。在 B2C 交易模式中，商家一般通过大量的图片展示产品，并对产品的特征进行具象化描述，以刺激个人买家的购买欲望。B2C 产品详情页的设计一般遵循五步法。

第一步，引起个人买家的兴趣：放置焦点图，吸引个人买家的眼球。

第二步，激发个人买家的潜在需求：放置产品使用场景图。

第三步，产生信任：展示产品细节图、购买的理由、同类产品对比、产品评价、产品的非使用价值等。

第四步，从信赖到强烈想"占有"：放置广告图，创造拥有产品后的感觉，给个人买家以购买的理由。

第五步，替个人买家做决定：介绍购物须知，发出购买号召。

（2）B2B 产品详情页设计的 FABE 法则。

B2B 交易中的买家大部分是企业、工厂或批发商、经销商，他们不仅会关注产品的款式、功能及质量，还会关注商家的实力、供货能力。

B2B 产品详情页设计一般遵循 FABE 法则。FABE 分别指的是 Features（特征）、Advantage（优点）、Benefits（利益）、Evidence（证据）四大要素，合格的 B2B 产品详情页应该涵盖这四大要素。特征一般包括材质、结构、功能、包装，优点一般指产品卖点，利益指商家的供货能力和产品给使用者带来的好处，证据包括认证、客户合照、展会、生产线等。

（3）品牌产品详情页设计四模块法。

设计品牌产品详情页一般采用品牌产品详情页设计四模块法。

第一模块以情怀和感性为立足点，讲述品牌故事、品牌的背景和实力，以生动的语言描述，引导买家看到栩栩如生的场景，让买家在生动的场景获得代入感，产生情感共鸣，最终认可品牌。

第二模块围绕产品本身，精准描述产品的参数、工艺等各种细节，让买家更准确地理解产品。

第三模块描述商家为买家提供的各种保障、品质保证、售后服务等内容，起到打消买家疑虑的作用。

第四模块描述产品的包装信息，可以将包装里包含的各种配件和赠品等一一列举出来。

品牌产品详情页以整齐、规范的页面格式，配以生动、翔实的内容，以及合理的布局，让产品功能和情感诉求双双落地。

三、店铺视觉优化

在完成店铺页面布局设计之后，商家应当根据买家的行为反馈进行店铺视觉优化。店铺视觉优化可以从优化页面转化率和优化页面停留时长两个方面进行。

1. 优化页面转化率

优化页面转化率主要依据消费者行为路径理论。消费者行为是指消费者在购买产品时所经历的决策过程、受到的影响及所采取的行动。在跨境电商场景中，消费者（买家）行为包括支付前的一系列动作，如曝光、点击、浏览、加入购物车等。消费者行为路径指的是消费者的购物行为之间因为发生时间不同而产生先后顺序的行为序列。通过对消费者每一步行为的流向的度量，商家可以全面地了解消费者行为，洞悉消费者行为的规律，获得精细化的洞察结论，从而更好地服务消费者。通过页面转化率，商家可以对页面的转化效果进行评估。在跨境电商 B2B 交易中，一般重点评估产品详情页询盘转化率，产品详情页询盘转化率=询盘人数/产品详情页访问人数。

2. 优化页面停留时长

页面停留时长是指买家在店铺页面停留的时长。页面停留时长可以反映页面信息丰富程度和视觉体验。页面停留时长一般由系统直接统计得出。商家可以通过调整页面布局、增加页面信息丰富程度来优化页面停留时长。但是，页面停留时长不是越长越好，如单次页面停留时长较长，但是买家不再回访，并不是商家所期待的。一般来说，页面停留时长一般比行业平均水平高 30%～50%是合理的。

本 章 小 结

本章主要介绍了店铺基础建设的内容，包括平台入驻、图片与视频制作、店铺设计。平台入驻包括信息采集、店铺注册认证、账号与店铺信息完善、子账号管理等流程。子账号管理的目的是方便跨境电商团队进行运营配合。图片与视频制作是店铺基础建设的必要步骤，包括图片分类与拍摄、图片处理、视频制作等内容。店铺设计包括店铺风格设计、店铺页面设计、店铺视觉优化等内容。通过店铺设计，商家可以给买家提供良好的视觉体验。通过学习本章，读者应能掌握店铺基础建设的过程，了解图片与视频制作的核心和信息采集的基本要点，同时掌握店铺设计的技能。

本 章 练 习

一、选择题

1．下列选项中，可以入驻阿里巴巴国际站的是（　　）。
  A．深圳品牌服装公司
  B．上海进出口检测公司
  C．美国知名家具公司

D．宁波物流配送公司

2．通过（　　）能够表现产品的立体感，增加空间深度。

A．平视

B．斜视

C．俯视

D．仰视

3．跨境电商企业通过（　　），可以以真人出镜、实拍的形式，展示产品的卖点和优势，引导客户转化。

A．旺铺视频

B．产品主图视频

C．产品详情页视频

D．Tips 视频

4．商家一般在（　　）中放置关于企业规模、研发能力等方面的资料，展示企业实力类信息。

A．产品主图

B．产品详情页

C．行业化海报

D．店招

5．以下模块中，适合放置在店铺首页的首焦，吸引买家眼球的是（　　）。

A．通栏海报

B．客服

C．平铺产品

D．FAQ（常见问题解答）

二、简答题

1．平台入驻的一般流程是什么？
2．店铺风格一般包括哪些类型？
3．店铺首页设计的布局逻辑是什么？
4．产品详情页一般包括哪些内容？

三、实训题

某跨境电商服装企业计划入驻阿里巴巴国际站，请你以该企业数据运营经理的身份完成以下任务。

（1）注册账号，开通店铺。

（2）设计店铺风格，并设计店铺首页的布局。

（3）完善店铺与账号信息。

第三章　产品管理

良好的店铺运营起源于优质的产品发布。

> **导入案例**
>
> 阿里巴巴国际站新增交易品赛道，订单转化率提升了40%
>
> 阿里巴巴国际站新增交易品赛道，从买家画像着手，针对不同类型的买家诉求，拓展从定制到批发的丰富场景。阿里巴巴国际站提供的数据显示，在2021年半年之内，平台交易品赛道的支付订单转化率提升了40%。
>
> 阿里巴巴的相关负责人表示："新赛道的开通，是在原有的OEM（Original Equipment Manufacture，原始设备制造商）定制赛道的基础上，迎合全球采购趋势，对现货类、碎片化、高频次、个性化采购订单的完善。这将是一个大趋势，阿里巴巴国际站作为数字化贸易平台，要助力中小型企业在原有赛道上保持这个趋势，抓住这波红利。"
>
> 随着互联网和数字化对跨境贸易的冲击，贸易主体、贸易形式和贸易链条都在发生变化，中小微企业和个人网商企业逐渐成为跨境贸易的主力军。而OEM、ODM（Original Design Manufacture，原始设计制造商）等大型定制类订单贸易也正在向碎片化、小批次订购转变。
>
> 阿里巴巴国际站基于买家画像的精准分析，正在为卖家搭建一套成熟的匹配机制，能够更精准地让卖家找到有需求的买家（买家也可以通过PC端和无线端找到固定的交易品展示入口）。
>
> 阿里巴巴国际站宣布：建立义乌线上专区，开创市场采购的数字化转型新模式——数字化市场采购模式，通过履约服务全程线上数字化，帮助义乌百万家中小型企业大幅提升跨境贸易环节的便利性，也为阿里巴巴与义乌政府签署的eWTP协议落地做进一步支撑。阿里巴巴的相关负责人表示："阿里巴巴国际站将义乌作为重点扶持产业带。除此之外，阿里巴巴还精选出上海、烟台/威海、常州、深圳、广州、苏锡、临沂、青岛、绍兴/吴江等多个产业带，并带动国内100个特色产业带的发展，辐射美国、意大利、越南、印度等国家的海外市场，共建阿里巴巴国际站产业带专区。"
>
> "互联网对全世界中小型企业的渗透在快速进行，我们需要升级产品和服务去适应全世界中小型企业的变化。阿里巴巴国际站将围绕数字化'人货场'，为卖家提供自运营体系；针对不同类型买家的诉求，拓展从定制到批发的丰富场景；基于不同区域和产业带的特殊需要，提供一整套方案，帮助卖家将产品和服务卖向全球，最终形成数字化外贸操作系统，让天下没有难做的生意。"阿里巴巴的相关负责人表示，"从过去3年的数据看，数字化重构跨境贸易正在为中小型企业带来新的增长点，阿里巴巴国际站的支付买家、支付笔数和

> 交易额的数据均实现了超过 3 位数的增长。"
> 　　目前，阿里巴巴国际站拥有超过 1.5 亿个注册会员，每天都有来自全球 200 多个国家和地区的中小型企业在平台上进行交易，发生近 30 万个询盘订单。阿里巴巴国际站累计服务 200 余个国家和地区的超过 2600 万个活跃企业买家。

第一节　产品信息化

一、产品的基础信息

1. 产品图片信息

产品图片信息主要包括产品主图、产品细节图、产品卖点图、产品使用效果图、产品包装图等。产品图片信息示例如图 3-1 所示。

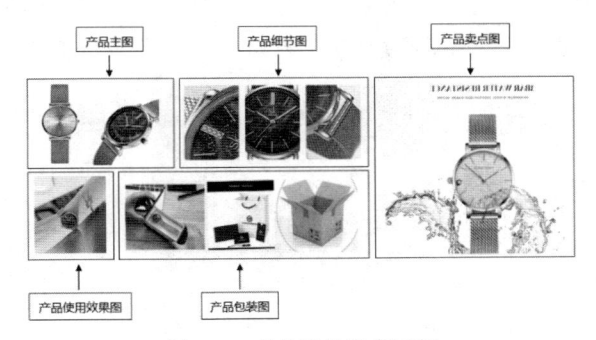

图 3-1　产品图片信息示例

2. 产品文字信息

产品文字信息主要包括产品标题、属性、功能、价格、基础参数、尺寸、重量等。产品文字信息示例如表 3-1 所示。

表 3-1　产品文字信息示例

Product Name	Stainless Steel Men Watch
Unit Price	$10
Watch Case Material	Alloy Case
Watch Diameter Size	32mm
Watch Backcase	Stainless Steel back with logo engraved
Colors	4 colors
Quartz Watch Movement	Quartz Movement With
Logo	Hannah Martin/ Accept Custom Logo
Water Resistant	3ATM/ waterproof/water resistance/30 meters/100 Feet
Watch Dials OEM	Custom Logo Available

	续表
Weight	60g
Payment	T/T/ Trade Assurance/ Western Union/ Paypal
MOQ	20PCs
Packing	Standard Packing- OPP ba

3．产品文案

产品文案是为了让产品有更高的知名度和更强的销售力，更好地得到目标受众的认可，更有效地把产品价值传达给目标受众，激发其购买欲望而创作的文案。

产品文案的三要素是产品、品牌、消费者，如图 3-2 所示。好的产品文案是这三要素的有机结合。产品文案的本质是帮助消费者解决问题。一个需求对应一个利益点，正如一个问题对应一种解决方式。在找到消费者需求之后，卖家应继续深挖消费者的需求点，细化到情境、体验、感受及解决方式。例如，消费者会在怎样的情境中产生这样的需求？他的内心感受是怎样的？产品的哪个属性可以满足他的需求？在需求被满足之后，他的状态会是怎样的？将上面这些过程用消费者能接受的语言写出来，就得到了一个合格的产品文案。

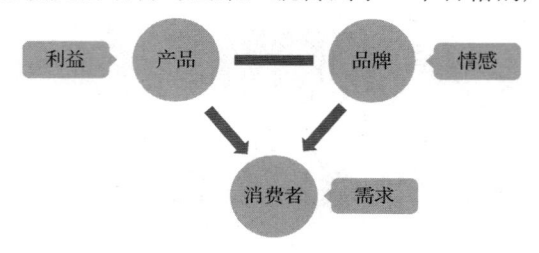

图 3-2 产品文案的三要素

FABE 法则是典型的利益销售法，而且是非常具体、可操作性很强的利益销售法，其具体内容如图 3-3 所示。它通过 4 个关键环节，极为巧妙地解决了消费者关心的问题，从而顺利地实现产品的销售。

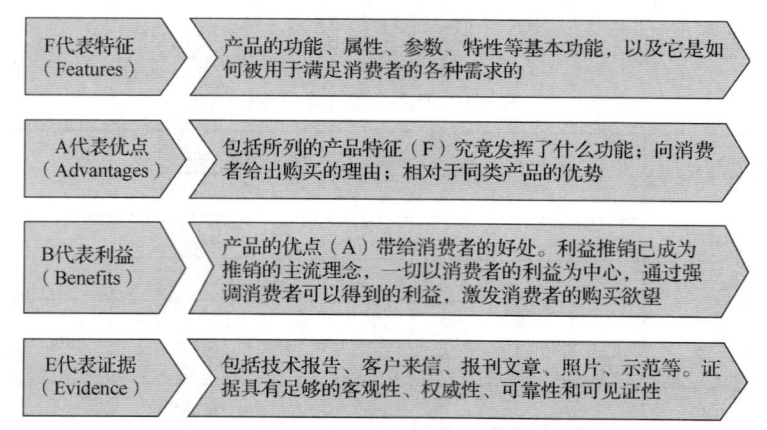

F代表特征（Features）	产品的功能、属性、参数、特性等基本功能，以及它是如何被用于满足消费者的各种需求的
A代表优点（Advantages）	包括所列的产品特征（F）究竟发挥了什么功能；向消费者给出购买的理由；相对于同类产品的优势
B代表利益（Benefits）	产品的优点（A）带给消费者的好处。利益推销已成为推销的主流理念，一切以消费者的利益为中心，通过强调消费者可以得到的利益，激发消费者的购买欲望
E代表证据（Evidence）	包括技术报告、客户来信、报刊文章、照片、示范等。证据具有足够的客观性、权威性、可靠性和可见证性

图 3-3 FABE 法则的具体内容

在对店铺页面进行设计时，产品文案就像是传统意义上的推销员、导购员，其目的是一步步让消费者心动，激发其购买欲望，使其成功下单。将用于传统销售中的 FABE 法则迁移应用到跨境电商平台的产品文案中，有利于提高点击率及转化率。

(1) F（特征）。

产品的特征即产品的功能、属性、参数、特性等基本功能，也就是产品的内在属性，即消费者需求。在跨境电商运营中，产品同质化比较明显，如何让你的产品与众不同？深挖消费者需求，找到产品自身的潜质，努力找到竞争对手忽略的特性，就能在同质化竞争中战胜竞争对手。例如，你卖的衣服使用的是符合国际顶级标准的面料，产品文案就可以提炼出"国际顶级标准面料"这个特征。

(2) A（优点）。

A 代表由产品的特征所产生的优点，即 F 中所列的产品特征究竟发挥了什么功能，目的是向消费者给出购买的理由。从需求到产生购买行为，其中就包含了购买的理由。每个消费者在购买产品时都会需要一个购买的理由来激发其潜在需求。例如，你卖的衣服因为使用了符合国际顶级标准的面料而具有轻柔、触感好、耐磨的优点。注意：优点与特征不同的是，特征只是与别人不同的地方，而优点是比别人好的地方。

(3) B（利益）。

B 代表产品的优点能带给消费者的利益。利益在销售中至关重要，如果说优点可以激发消费者的潜在需求，那么利益可以直接影响消费者的购买行为。例如，你卖的衣服能带给消费者穿着舒适、好打理、耐穿省钱的利益。为了提高转化率，产品文案可以将消费者的利益和痛点都放进去。

(4) E（证据）。

消费者虽然可以通过图片及产品文案来判断产品的好坏，但产生购买行为还需要至关重要的临门一脚，那就是"证据"，如质检报告、消费者的评价、产品销量等。食品类目的消费者最关心的是安全，所以食品类目的卖家可以在产品详情页中将质检报告等证书呈现出来，做到"有图有真相"。

例如，某卖家要卖一款纯棉 T 恤。跨境电商平台上的 T 恤样式极多，又都各具特色，为了吸引消费者，该卖家在撰写产品文案时就要写出自己的纯棉 T 恤与众不同的闪光点，如对于夏天的 T 恤，纯棉是消费者愿意接受的材质，因此"纯棉"就是产品的特征；纯棉面料最大的优点是吸汗、透气，这个优点能给消费者带来的利益就是穿着比较凉爽、舒适；产品的品质可以用检验报告和消费者的评价来佐证（见表3-2）。FABE 法则就是根据产品自身的性能特点，找出消费者感兴趣的各种特征，并进一步分析这些特征所产生的优点，同时找出这些优点能带给消费者的利益，最后拿出证据，证明该产品确实能给消费者带来这些利益。卖家在将 FABE 法则应用于跨境电商领域的产品文案中时，一般要按照产品特征、优点、利益、证据的顺序介绍产品，这样会很有说服力，可以将产品信息全面、准确地传递给消费者，从而打动消费者，提高产品转化率。

表 3-2　纯棉 T 恤的 FABE 分析

项目	内容
F	纯棉
A	吸汗、透气
B	夏天穿着它，比较凉爽、舒适
E	可以用检验报告来说明衣服的材质，用消费者的评价来展示衣服的好评等

二、产品关键词

1. 关键词的含义

关键词（Keyword）是用户在使用搜索引擎时输入的能够最大限度地概括他所要查找的信息的词。

产品关键词（Product Keyword）由若干词根组成，是用户（买家）搜索的关键。词根是指能独立表达产品属性或定义的词。

例如，"2018 Fashion Wholesale Ladies Stretchy High Waist Spo 交易品 Jogging Yoga Leggings"中的关键词包括 Fashion Leggings、Wholesale Leggings、Ladies Leggings、Stretchy Leggings、High Waist Leggings、Spo 交易品 Leggings、Jogging Leggings、Yoga Leggings。

2. 关键词的分类

关键词可以分为核心关键词、产品属性词、营销词、长尾词、蓝海词、红海词等。

（1）核心关键词：能精准表现产品分类属性的词汇，也称产品名称，如连衣裙的核心关键词包括 Party Dress、Cocktail Dress、Evening Dress 等。核心关键词一般来自平台类目、买家搜索词。

（2）产品属性词：通常指产品的颜色、规格、尺寸、材质、功能、应用、工艺等，如连衣裙的属性词可以有 Winter、Blue 等。属性词来源于对产品本身的描述，可以从产品描述中进行提炼。

（3）营销词：可以引起买家的注意、说明产品卖点的词，如 Promotion、Popular、New Arrival、Hot Sale、New Trend 等。营销词一般来自平台热搜词。

（4）长尾词：可以精准描述产品的词，由 2 个及 2 个以上关键词组成，如 Lady High Waist Jogging Leggings 等。

（5）蓝海词：有一定的搜索热度，但是竞争度不高的词。蓝海词的搜索热度一般是有一定时间段的，主要包括不同区域的称呼、多语言词、创造词、新增热度词等。

（6）红海词：竞争异常激烈的用词。蓝海是指未知的市场空间，红海则是指已知的市场空间。

3. 关键词的收集

搜集关键词的渠道和方法很多，大致包括以下几种。

（1）从买家的询盘中分析关键词，看买家用什么词来描述他想要的产品。

（2）Google 等搜索引擎上的相关搜索词。Google 等搜索引擎上的相关搜索词是搜索量比较大的词。

（3）同行使用的产品关键词，包括国内的同行及国外的同行，可以到国外的同类产品的网站上查看产品所用的关键词。

（4）阿里巴巴国际站上的产品关键词提示。

（5）Google 图片搜索，通过搜索可以形象地看到要寻找的产品是什么样子的。

4. 关键词的筛选

一个产品会有很多相关的关键词，但并不是所有关键词都可以被拿来使用的。筛选关键词的依据主要有以下 4 个：覆盖率高、搜索指数高、对应产品排名靠前、避免侵权。

1）覆盖率高

买家通过搜索关键词能够搜索到产品，关键词的覆盖范围越大，关键词的覆盖率越高，就越容易搜索到对应产品。关键词的覆盖率=采用的关键词个数/搜索的关键词个数。

2）搜索指数高

关键词的搜索指数是某产品被买家搜索的次数指标，数值越大，搜索热度就越高。在阿里巴巴国际站后台的数据管家中可以找到关键词的搜索指数。

3）对应产品排名靠前

关键词的搜索指数、产品质量分、店铺活跃情况等因素都会影响产品排名。利用阿里巴巴国际站后台的排名查询工具可以直接检测使用了该关键词的产品排名情况，能让产品排名靠前的关键词比搜索指数高的关键词更重要，因为产品排名决定了曝光量。

4）避免侵权

阿里巴巴国际站严禁使用未经品牌方授权的品牌词、协会名称等作为关键词，因此卖家需要关注店铺主要销往国家的商标、著作权等知识产权问题，避免侵权。

三、产品标题

1. 产品标题的基础规则

产品标题是展示产品信息的标题部分。作为产品信息的重要组成模块，它通常显示在搜索框或浏览器导航栏下方的产品图片下方，是买家了解产品的主要途径之一。

产品标题有同时为平台和买家提供信息的属性：一方面，产品标题可以让买家了解产品信息，促进其进行购买转化；另一方面，产品标题作为产品信息的重要部分，是平台对产品进行信息收录、搜索匹配与搜索排名的依据。

产品标题需要符合信息展示规则、产品标题营销规则、跨境电商平台的信息收录规则、跨境电商平台的搜索排序规则。

首先，优质的产品标题需要能展示产品特性、逻辑清晰、长度合理，以帮助买家获取产品信息。产品标题一般包含能展示产品主要特性的词。产品标题的长度控制在80字符左右时显示效果最佳，太长的产品标题不利于买家阅读和理解。

其次，为了引导营销转化，产品标题要具有吸引力，能精确地展示产品独特的卖点，表明产品的差异化优势。

再次，产品标题需要符合跨境电商平台的信息收录规则。产品标题不能使用中文和特殊符号、不能出现其他品牌词、不能堆砌关键词，否则跨境电商平台一般会对产品进行降权处理或判断为违规。

最后，平台搜索的其中一个目标是帮助买家快速找到他想要的产品，因此搜索匹配需要通过产品标题中的关键词将匹配的产品推荐给买家。产品特性往往有多种表达形式，卖家在撰写产品标题时，要使用买家会使用的词，这样会有利于搜索匹配，使产品展示在买家的搜索结果中。

另外，当产品出现在搜索结果中时会有产品的排序。如果产品标题中的关键词组合合理，就会增加产品排名权重，使得产品出现在搜索结果中比较靠前的位置。

2. 产品标题的撰写

撰写产品标题的步骤分为3个：收集关键词、选择关键词、对关键词进行组合。

1）收集关键词

产品标题由词汇组成，包括核心关键词、属性词、营销词等。撰写产品标题的第一步是收集关键词。收集关键词的步骤如下。

第一，确定核心关键词。核心关键词一般来源于平台类目、买家搜索词。确定核心关键词可以确定产品标题的搜索覆盖面。

第二，扩展属性词。属性词来源于对产品本身的描述，卖家可以从产品描述中提炼一些词，作为撰写产品标题的基础。扩展属性词的目的是对产品进行进一步的精确描述，从而更有针对性地、更准确地描述产品。

第三，扩展营销词。营销词是可以引起买家注意、说明产品卖点的词，如 Promotion、Popular、New Arrival、Hot Sale、New Trend 等。营销词一般来源于平台热搜词。

第四，扩展同义词、近义词、不同组合词等词汇。同一个词汇往往有多种表示方法，卖家可以扩展近义词、同义词、不同组合词等词汇，以便实现产品标题广度覆盖的效果。例如，适用于特殊场合的 Evening Dress（晚礼服），也可以使用 Gowns（女裙）这个词汇。

2）选择关键词

撰写产品标题的第二步是选择关键词。选择关键词的步骤如下。

第一，进行关键词评估。通过平台搜索分析，卖家可以对关键词进行评估，从而确定关键词的搜索人气、搜索指数、点击率、支付转化率、竞争指数、热搜国家等数据（见图 3-4），作为关键词选择的依据。

搜索词		是否品牌原词	搜索人气	搜索指数	点击率	支付转化率	竞争指数	Top3热搜国家
traf	查看商品	N	470,722	3,938,716	25.92%	0.10%	5.02	法国 智利 西班牙
dress	查看商品	N	516,203	2,850,442	35.10%	0.12%	38.34	美国 英国 沙特阿拉伯
vestidos	查看商品	N	462,354	2,833,725	27.56%	0.08%	19.59	墨西哥 西班牙 巴西
платье женское	查看商品	N	472,132	2,001,361	61.32%	0.11%	13.70	俄罗斯 乌克兰 白俄罗斯
платье	查看商品	N	421,410	1,724,679	60.68%	0.10%	13.22	俄罗斯 乌克兰 德国
قساتين مناسبة رسمية	查看商品	N	133,767	1,711,792	32.77%	0.02%	26.49	沙特阿拉伯 德国 以色列

图 3-4　平台搜索分析

第二，根据产品的生命周期筛选关键词。根据产品的生命周期，卖家可以将产品分为成熟产品、发展中产品和新上产品 3 种。其中，对成熟产品来说，其销量和评分等都比较好，具有排名优势，因此其产品标题适合使用概念指向范围比较广、搜索人气高的核心关键词，以获取更多的流量。对发展中产品来说，其产品标题适合使用竞争度较小、指向精准的关键词。如果选择比较多的热搜词，指向范围比较广，支付转化率较低，就不利于产品排名。

第三，从店铺视角进行关键词统筹。单个产品的标题字数有限，从整体上对产品标题的关键词进行统筹，可以达到覆盖买家搜索范围的目的。在类似产品中，使用不同的关键词，有利于占领搜索细分市场，达到曝光效果。

3）对关键词进行组合

撰写产品标题的第三步是对关键词进行组合，以符合买家的阅读规则，同时符合搜索匹配规则。对关键词进行组合的方式有多种，下面对最常见的两种组合方式进行举例说明。

（1）产品标题=营销词+属性词+核心关键词。

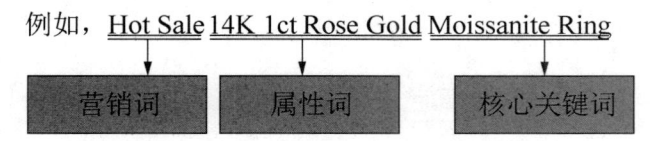

例如，Hot Sale 14K 1ct Rose Gold Moissanite Ring

营销词　　属性词　　核心关键词

（2）产品标题=营销词+属性词+核心关键词+属性词。

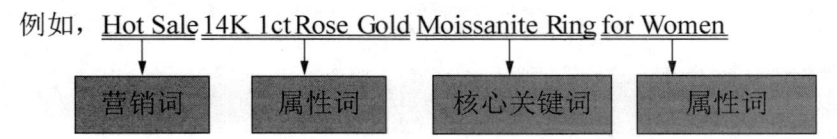

例如，Hot Sale 14K 1ct Rose Gold Moissanite Ring for Women

营销词　属性词　核心关键词　属性词

3．产品标题的注意事项

（1）注意产品标题和买家搜索词的相关性。

以 Snake Sandal 为例，以下两种产品标题的描述方式，从文本相关性上讲是一样的。因此，卖家不要盲目地为了匹配买家搜索词而不断新发产品、重复铺货。

2023 Ladies nice snake skin hemp sole wedge sandals.

Thong sandal snake cross.

（2）可以在产品标题中使用 with/ for，但要注意：核心词应放在 with/for 前面。

例如，可以写成"steel pipe with ASTM DIN JIS Standard"，或者"15mm film faced plywood for construction"。

（3）产品标题的长度要适当。

产品标题能恰当地突出产品的优势、特性就是最好的，不宜过短，也不宜过长。买家搜索词有 50 个字符的限制，阿里巴巴国际站后台规定产品标题不能超出 128 个字符，最好控制在 80 个字符左右。

（4）不要在产品标题中罗列和堆砌多个关键词。

在产品标题中罗列和堆砌多个关键词不仅不会提升产品的曝光率，反而还会降低产品与买家搜索词的匹配度，从而影响搜索结果，进而影响产品排名。

（5）慎用特殊符号。

产品标题要慎用"/""–""( )"等特殊符号，否则可能被系统默认成无法识别字符，影响产品排名。如需使用，请在特殊符号前后加空格。

（6）请勿在产品标题中发布其他品牌的相关信息。

如果已获得商标所有人的授权，那么卖家需要提供授权证明且注明企业的名称和 Member ID。

四、产品属性

1．产品属性的规范

产品属性是对产品规格和功能特征的补充描述。产品属性是在跨境电商平台上进行产品发布时的必填项，是系统评判产品质量的因素。同时，产品属性作为会影响排序结果的要素，会参与关键词匹配过程，影响产品的曝光率和流量。产品属性在平台上的展示如图3-5所示。

Fabric Type	knitted
Material	Polyester / Cotton
Neckline	Others
Pattern Type	Solid
Style	Casual, BASICS, sexy, Vacation, ELEGANT
Waistline	Natural
Feature	Anti-Static, Anti-wrinkle, Breathable, Dry Cleaning, Sustainable, Washable
Decoration	None
7 days sample order lead time	Support
Fabric Weight	240 grams
Logo position	back neck

图3-5 产品属性在平台上的展示

产品属性是买家获取产品信息的重要渠道之一，会影响买家的购买决策。买家在进入产品详情页后，通过产品属性可以获得产品更加详细的信息。同时，在买家浏览产品时，产品属性可以帮助买家筛选、过滤产品。无论是通过类目进入产品列表页，还是通过搜索关键词进入产品列表页，大部分买家都会利用产品属性来缩小产品范围。

平台中的产品属性分为必填属性、关键属性、非必填属性、自定义属性。其中，必填属性带有红星标识，是产品发布时必须要填写的，不填写就无法单击发布按钮。关键属性是带有"!"标识的属性，填写之后可以增大曝光机会。非必填属性是展示在系统界面，可以自行选择填写的。自定义属性是在系统属性之外，卖家自行补充的属性，可以让买家对产品了解得更加全面。每一款产品最多可以添加10个自定义属性，且不能重复。自定义属性的内容没有限制，除侵权词外均可填写，但最多可填写70个字符。

2．产品属性的撰写

撰写产品属性的步骤分为两个：了解产品属性的特征、分析产品属性的特质。

了解产品属性的特征是撰写产品属性的首要步骤。产品属性有着非常强烈的类目特性，不同类目需要填写的内容不同。卖家可以从产品的物理属性入手来撰写产品属性，如撰写连衣裙的产品属性，可以从材质、整体特征、细节特征等属性入手；描述手机产品，可以从硬件、输入/输出设备等属性入手。

分析产品属性的特质是在分析产品属性的适应性。在这一步骤中，卖家需要根据平台属性的结构，逐一分析产品属性的特征，并根据产品信息进行提炼，形成产品属性信息文档。注意：在梳理的过程中要避免出现遗漏和错选。

卖家可以在线上通过产品关键词查看产品的展示属性，作为参考。卖家应根据自己所要发布的产品选择类目，逐一考虑发布时待选的属性，避免错选、遗漏（如在发布产品时忘记选择袖长属性）和多选（如产品无风格属性，却选择了波希米亚风格）。

五、产品定价

产品定价是指在销售产品或服务时,制定价格的过程。卖家需要正确使用定价策略来保证以有限的预算获得最大的回报。正确的定价策略可以帮助卖家提高销售额和利润率。产品定价方法有多种,每种方法都有其适用的场景和优缺点。卖家需要根据自身的产品特点、市场需求和竞争情况,选择合适的产品定价方法,并不断优化和调整定价策略,以提高销售额和利润率。

1. 基础定价公式

在产品上架过程或与买家沟通的过程中,卖家需要对一款产品给出一个确定的价格。在跨境电商经营过程中,产品基础定价往往由产品成本、产品运输成本、利润率、平台佣金比例、汇率、折扣等因素决定。产品基础定价公式如下:

$$产品基础定价=\frac{(产品成本+产品运输成本)\times(1+利润率)}{(1-平台佣金比例)\times 汇率\times(1-折扣)}$$

产品基础定价案例如表 3-3 所示。

表 3-3　产品基础定价案例

	项目	值	备注
定价要素	产品成本/元	158.2	此价格为 20 000 左右订购量的产品成本,数量每增加 5000,产品成本降低 6 元
	单货物重量/kg	0.22	
	物流成本/元	28	此处为美国客户小包邮费
	利润率/%	18	根据企业、行业的实际情况确定
	平台佣金/%	2	根据订单类型、出口方式确定
	汇率	6.46	需动态更新
价格/美元	样品小包包邮价	34.33	针对美国客户,其他国家需增减
	常规价	29.49	
	营销折扣价	27.13	当以 8%的折扣率进行销售时
	买家中位价	28.32	根据市场调研确定

2. 常用的价格调整策略

因受产品的生命周期、竞争环境、市场策略等因素的影响,产品定价不是一成不变的。但是,产品定价非常重要,一定确定,其调整范围就基本确定了。要突破调整范围,就要有对应的政策约束,即产品价格体系中应有一套价格调整策略。

应用比较广泛的常规的动态调整策略涉及营销因素与产品生命周期因素。其中,产品生命周期的动态调整是指根据产品的销售阶段进行的动态调整。跨境电商平台的营销活动对产品定价有比较大的影响,跨境电商平台一般会对参加营销活动的产品有特定的折扣要求,因此卖家在进行产品定价时,需要考虑产品的营销折扣因素,以便进行动态调整。因为营销的目标不同,所以卖家往往采用的定价策略不同,常用的定价策略如表3-4所示。

表3-4 常用的定价策略

定价策略	策略的目标	定价方法
产品组合定价策略	对店铺中所有产品的价格进行灵活处理,以实现不同的营销目标	2∶7∶1的产品组合定价策略
阶段定价策略	产品生命周期不同,营销目标不同	投入期打开市场的策略,衰退期回笼资金的策略
促销定价策略	针对不同时间或产品,短期提高销量和利润	团购式定价法、抢购式定价法、会员积分式定价法、回报式定价法

1)产品组合定价策略

产品组合定价策略是处理店铺各种产品之间的价格关系,对不同组合产品进行灵活定价的一种策略。传统电商一般常用2∶7∶1的产品组合定价策略,即20%的产品定低价,在打造引流爆款的同时给买家留下整个店铺性价比比较高的印象;70%的产品参考行业整体市场的平均水平,按照"低价+(高价-低价)×0.618"的公式(该公式最早来源于统计学,公式中的低价与高价是指同类型竞争产品的最低定价与最高定价,实践证明,利用该公式计算出的价格可以同时让卖家盈利和让买家满意)计算出中等价位;10%的产品需要定高价,用于提高店铺的档次和形象。

2)阶段定价策略

阶段定价策略是根据产品生命周期各阶段不同的目标而采用不同的定价的策略。投入期的目标以打开市场为主,成长期的目标以获取目标利润为主,成熟期的目标以保持市场份额、使利润总量最大为主,衰退期的目标以回笼资金为主。对于市场周期短、款式更新快的产品,卖家在其刚上市时可采用高价位,以尽快收回成本,留下足够的降价空间,在出现竞争产品后逐步降低价格;而对于市场需求量大、价格敏感度高、能通过多销获利的产品,卖家可以采用渗透定价策略,以一个较低的价格进入市场,以便在短期内获得市场。

3)促销定价策略

促销定价策略一般用于特定时间点或特定产品,以达到短期提高销量的目的。常用的方法有团购式定价法,即只要预购人数超过一定数量,就给出较大力度的优惠价格;抢购式定价法,即设置具有时效性和数量限制的优惠产品价格,以刺激规模消费;会员积分式定价法,即会员可以用会员积分兑换现金,目的是鼓励会员消费;与产品未来利润增长挂钩的持续回报式定价法,即承诺如果在一定时期内产品价格发生变化,卖家可返还差价,该方法适用于价格波动比较大的产品。

除了常规的动态调整,还有特殊情况下的动态调整。产品价格的调整往往会影响利润率,特殊情况下的动态调整需要定价审批机制来进行均衡。一般来说,初始化产品定价由产品经理决定;业务谈判中的超权限调整由业务主管负责审批,或者活动特价由运营店长负责审批。这种定价审批机制可以有效地降低经营风险。

六、产品详情页

产品详情描述是买家了解产品信息的渠道,也是卖家展示产品优势、增加促销入口、树立品牌形象的重要阵地。优质的产品详情描述可以起到精确展示产品、减少人工沟通、促进交易转化的功能。

产品详情描述的基本规则如下。

（1）产品详情描述应翔实，将买家关注的产品的细节特征、参数、质量标准、服务、现货/库存情况等全面地展示出来。

（2）图片和视频在信息表达上有着天然的优势，因此卖家可以多用图片和视频进行表述。例如，对于婚纱，文字描述得再生动，都不如图片直观。卖家宜采用图文结合的方式，将买家关注的信息（如细节、面料等）展示出来。

（3）因为内容较多，产品详情描述需要表达清晰、内容层次分明、条理清晰。具体来说，卖家可以用以下3种方法进行产品详情描述。

① 分段表达。卖家可以对内容进行分段表达，如分段描述产品描述、尺码信息、制造规格、推荐款式等内容。

② 利用不同字体、字号凸显重要信息。例如，婚纱的款式及独家设计是一个卖点，卖家可以将这些信息用不同字体、加大字号的方式凸显出来。

③ 利用编号、段落等将内容有条理地进行展示，便于买家阅读。

第二节 产品发布

一、产品发布的流程

卖家在发布产品之前，要了解产品的发布流程，并准备好要发布的产品相关信息。产品的发布流程包括选择语言市场及类目、填写产品的基本信息、填写产品的交易信息、填写物流信息、填写产品的服务信息、填写产品详情描述信息、进行产品类型确认、产品审核，如图3-6所示。

选择语言市场及类目	填写产品的基本信息	填写产品的交易信息	填写物流信息
·选择语言市场 ·选择类目	·产品图片、产品主图视频 ·产品标题 ·产品属性 ·产品关键词	·产品规格 ·销售方式 ·价格设置 ·发货期 ·定制服务	·体积与重量 ·物流提供方式 ·物流服务

产品审核	进行产品类型确认	填写产品详情描述信息	填写产品的服务信息
·产品信息更新 ·产品质量优化	·交易品 ·商机品	·产品详情描述	·产品服务

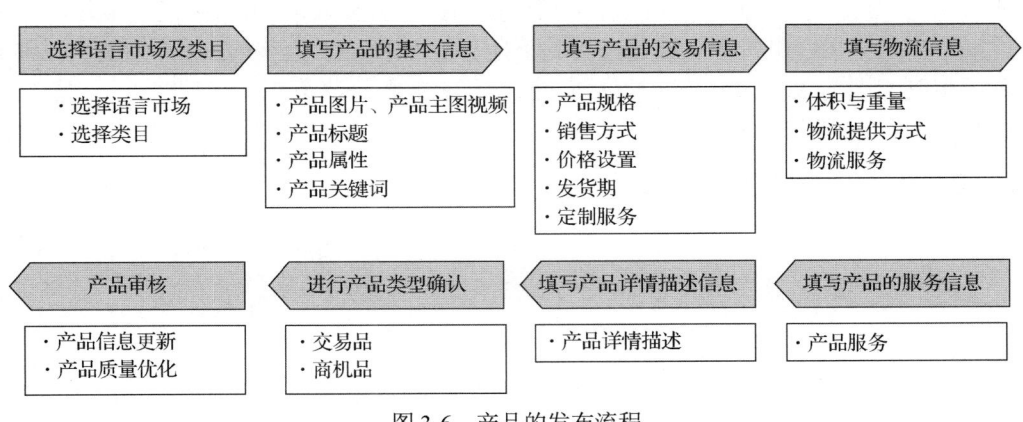

图3-6 产品的发布流程

1．选择语言市场及类目

1）选择语言市场

选择语言市场可以将即将发布的产品发布在对应的国家站点上，阿里巴巴国际站目前支持十几种语言产品的发布。例如，卖家选择在西班牙语市场发布产品，产品就被发布在阿里巴巴国际站（西班牙站）上。如果卖家没有特别的语言市场要求，选择在默认的全球市场发布产品，产品就被发布在阿里巴巴国际站上。如果使用英语发布产品，在发布后，系统就会自动将产品内容翻译成其他语言，并在对应语言市场上显示。

2）选择类目

选择准确的类目很重要，类目是阿里巴巴国际站进行搜索匹配的重要依据，也是向买家清晰地展示卖家专业度的重要尺标。类目选择一定要符合产品的特性，选错类目会降低信息的相关性，从而影响产品的搜索结果；选错类目也可能会让买家在浏览类目时无法找到卖家发布的产品。卖家应根据产品的实际情况选择最佳类目，在不确定产品类目的情况下，可以参考同行的选择。

2. 填写产品的基本信息

产品的基本信息包括产品图片、产品主图视频、产品标题、产品属性、产品关键词。

1）产品图片、产品主图视频

产品图片能够全方位、多角度地展示产品，提高买家购物的兴趣。在发布产品时，需要发布的产品图片一般包括产品主图和产品营销图两种类型。在发布产品时，一共可以上传 6 张产品主图。其中，第一张产品主图被直接展示给买家，是影响产品点击率的主要因素，也是影响产品质量分的重要因素。系统要求产品图片的尺寸大于 640 像素×640 像素，建议将产品主图的尺寸制作为 750 像素×750 像素。产品主图的尺寸直接影响图片的清晰度及文件的大小。产品主图必须清晰、不模糊，优质的产品图片更能吸引买家的眼球，更容易获得询盘。

产品主图视频是产品给买家留下的第一印象，在店铺中放上产品主图视频将使产品的展示更为直观、更具有吸引力。产品主图视频的时长不宜超过 45 秒，即无论是无线端的产品主图视频，还是 PC 端的产品主图视频，其时长都应在 45 秒以内；视频分辨率应在 640 像素×480 像素以上，单个视频的大小不应超过 100MB。每款产品只能关联一个视频，每个视频关联的产品不应超过 20 款。产品主图视频除了要展示产品的全貌和效果，还需要将卖点逐一展示出来。注意：产品主图视频应尽可能将产品完整地呈现出来，以展示产品优点为主，在细节上不必面面俱到，因为太多的细节展示反而会影响买家的购买决策。

"商品图片&视频"界面如图 3-7 所示。

图 3-7 "商品图片&视频"界面

2）产品标题

产品标题是展示产品信息的标题部分，是买家了解产品的主要途径之一。产品关键词是对产品名称的校正，便于系统快速识别并准确匹配买家搜索词。产品关键词最多可以填 3 个，并且每个产品关键词都不能超过 128 个字符。产品分组可以帮助卖家方便地管理产品，也可以帮助买家方便地浏览产品。产品名称、产品关键词和产品分组设置界面如图 3-8 所示。

图 3-8 产品名称、产品关键词和产品分组设置界面

3）产品属性

产品属性（见图 3-9）及规格是关于产品规格和功能特征的详细描述，便于买家在进行产品属性筛选时快速找到卖家的产品。产品属性分为标准属性与自定义属性。

图 3-9 产品属性

4）产品关键词

产品关键词是买家在采购时经常使用的搜索词，一般为修饰词+产品中心词+应用场景，如"red 8gb mp3 for spo 交易品"。

3．填写产品的交易信息

产品的交易信息包括产品规格、销售方式、价格设置、发货期、定制服务。产品的交易信息是产品信息的重要组成部分。将产品价格和运费设置得合理，就容易从同类型产品中脱颖而出，从而吸引更多买家进行购买。在填写产品的交易信息时，卖家需要注意以下两个问题。

1）产品价格

产品价格区间与产品基本信息的自定义规格是对应的。例如，如果买家在自定义规格中设置了颜色"Red"和"Yellow"，就需要设置对应颜色的产品价格。产品价格可以根据数量设置（见图3-10）、根据规格设置、统一设置。产品价格一般为阶梯价格，也可以根据国家差异来设置。

图3-10　产品价格

2）定制能力

卖家可以根据情况为产品添加多个定制信息，定义起订量与加价，如图3-11所示。

图3-11　定制能力

4．填写物流信息

物流信息包括体积与重量、物流提供方式、物流服务等。

1）填写体积与重量

产品的长、宽、高、毛重信息是在卖家未设置标准运费的情况下，买家采购时计算运费的参考依据，如图3-12所示。

图 3-12　体积与重量

2）填写物流提供方式

物流提供方式包括物流送达国家、运费模版、发货运费参考等信息，如图 3-13 所示。如果是第一次上传产品，那么卖家可以使用平台提供的新手运费模板，它提供了适用于不同国家和地区的运费低廉的物流方式。

图 3-13　物流提供方式

3）物流服务

物流服务的设置涉及半托管、海外仓等内容，卖家需根据实际情况进行填写。

5．填写产品的服务信息

产品的服务信息一般包括一年远程质保服务、样品间服务、私域品服务、一件代发服务等，如图 3-14 所示。卖家根据自己的实际情况填写产品的服务信息即可。当有加工定制服务时，卖家可以进行详细填写，以吸引有定制需求的买家。

图 3-14　产品的服务信息

6．填写产品详情描述信息

产品详情页视频能够介绍产品的详细信息，完整地展示产品的卖点和优势。产品详情页视频的时长一般不超过 10 分钟。视频清晰度需在 480P 以上，视频大小不超过 500MB。视频画面建议横屏拍摄，视频比例一般为 4∶3 或 16∶9。视频展示位置在产品详情描述的上方。产品详情页视频在时长方面，相比产品主图视频有更大的施展空间，卖家可以对产品的特点、使用场景、安装性能，以及买家较为关切的部分进行展示，并可适当展示制作工艺、企业实力等。视频画面背景尽量采用素色或进行虚化处理，以避免背景的干扰。视频画面中应避免出现与产品不相关的内容，以免侵权。

产品详情页图片一般展示产品的尺寸、细节、优势、包装等。产品详情页图片的建议尺寸为 750 像素×800 像素。关于图片数量，一般普通编辑的不超过 15 张，智能编辑的不超过 30 张。图片大小应控制在 5MB 以内。图片格式主要是 JPEG、JPG、PNG。

值得注意的是，卖家在发布产品图片前最好进行批量压缩，通常一张相机图片的大小在 1MB 以上，用 Photoshop 剪裁压缩后大小为 100～200KB，用 Fireworks 等软件进一步压缩后，500 像素×500 像素的 JPG 图片的大小通常不会超过 60KB。压缩后的图片质量不会有任何变化，但网页打开的速度会变快，卖家要学会珍惜买家宝贵的时间。对于需要重复使用的图片，卖家可以将其添加到图片银行中，如工厂的照片等。

"产品详情描述"界面如图 3-15 所示。产品详情描述可以对产品和企业进行详细的图文展示，阿里巴巴国际站的产品详情描述可选"智能编辑"和"普通编辑"选项，"智能编辑"有现成的模板，对图片的尺寸和数量有要求。"详情编辑器"界面如图 3-16 所示。"普通编辑"可自由排版，对图片的数量有限制，其界面如图 3-17 所示。

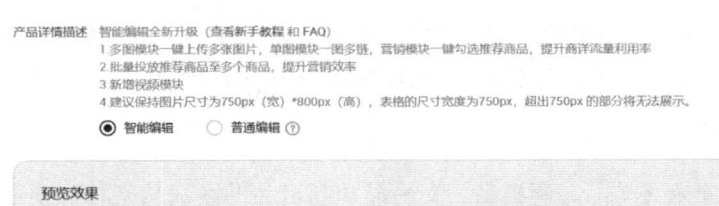

图 3-15 "产品详情描述"界面

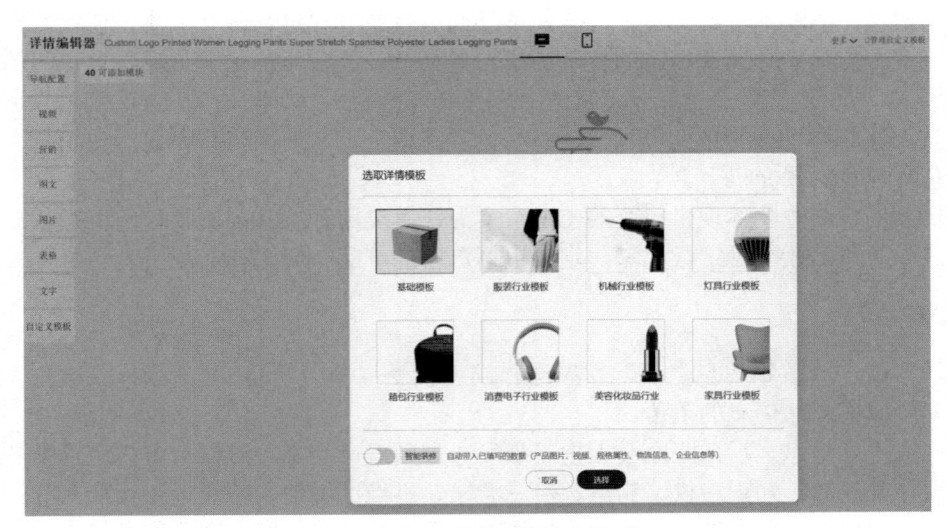

图 3-16 "详情编辑器"界面

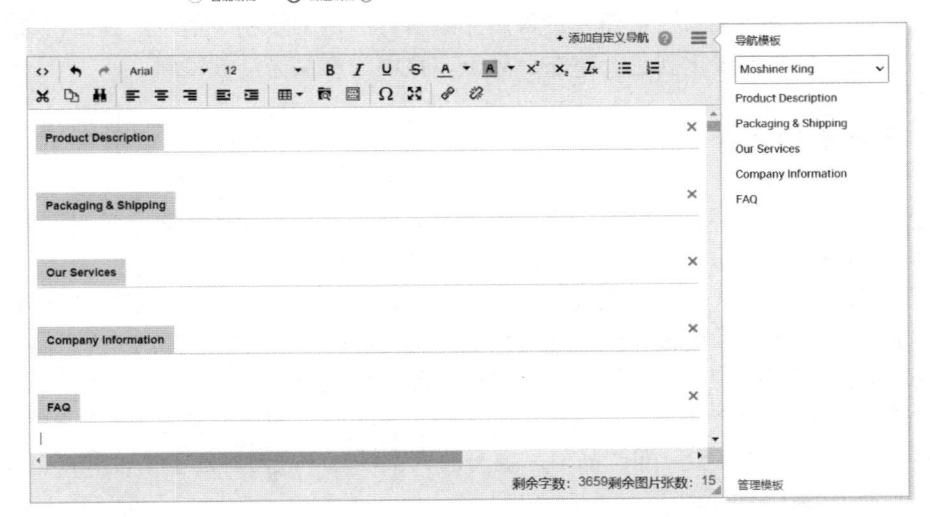

图 3-17 普通编辑界面

另外，普通编辑也可以根据产品和企业的需求，将要展示的信息制作成模板并保存起来，而且在发布产品的时候，选择相应的模板就可以直接应用在产品详情页中。

7．进行产品类型确认

产品类型一般可以分为交易品、商机品。交易品和商机品的区别从某种程度上说是现货产品和定制产品的区别，二者在物流信息、产品规格等方面均有区别。

交易品是指阿里巴巴国际站的可批发的现货产品。卖家选择发布交易品的优势主要有两个方面：一是基本上产品的各项属性和运输费用都是明确的，买家自行浏览产品详情页就能确定采购信息，静默下单；二是平台会在站外通过联盟方式进行额外引流，使卖家有机会获得更多流量。交易品频道有自己的特色场景，包括 Weekly Deals（现货折扣）热门榜单、运费 5 折/包邮、猜你喜欢、主题活动等。在交易品频道内独立搜索是指在全球批发频道内只搜索交易品。从店铺运营的角度来看，交易品更容易成交，从而为产品积累历史销量、提升排名，以获得更多的曝光机会。

商机品的内容主要体现供应商的 OEM 实力，主要用于承接定制类型的买家，订单细节需要经过沟通协商才能确定。卖家一定要根据自己的产品特性选择产品类型。

8．产品审核

在填写完产品营销信息之后，卖家选择同意接受《平台产品发布规则》，单击"提交"按钮，即可完成产品信息的上传。

在提交产品信息之后，平台会根据产品发布规则对产品进行审核。审核的维度一般包括图片盗用、禁限售、知识产权、钓鱼、信息滥发、不当使用他人信息、行业准入等。如果审核通过，平台就会在前台展示产品信息；如果违反产品发布规则，产品信息就会被退回或直接删除。

9．产品编辑

在产品发布成功后，如果需要更新产品信息，那么卖家可以进入产品管理界面，找到想要编辑的产品，单击"编辑"按钮，进入产品编辑界面，编辑相关信息。在每次编辑完并提交产品信息后，平台都要重新进行审核。处于审核中的产品无法被编辑。

二、产品信息质量

产品信息质量分是平台提供给卖家的评估产品信息质量的参考依据。卖家可以根据产品信息质量分检查产品发布中遗漏的信息，进行信息补充。

产品发布需要真实、丰富、规范，即产品标题、产品交易信息、物流信息等与实际情况相符，产品关键词、产品属性、产品详情描述完善，产品图片/视频规范。

卖家在填写好产品信息后，可以通过系统检测产品信息质量，获得产品信息质量分。产品信息质量分直接影响产品排名，是买家判断产品发布质量的重要参考依据。卖家可以从三大维度提高产品信息质量分，即产品信息填写的真实性、产品内容的丰富性和产品图片/视频的规范性，如图 3-18 所示。

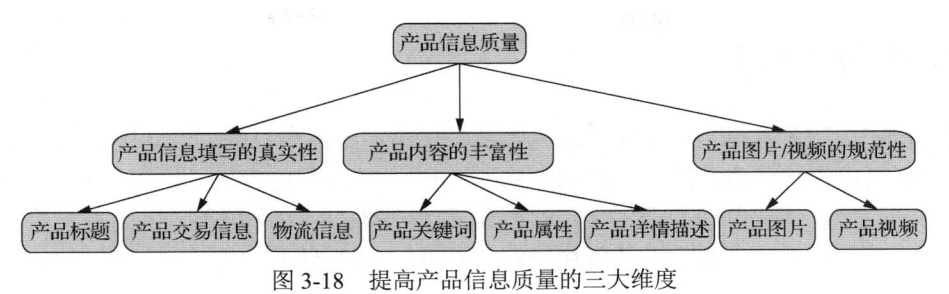

图 3-18 提高产品信息质量的三大维度

三、多语言市场产品发布

阿里巴巴国际站的多语言市场产品发布功能发展很快。目前，卖家在发布产品时，选择语言市场为全球市场，将使用英语发布产品。在发布产品后，系统会自动将产品内容翻译成多种语言，并展示在对应语言市场上。卖家也可以直接选择其他语言市场来发布产品，目前有西班牙语市场、俄语市场、葡萄牙语市场、法语市场、日语市场、德语市场、意大利语市场、韩语市场、阿拉伯语市场、土耳其语市场、越南语市场、泰语市场、荷兰语市场、希伯来语市场、印尼语市场、印地语市场共 16 种选择。接下来的步骤与在全球市场上发布产品相同，区别在于在对应语言市场上发布产品，将仅在该语言市场上展示产品，系统不会自动将其翻译成其他语言。

语言市场与主要国家和地区对应表如表 3-5 所示。

表 3-5 语言市场与主要国家和地区对应表

语言市场	主要对应国家和地区
西班牙语市场	墨西哥、西班牙、阿根廷、秘鲁、智利、哥伦比亚、委内瑞拉等
俄语市场	俄罗斯、哈萨克斯坦、乌克兰等
葡萄牙语市场	巴西、葡萄牙、安哥拉等
法语市场	法国、比利时、多哥、贝宁等
日语市场	日本
德语市场	德国、瑞士、奥地利、卢森堡等
意大利语市场	意大利
韩语市场	韩国
阿拉伯语市场	阿联酋、沙特阿拉伯、埃及等
土耳其语市场	土耳其
越南语市场	越南
泰语市场	泰国
荷兰语市场	荷兰、比利时、南非、苏里南等
希伯来语市场	迦南地
印尼语市场	印度尼西亚
印地语市场	毛里求斯、斐济、特立尼达和多巴哥、圭亚那、苏里南

四、产品模板应用

阿里巴巴国际站产品后台具备自动保存已经发布的产品模板的功能，因此卖家在发布类似产品时，可以直接使用快速发品功能（见图 3-19）。选中已经发布的产品（见图 3-20），之前发布的产品信息会被自动显示出来，除产品描述中的产品图片和产品视频不显示，需要重新上传外，其他产品信息都可以被直接使用，并可以被修改。

图 3-19　快速发品功能

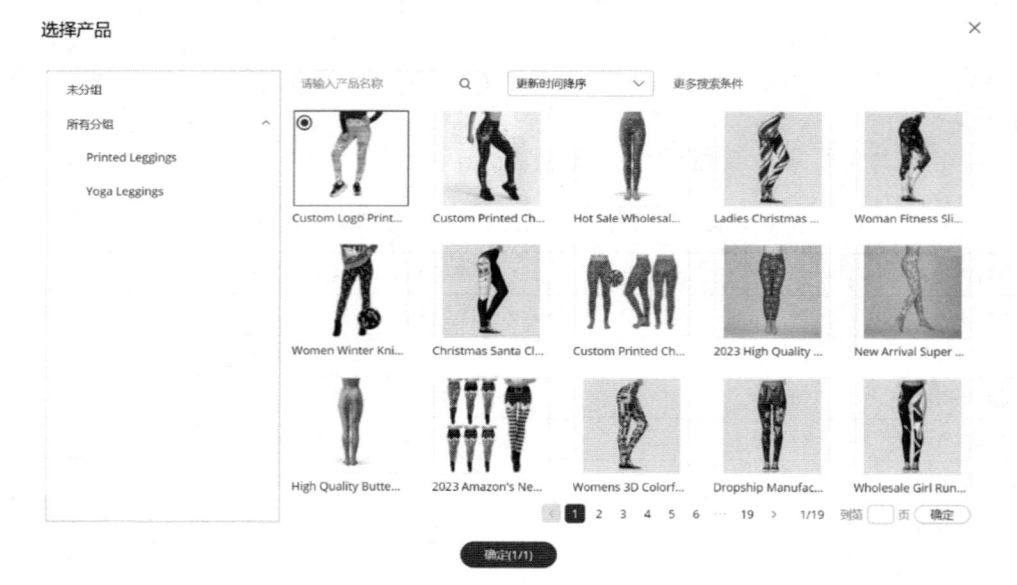

图 3-20　"选择产品"界面

第三节　产品运营

一、产品基础维护

1. 产品管理基础

（1）选择"产品管理"→"管理产品"选项，进入"管理产品"界面，如图 3-21 所示。在该界面中，卖家可以对产品进行管理。产品管理的基础操作主要包括产品分配、产品分组、修改产品状态、产品编辑与批量修改。其中，通过产品分配，卖家可以将产品分配给不同的子账号;通过产品分组,卖家可以将产品移动到不同的分组中;通过修改产品状态,卖家可以将产品上、下架,既可以批量生成直接下单品,又可以对产品进行修改或删除。

图 3-21 "管理产品"界面

2. 产品编辑

卖家在"管理产品"界面中还可以对产品进行编辑,具体操作方法:单击右下角"编辑"的下拉按钮,打开"编辑"下拉列表。通过该下拉列表,卖家可以进行样品服务设置、发布类似产品、修改规格信息、修改产品视频、修改产品库存、设置私密权限、删除等操作,如图 3-22 所示。

3. 产品分组

选择"产品管理"→"产品分组与排序"选项,进入"分组管理与排序"界面,如图 3-23 所示。在该界面中,卖家可以进行分组管理与排序、产品管理与排序的设置。产品分组的形式有很多,卖家可以根据产品种类、使用场景或者产品功效进行划分。分组模式有利于导购营销,可以帮助买家快速查询到需要的产品类型。

图 3-22 "编辑"下拉列表

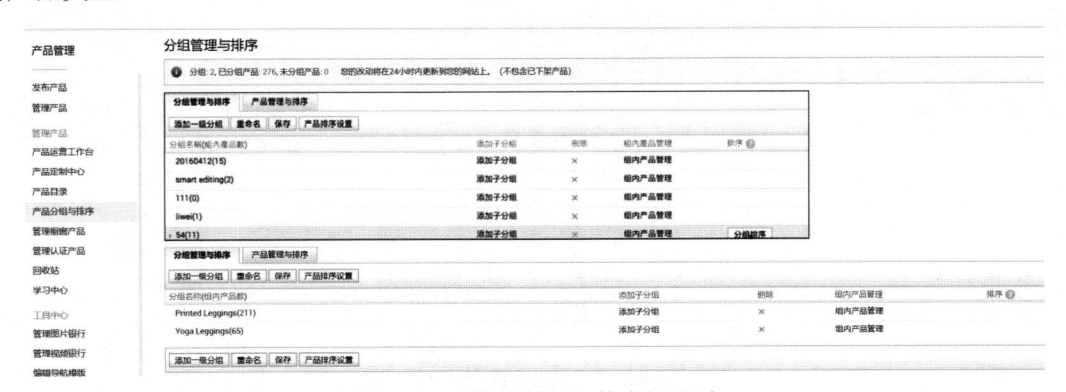

图 3-23 "分组管理与排序"界面

值得说明的是,在"产品管理与排序"界面中,卖家既可以对未分组产品进行分组操作,又可以对已经分组的产品进行分组调整或产品排序修改操作。

4. 产品诊断及优化

选择"产品管理"→"搜索诊断首页"选项,进入"搜索诊断中心"界面,如图 3-24 所示。在该界面中，卖家可以对产品进行诊断，系统会详细显示产品优化建议、产品效果、待优化问题产品等信息。

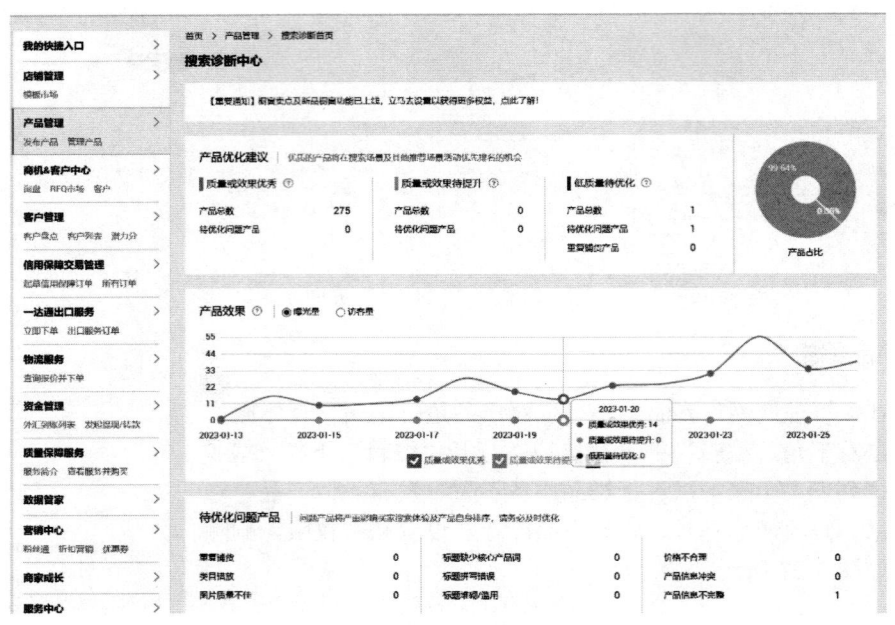

图 3-24 "搜索诊断中心"界面

选择"产品管理"→"产品诊断优化"选项，进入"产品诊断优化"界面，如图 3-25 所示。在该界面中，卖家可以对问题产品进行优化。

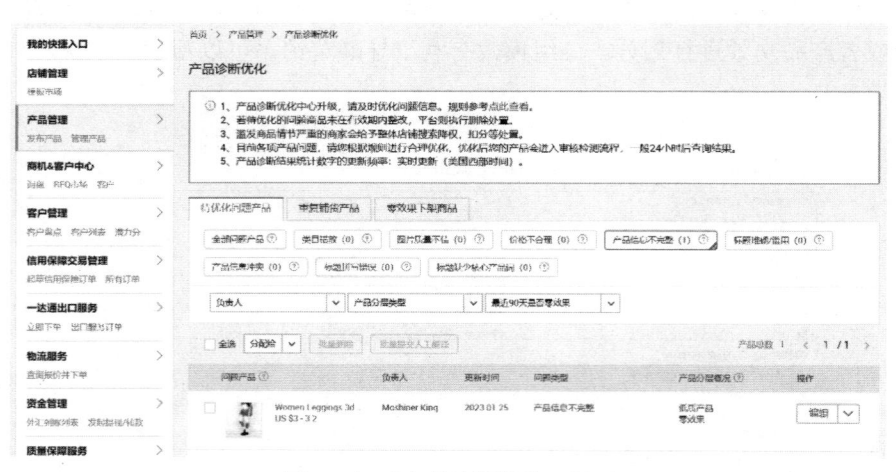

图 3-25 "产品诊断优化"界面

二、橱窗产品运营

1. 橱窗的概念

橱窗产品展示位是阿里巴巴国际站的推广资源之一，阿里巴巴国际站的橱窗就像人们在逛街时看到的商店玻璃展示窗口或展示区域，这个位置拥有绝佳的曝光机会。在进行产品推广运营时，卖家可以将自己的主打产品设置成橱窗产品，在旺铺首页进行展示。

阿里巴巴国际站的橱窗数量：出口通会员的橱窗数量为 10 个，金品诚企会员的橱窗数量为 40 个。如果觉得橱窗数量不够，那么卖家可以另外购买。

2. 橱窗产品的优势

橱窗产品的优势如下。
（1）橱窗产品享有搜索优先排名权。在同等条件下，橱窗产品的排名在非橱窗产品前面。
（2）橱窗产品拥有企业网站首页推广专区，可以提升主打产品的推广力度。
（3）卖家可以自主更换橱窗产品，轻松掌握主打产品推广的主动权。

3. 橱窗产品管理

选择"产品管理"→"管理橱窗产品"选项，进入"橱窗产品管理"界面，如图 3-26 所示。在该界面中，卖家可以对橱窗产品进行管理，如选择不同子账号上传的产品，将其设置为橱窗产品。在"橱窗产品管理"界面中，卖家可以看到产品成长分、曝光量、点击量、询盘、订单数及效果趋势，还可以设置橱窗卖点，并进行优化、排序、替换和移除操作。

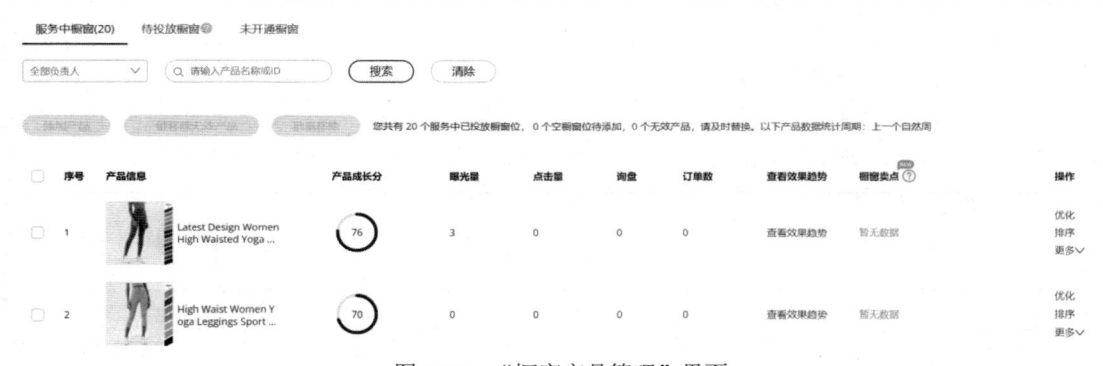

图 3-26 "橱窗产品管理"界面

第四节　产品数据分析

产品数据分析是指通过产品在其生命周期中各阶段的数据变化来判断产品所在的阶段，以此指导产品的结构调整、价格升降，决定产品的库存系数、引进和淘汰，并对后期产品的演进进行合理的规划。产品数据关系到多个部门的有效运作，直接影响店铺的经营效益。

一、产品整体状况分析

1. 产品整体状况

阿里巴巴国际站数据参谋的"产品分析"界面如图 3-27 所示，其中"产品概览"包含 4 种数据：产品总数、有访问产品数、有询盘产品数、有订单产品数。产品总数是指截至统计日，卖家发布的全品类产品数（若统计周期为多日，则指该统计周期最后一日的到达量）。有访问产品数是指在统计周期内，有过买家访问行为的产品数量。有询盘产品数是指在统计周期内，有过买家针对该产品发起有效询盘的产品数量。有订单产品数是指在统计周期内，有过买家针对该产品发起信用保障订单的产品数量。

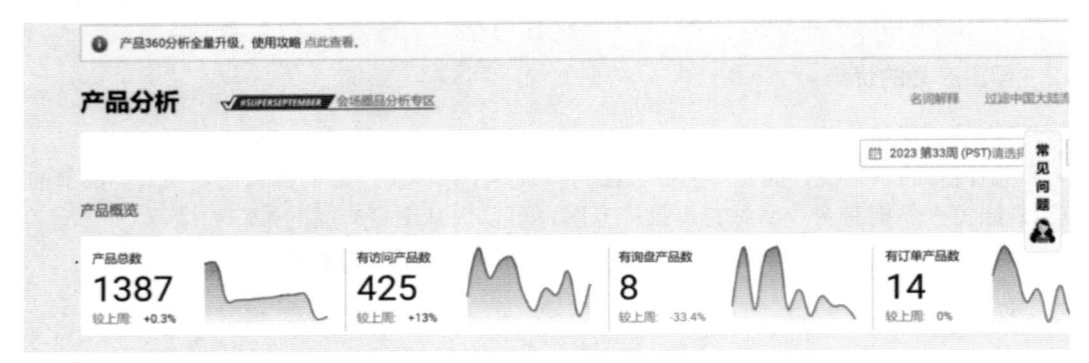

图 3-27 "产品分析"界面

2. 产品分层

店铺获得成长、取得良好收益的重要一环是做好产品运营。产品分层是指按照销售表现将店铺的产品分为不同的层级。不同层级的产品可以获得不同的流量，适用不同的营销策略。因此，通过产品分层，卖家不仅可以更好地满足买家的差异化需求，还可以更好地进行资源优化配置，从而实现最佳销售效果。

依据流量转化率进行产品分层，通常将产品分为流量款产品、爆品、利润款产品、形象款产品（见表 3-6）。在店铺起步阶段，卖家可以根据产品特性预设产品结构定位，之后用利润率反映这种产品结构定位，并注意 4 类产品在店铺中的占比。

表 3-6 产品分层

产品定位	定位特性	预设利润率	预设占比/%	备注
流量款产品	热搜、单价低、满足目标客户的普适需求	低	10	在进行单款引流时，需定期更换产品，以对比引流效果；在进行多款引流时，需注意品类的配置
爆品	热搜、单价较低、满足目标客户的普适需求	较低	20	对预设与实际偏差及时进行修正
利润款产品	单价较高、满足目标客户的细分需求	较高	60	深入研究细分需求
形象款产品	单价高、满足目标客户的细分需求，支持定制	高	10	价格具有刚性，不参与促销

流量款产品是指能给店铺及其产品带来流量的产品。流量款产品可以吸引买家进入产品详情页或访问店铺，一般搭配网站的其他产品进行售卖。

爆品是店铺内流量多、曝光量多、订单量高的产品。爆品可以增加店铺整体的曝光量，提升店铺的转化能力、排名、整体权重，并且可以为店铺其他产品引流。

利润款产品是主要的盈利产品。

形象款产品是为了提升品牌的形象和买家的价值感，拥有高品质、高调性、高客单价的小众产品。

二、单品分析

1. 产品 360 分析

数据参谋的"产品详情"界面如图 3-28 所示。从图 3-28 中可以看出,数据参谋支持多种类型的产品信息,如产品类型、产品指标等,卖家可以根据需要进行选择。

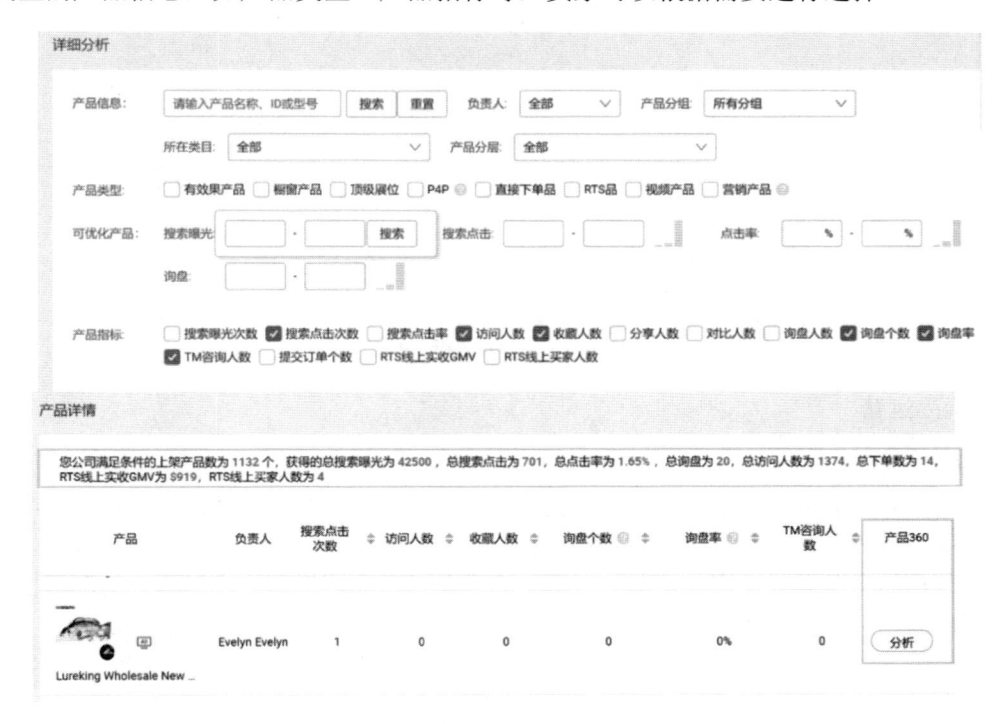

图 3-28 "产品详情"界面

产品列表中统计的是产品的综合指标,选择右侧的"产品 360"选项,可对产品详情进行分析,从关键词分析、趋势分析、访客地域、关联产品、流量来源、价格分析、竞品对标等维度进行详细分析,如图 3-29 所示。

(1)关键词分析:分析单品的关键词效果,如搜索曝光次数、搜索点击次数、直通车曝光次数等。

(2)趋势分析:分析单品的效果趋势,包含操作日志的数据变化趋势。

(3)访客地域:分析单品的访客地域分布,以便了解单品的访客分布。

(4)关联产品:分析访问单品的访客还访问了哪些产品,以便及时调整关联搭配。

(5)流量来源:分析单品的访客来源和流量结构,利用渠道打造爆品。

(6)价格分析:分析单品的价格区间与销量的关系,与可能的海外同款产品进行价格与销量的对比。

(7)竞品对标:找到单品的 100 个标杆产品,分别进行搜索曝光、点击转化、商机转化 3 种数据的对比,以便找到差距,定向优化。

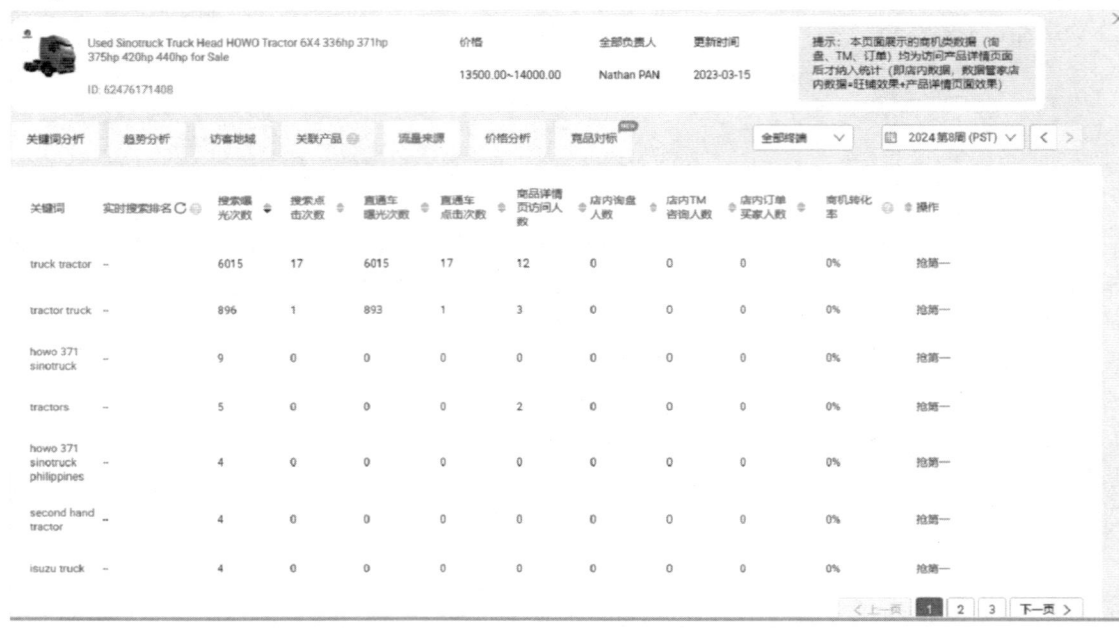

图 3-29 产品 360 分析界面

2．优品运营

1）优品筛选

优品运营是对店铺的产品进行分层，找到店铺的优质产品并向其重点分配资源的产品运营策略。优品筛选主要从前验标准、后验标准、基础门槛 3 个方面进行，如图 3-30 所示。前验标准包括产品信息质量、产品竞争力；后验标准包括产品流量和产品转化；基础门槛要求产品无违规问题、无重大售后问题。

图 3-30 优品筛选的标准

2）优品提升

优品提升主要包括产品发布、明确优化方向、优化前验指标、优化后验指标、广告助推等步骤，如图 3-31 所示。

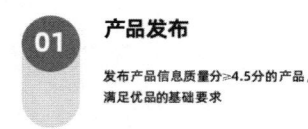

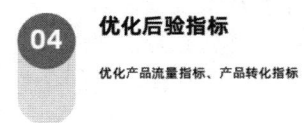

01 产品发布
发布产品信息质量分≥4.5分的产品，满足优品的基础要求

02 明确优化方向
盘点店铺内的准优品，明确产品的优化方向

03 优化前验指标
提升趋势力、价格力、服务力指标

04 优化后验指标
优化产品流量指标、产品转化指标

05 广告助推
投放广告，助推产品成为优品

图 3-31　优品提升的步骤

本 章 小 结

本章主要介绍了阿里巴巴国际站店铺的产品管理。在发布产品前，卖家需要进行产品信息准备，产品信息包括产品的基础信息、产品关键词、产品标题、产品属性、产品定价、产品详情页等。在阿里巴巴国际站上发布的产品主要有两类：一类是交易品，可以直接下单；另一类是商机品，又称定制产品。这两类产品的发布流程基本相同，区别在于物流信息的填写不同。卖家在发布产品时，选择语言市场为全球市场，将使用英语发布产品。在发布产品后，系统会自动将产品内容翻译成多种语言，并展示在对应语言市场上。卖家也可以直接选择其他语言市场来发布产品，目前有西班牙语市场等 16 种选择。多语言市场产品发布与全球市场产品发布的流程相同。卖家需要对店铺的产品进行基础的维护，包括分组、下架、优化等操作。另外，对于橱窗产品、爆品、优品，卖家需要重点进行分层运营。对产品进行数据优化包括店铺整体和单品两个维度，从店铺整体角度来看，卖家需要了解店铺的整体情况，并对产品进行分层；从单品维度来看，卖家可以进行产品 360 分析，并进行优品运营。

本 章 练 习

一、选择题

1. 在阿里巴巴国际站中，（　　）能帮助买家搜索到产品，是搜索的第一匹配要素，用于买家准确定位产品。

　　A．产品编号
　　B．产品详情页
　　C．产品标题
　　D．产品主图

2. 在标题"Hot sale Mercedes benz licensed 12v electric ride on kids cars toy for wholesale"中，属于核心关键词的选项是（　　）。

　　A．Hot sale
　　B．Mercedes benz licensed

C. 12v electric

D. kids cars toy

3. 产品发布后审核不通过，其原因可能是（　　）。

A. 没有设置自定义属性

B. 没有上传产品主图视频

C. 产品图片涉及未授权品牌

D. 零效果产品优化重新上架

4. 卖家发布交易品，须满足的条件是（　　）。

A. 需当天发货

B. 可直接下单

C. 在 15 天内到达

D. 所有国家的运费都可以直接计算

5. 某卖家将产品 Keychain 放在 Mattress 类目中，结果在前台无法找到该产品，其原因可能是（　　）。

A. 重复铺货

B. 图片质量不佳

C. 类目错放

D. 产品信息冲突

二、实训题

假如你是一名服装类生产企业的数据运营专员，请收集一个产品的信息，并在阿里巴巴国际站发布为交易品。

1. 产品信息的填写正确、完整。

（1）根据产品素材正确选择产品类目。

（2）产品标题需自拟（要符合优质标题的撰写规范）。

（3）产品主图不少于 6 张，并按照逻辑顺序进行展示。

（4）根据产品素材将产品的基本信息、交易信息、物流信息填写正确和完整。

2. 产品详情描述采用智能模式，包含产品图片描述、包装物流信息、企业信息和 FAQ，按照逻辑顺序展示，排版清晰且有条理。

第四章 店铺基础营销

店铺存活和成长的基石不是盲目地进行付费推广，而是用心地进行基础营销。

> **导入案例**
>
> ### 新定位、新玩法，半年获得 4000 多个新客户
>
> 深圳市领秀运动科技有限公司（以下简称领秀）创立于 2015 年，主要从事运动服装的生产和经销业务。最初，领秀主要聚焦国内市场。后来，领秀决定开拓海外市场，选择入驻阿里巴巴国际站。在进入新领域后，领秀采用了新定位、新玩法。
>
> （1）准确定位。与传统的 OEM 企业不同，领秀瞄准的是低起订量、需要快速出货的买家。大部分工厂定制加工都会要求较高的起订量，但领秀可以做到起订量为 50 件、每色 4 个码、200 件混批。买家因为交期和起订量的关系，愿意出更高的价格，领秀获得的客单价和利润率都比同行高。经过一段时间的运营，领秀已经逐步打开了海外市场，其中 90% 的客户来自美国，另外 10% 的客户来自澳大利亚和英国。在有了较稳定的客户群体后，领秀又开始"尝新"了。
>
> （2）参加活动。领秀积极参与了 Weekly Deals 活动，并开始注重打造爆品。领秀以低折扣、大优惠、清库存的方式，按效果每周调整活动定价，循环进行。在产品的选择上，领袖以引流款产品为主，同时为客户提供质量和定价的梯度选择。同时，领秀利用年初平台物流优惠的机会，组织了让利促销活动。
>
> （3）主动营销。推新品最重要的是让买家快速、准确地知道产品的卖点及质量，并建立信心。领秀利用"粉丝通"（现改为短视频频道）主动营销的功能，在产品刚上新时就发布产品的生产、包装、检测及款式等信息，获得更多客户的关注及好感。
>
> （4）客户管理。领秀还通过"粉丝通"的关注人数变化及"客户通"的流失预警功能，对老客户进行了内容运营，成功召回了一批老客户。
>
> 经过运营，领秀成功打造了 5 个爆品，在半年内获得了 4000 多个新客户，复购率更是高达 40%。如今，领秀 90% 的订单都是现货，获得了很好的利润。
>
> 对大多数创业小白来讲，阿里巴巴国际站并非创业首选，因为它以定制加工贸易为主，客户开发周期长，对外贸团队的要求高。阿里巴巴国际站上线了全球批发频道，Weekly Deals 是全球批发频道的第一个场景，主要针对近年来平台迅猛增长的以小单、快采为主的买家。这些买家很多是海外批发零售渠道的终端卖家，他们可以通过该频道采购到所需的货物。该频道可以帮助中小型卖家较快地获得客户和订单，并且复购率较高。其他类型的外贸企业也可以通过该频道清理库存和开发客户。
>
> 由此可知，卖家应时刻关注平台的最新动态，准确定位，积极参与平台活动，有效地

利用店铺的基础营销工具，努力成为大卖家。

阿里巴巴国际站店铺运营需要清晰的运营思路和熟练的营销技巧，前者能让卖家清楚地把握运营方向，后者能让卖家将运营想法付诸实践。传统外贸的黄金时代已经过去，内容自营销成为 B2B 少有的最佳获客手段之一，甚至会成为外贸的下一个趋势。大数据告诉我们，内容红利来势凶猛，无线化、内容化也许就是下一个风口。在长期的被动营销环境下，买家认为"陌生卖家=自然屏蔽""产品不相关=骚扰"。专业的买家往往会通过不同的渠道收集意向卖家的各种信息，并用相关工具进行记录和跟踪，以辅助自己做决策。对卖家来说，要解决的核心问题是如何取得买家的信任。卖家应如何有效地运用阿里巴巴国际站所提供的营销工具，创作优质内容，做好店铺基础营销，主动出击，将买家牢牢抓在自己手里呢？本章将对此进行详细阐述。

第一节　平台的营销活动

一、平台的营销活动简介

营销活动是指以营销为目的而开展的活动，旨在使卖家获得品牌知名度的提升或销量的增长。阿里巴巴国际站的主要营销活动包括平台大促、数字展会、节日节庆、品牌活动 4 种类型，如图 4-1 所示。其中，平台大促、数字展会的客户对象范围广，而且有平台资源支持，值得卖家重点关注。

图 4-1　阿里巴巴国际站的主要营销活动

参与平台的营销活动有助于卖家快速引流、提升转化率。卖家的主要收益如下。

1. 产品排序获得加权

营销活动一般包括蓄水预热期和爆发期。在蓄水预热期，蓄水产品买家数越多、交易金额越大，产品排名权重越大。在爆发期，产品会积累买家数和交易金额等数据，搜索排名会随之提升。

2. 借势打造爆品

爆品对店铺来说非同寻常，爆品的打造是相当困难的，一般需要卖家花费大量财力、物力和精力去进行引流。爆品可以增加店铺的流量，也可以带动店铺其他产品的销售。阿里巴巴国际站的很多活动场景可以为打造爆品提供有效路径，因为此时买家数量很多，容易产生冲动消费。

3．提升知名度

无论是产品还是店铺，拥有了一定的知名度就不愁没有流量。阿里巴巴国际站的营销活动面向更大的流量风口，可以快速提升产品和店铺的知名度。

4．吸引新客户，召回老客户

没有客户的店铺就像没有水的鱼，维护客户是店铺的重要工作之一。营销活动可以通过营销场景、优惠利益点等方法召回老客户。而活动期间的活动场景、产品优惠、品牌站等则可以吸引新客户。

二、营销活动的选择

营销活动的选择一般考虑资质要求、影响力、时间节奏等因素。

首先，资质要求。平台对活动报名有着卖家资质和产品资质的双重要求，卖家可以根据平台的规则，选择有资格参与的营销活动。

其次，影响力。按照覆盖范围从大到小，可将营销活动分为全平台级营销活动、行业级营销活动、地域级营销活动等，各级营销活动节点的持续时间和影响范围不同，卖家应该评估其收益与参与成本。例如，在阿里巴巴国际站的营销活动中，以9月采购节的活动力度最大，影响力也最大。因此，9月采购节是卖家需要重点关注的营销活动。

最后，时间节奏。在根据资质要求、影响力等基础因素进行营销活动的基础选择之后，卖家还需要从时间上进行安排，要在与平台的促销节奏相适配的同时，根据自身店铺的特点选择合适的营销活动，在买家接受度和促销频率之间实现平衡。

三、平台大促活动

1．平台大促活动的类型

平台大促活动是由平台发起，多方深度参与的营销活动，一般以销量和客户的双重增长为核心目标，是促进店铺销量增长、加速新品爆发的重要手段。参与平台专属活动是卖家融入平台生态，获取增长空间的重要行动。

阿里巴巴国际站的9月采购节被称作外贸行业的"双11"，是阿里巴巴国际站为了满足海外买家年底促销的需求而为全球 B2B 买卖双方提供的大型采购活动，被视为全球买家采购需求的风向标。点评综合评价为1星的金品诚企卖家或星等级为2星及以上的卖家才可以参与9月采购节。9月采购节对产品的要求是到货保障且产品成长分≥60分、定制品的产品成长分≥60分。9月采购节的时间为每年的9月1—30日。9月采购节包括大促主会场报商圈品、RTS 赛道、优品赛道、工厂赛道、大买家会场、无忧退、直播、短视频会场、IFA 消费电子&家电混合展、AMF 汽摩配混合展10个不同的活动，卖家可以根据自己的资质参与不同的活动。

3月新贸节是阿里巴巴国际站在每年的3月，为了满足海外买家新年伊始的采购需求而面向全球中小型卖家举办的大型平台活动。3月新贸节的时间为每年3月，活动重点突出"新"，聚焦于"新"，打造和引领新产品、新趋势、新服务、新市场。3月新贸节对卖家的资质要求是星等级为2星及以上或星等级为1星的金品诚企卖家。

2．平台大促活动的报名流程

进行活动报名是卖家参与平台大促活动的必要步骤。平台大促活动的报名流程如图4-2所示。

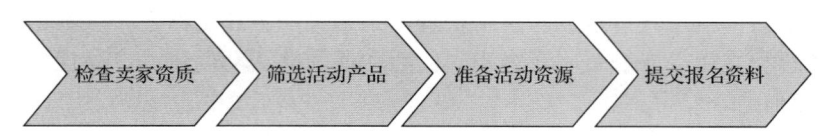

检查卖家资质 → 筛选活动产品 → 准备活动资源 → 提交报名资料

图4-2 平台大促活动的报名流程

1）检查卖家资质

卖家等级是平台综合评判卖家的标准，一般包括会员等级和店铺层级两个方面。阿里巴巴国际站目前有两类会员：一类是出口通，另一类是金品诚企。某些活动要求卖家具有金品诚企的资质。

店铺层级是平台从产品信息质量、营销、交易等维度对店铺进行的综合评定。一定的店铺层级需要卖家的日积月累，不是短期内可以达到的，这就要求卖家在平时的业务中提前做好布局。阿里巴巴国际站的卖家资质包括卖家力、营销力、交易力、保障力4个方面。

2）筛选活动产品

在卖家报名平台大促活动以后，平台会自动圈定符合活动要求的产品。在这个过程中，卖家需要核查入围产品，保证入围的产品都是其想要参与活动的主推产品。同时，店铺产品中有一些不符合活动要求，但又是需要推荐的新产品或趋势产品，这时，卖家需要重点优化该类产品，以使其符合活动要求。

（1）平台自动圈定产品：在卖家报名平台大促活动后，平台会自动圈定符合活动要求的产品。这时，卖家需要确定有哪些产品符合活动要求，以及平台自动圈定的产品是否是自己在本次活动中想要推广的产品。

（2）手动勾选产品：卖家可以在平台圈定的符合活动要求的产品中，手动勾选要参与活动的产品，如自己的重点产品、未来要发展的产品等。

（3）优化达标产品：对已经确定好的达标产品进行优化，以增强产品的竞争力。卖家可以从产品图片、产品视频、产品标题、产品详情页、Q&A等模块入手，按照平台的规则，逐一进行优化，精益求精，从而让产品的排名更靠前。

（4）优化未达标产品：如果卖家想让未被平台圈定的产品参与活动，那么可以优化这些产品，使其符合活动要求，具体做法是在产品运营工作台，选择未达标但分数接近达标分的产品，从内容表达、行业特色、交易表现、额外加减分4个维度对产品进行优化。

3）准备活动资源

"万事俱备，只欠东风。"在筛选完活动产品之后，卖家需要从产品物料、资金、人员3个方面进行准备。

(1) 产品物料准备。

需要准备的产品物料包括样品、模型、产品等，以及活动需要的海报、折页、道具等。所有活动都离不开样品，因此卖家必须提前准备各种不同的样品，保证活动的成功。以建筑玻璃胶为例，卖家需要按照不同的应用领域定制不同颜色（如黑色、白色、灰色等）、规格（如硬管 280 毫升、软管 600 毫升等）、包装材料（如纸箱、纸盒、铁桶等）的产品。在准备产品的时候，卖家要考虑产品的时效性、有效期，还要根据产品所属的行业、往年的交易数量决定产品的生产数量。有些产品的生产周期比较长，或者工厂的订单淡旺季很明显，卖家需要提前做好安排，保证产品能够及时到位。对于有定制化需求的产品，卖家需要提前设计好基本版型。

产品的生产是需要时间的，卖家一旦选择了与赊销相关的活动，就要准备大量的库存，还需要与企业高层协调资金的问题，反复确认赊销的付款周期、回款周期、安全因素等，确保订单的正常履行。

(2) 资金准备。

"兵马未动，粮草先行。"要做好活动，就必须准备充足的资金。这里的资金一部分是备货生产的资金（包括赊销），还有一部分是平台的预算，尤其是阿里巴巴国际站的 P4P（Pay for Performance，外贸直通车）费用。

平台的大促活动能考验卖家的实力。一旦遇到大客户、大订单，卖家就需要展示其雄厚的实力。9 月采购节的大买家会场需要卖家提供 OA 赊销的服务，虽然买家是非常有实力的客户，但是卖家需要垫付大量的资金，这对卖家的挑战是非常大的，如有必要，卖家应该提前做好相关的融资准备。

另外，卖家还必须保证其阿里巴巴账号中有充足的经费，同时提高其每天的 P4P 预算和消费，保证关键词的排名靠前，以便获得更多、更好的客户资源。

(3) 人员准备。

先人后事，所有活动的成功都离不开优秀的团队。为了保证活动的成功，卖家需要检查团队的分工、人员安排、绩效机制等。例如，卖家要考虑是否有国际展会冲突，人员是否需要倒班，在遇到突发情况时找谁请示、找谁协调等。

在活动筹备阶段，卖家要针对参与活动的全员召开启动会，告知其活动的意义、规则、方向，人员的具体分工、绩效激励等。

通常情况下，一场大型活动需要支持和配合的部门、人员很多。例如，在活动筹备阶段，平台操作员需要与企业高层商议，确定活动的战略定位、企业希望在本活动中获得怎样的收益，同时向企业高层提出需要的支持和保障；为了让店铺达成活动要求的星等级，业务部门需要与财务部门配合，与买家进行沟通，使其通过阿里巴巴信用保障等渠道进行结算；策划部门需要设计活动海报等。

当参与直播活动时，卖家需要对相关人员进行岗前培训、岗中观察、岗后复盘。在直播前，卖家需要让专业的工作人员布置场景、调试设备等，需要让主播提前写好直播稿，以保障直播的效果。在直播中，卖家需要让观察员随时提醒主播，同时辅助主播进行直播。在直播完后，卖家要组织参与直播的所有人员进行复盘，分析直播的经验及教训，同时，用集体的智慧改进直播话术，调整直播道具、场景和促销礼物等。

4）提交报名资料

卖家一定要非常熟悉平台大促活动的报名规则与报名路径。有些活动是纯线上的，有些活动则需要线上与线下同步审核通过以后才能参与。以 3 月新贸节为例，通常情况下，报名路径是 My Alibaba 后台→"营销中心"→"营销活动中心"→"专场活动"。

卖家在提交报名资料后需要注意时间问题。例如，3 月新贸节的报名时间为 1 月 5—18 日，平台审核时间为 1 月 18—21 日，活动时间为 3 月。

卖家在确认完店铺的星等级之后，进入营销活动中心，选择专场活动。之后，平台会自动圈定符合活动要求的产品，卖家在平台自动圈定的产品中手动勾选产品。在一切准备就绪后，卖家需要提交报名资料，静候报名情况。

同一个产品原则上只能报名一个专场活动，如果同时报名多个专场活动，那么最终能够参与的活动将以平台审核结果为准，且不以报名时间先后为依据。在报名活动的时候，卖家一定要注意"知识产权"这个项目，卖家填报的活动产品及相关信息等均应为卖家合法销售、使用的，不能出现图片盗用、知识产权侵权等情形。

四、数字展会

阿里巴巴国际站作为引领全球跨境贸易行业的在线平台，秉承"数字化重构跨境贸易"的理念，变革性地推出 B2B 领域的数字展会。

1．数字展会的会场结构、各会场的圈品逻辑和排序规则

数字展会分为三大类：综合展，以阿里巴巴的网交会和 9 月采购节为代表；行业展，如线上家居健康展、线上工业展；政府联合展，包括广东、江苏、福建和浙江义乌等地的云展会，涵盖了中国绝大多数出口大省。数字展会主要涉及行业主题场景和特色主题场景，数字展会的会场结构如图 4-3 所示。各会场的圈品逻辑和排序规则如图 4-4 所示。

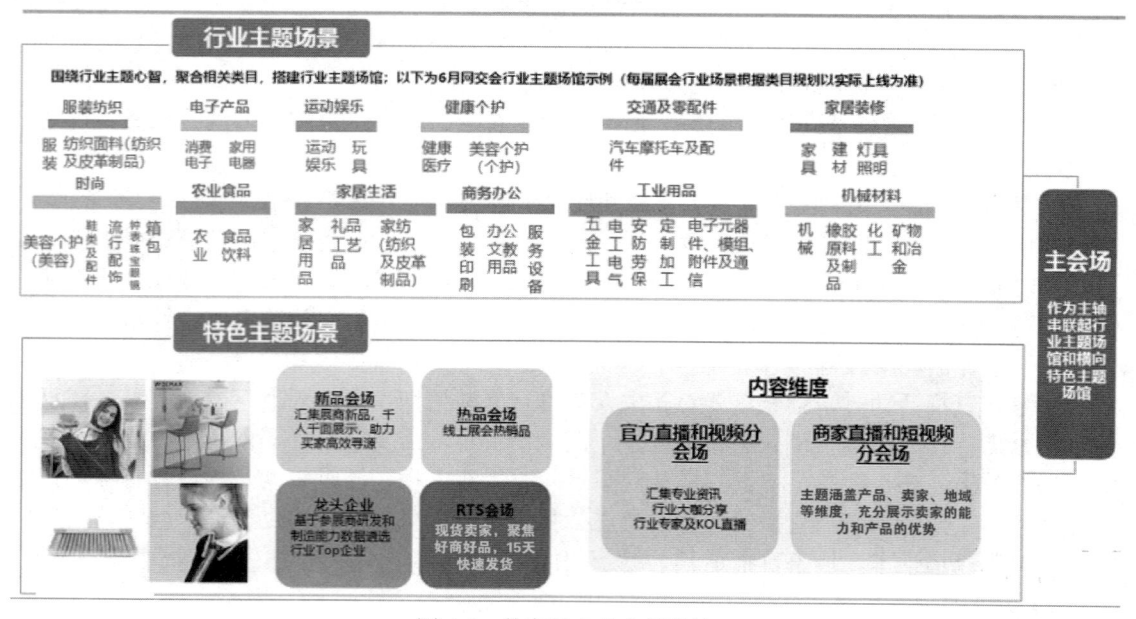

图 4-3　数字展会的会场结构

会场	卖家范围	圈品逻辑	排序规则
行业主题会场	所有参展商 主题对应类目卖家	产品成长分， 产品主图有视频	根据买家偏好千人千面排序
新品	所有参展商	产品成长分， 产品主图有视频， 发布时间及关键词	根据买家偏好千人千面排序
热品	所有参展商	产品成长分， 产品主图有视频	根据买家偏好千人千面排序
RTS产品	所有参展商 截至XX，RTS发品量占比全店产品数量≥30%的卖家	产品为RTS产品 产品所属24个RTS一级行业	根据买家偏好千人千面类目排序+类目内根据规则赛马
主会场猜你喜欢	所有参展商	产品成长分， 产品主图有视频	根据买家偏好千人千面排序
龙头企业	参展商中综合实力强的卖家	产品成长分， 产品主图有视频	根据买家偏好千人千面排序
参展商名录	所有参展商	产品成长分	根据买家偏好千人千面类目排序+类目内根据规则赛马
卖家直播&短视频分会场	报名直播并审核通过的卖家； 报名短视频并审核通过的卖家	……	直播：根据买家偏好、直播热度等因素综合排序 视频：根据买家偏好、播放效果等因素综合排序

图 4-4 各会场的圈品逻辑和排序规则

2．数字展会案例：2D 在线定制 2021 新年新品展

1）会场介绍

自 2020 年 9 月阿里巴巴国际站 2D 在线定制功能上线以来，数千个卖家已开始使用 2D 在线定制功能，提升了产品的点击率和转化率、获取了优质流量。为了更广泛地推广 2D 在线定制的优商优品，促进买家和卖家精准匹配，阿里巴巴国际站自 2020 年 11 月开始，以月为单位，持续开展 2D 在线定制优品大赏活动，重点推广 2D 在线定制的高使用率卖家、高分产品。

2）报名路径

报名路径：My Alibaba 后台→"营销中心"→"官方活动报名"→"阿里巴巴国际站 2D 在线定制 2021 新年新品展"。

3）卖家报名资质

（1）卖家认可并遵守阿里巴巴国际站制定和发布的活动相关要求和细则。

（2）本次活动仅覆盖一级主营类目（包括礼品工艺品、家居园艺、家具、灯具、家纺、服装、鞋靴、时尚配饰、美妆个护、珠宝首饰手表、箱包、运动娱乐、消费电子、食品饮料）的卖家。

（3）本次活动不设卖家星等级门槛，但要求卖家具备 2D 在线定制功能。2D 在线定制功能使用率高的卖家有机会获得海景房资源展示机会。

（4）卖家为信用保障亮灯用户且信用保障服务未中止或终止。

（5）卖家报名账号的违规分值<24 分且知识产权严重违规被处罚次数<1 次。

（6）卖家若有所列任一违法违规行为，则不允许参加本次活动：虚假交易被平台处罚、阿里巴巴平台金融产品逾期、工商或税局状态异常、有税局稽查等违法违规案件、法院失信、海关失信、有法人刑事涉案记录。

（7）阿里巴巴国际站会根据本次活动的整体策略，优先选择与可以更好地为买家服务的卖家（优选条件包括但不限于活动契合度、买家需求、诚信经营情况、履约及服务保障情况等）进行合作。阿里巴巴国际站与卖家之间的选择是双向的，在未形成一致意见之前，任何

一方均有权自主决定是否与对方进行合作。阿里巴巴国际站与卖家就本次活动达成的合作是免费的。

4）产品提报规则

（1）必备条件 A：所提报的产品必须绑定 2D 在线定制模型（真正具备 2D 在线定制功能），且产品成长分≥60。

（2）必备条件 B：因为活动主题为 2021 新年新品展，所以要求产品最新更新时间为 2020 年 11 月 1 日 00:00:00—2020 年 12 月 31 日 23:59:59（美国时间）。

（3）加分项：请积极提报产品成长分较高的产品，此类产品将获得优先展示和推荐。

（4）每个卖家最多可提报 50 个产品，所提报产品必须绑定 2D 在线定制模型。

（5）知识产权：卖家填报的活动产品及相关信息等均应为卖家合法销售、使用的，无图片盗用、知识产权侵权等情形。

（6）发货期：卖家必须按照买卖双方约定的时间进行发货，若平台收到买家反馈称卖家未按约定时间内发货，则平台在核实后将按照《国际站交易违规处罚规则》对卖家进行处罚。

第二节　自主营销

为了帮助卖家更好地实现自营销，不断吸引新客户并推动二次回访，阿里巴巴国际站提供了折扣营销、优惠券、SNS 智能分享等工具。

一、折扣营销

电子商务极大地扩展了传统折扣的应用范围，而阿里巴巴是较大程度运用折扣营销理念的平台之一。在阿里巴巴的生态系统中，折扣营销被广泛地应用到新品试销、旺季促销、尾货清仓等方面，在销货之余还承担了越来越多的营销功能。

1．折扣营销的概念

折扣营销是指卖家在销售产品时给予买家价格优惠的营销方式，折扣仅限于产品价格。这种方式往往是相对短期的、有特殊条件和临时性的，如批量折扣、一次性清仓折扣等。在阿里巴巴国际站，折扣营销是卖家常态化的自主营销工具。通过设置限时的折扣优惠，卖家可以在短期内收获大量订单，同时提高订单转化率。

2．折扣营销的规则

折扣营销的主要规则包括：①活动产品的折扣信息将在产品详情页展示；②目前，只有直接下单品才能进行折扣营销；③直接限时折扣只能应用在买家直接下单的订单上，前提是必须满足非样品单、在限时折扣有效期内、折扣优惠库存大于零的条件；④限时折扣减免的是订单金额中的产品货款部分，不包括物流费用；⑤当同一个产品同时参与多个限时折扣活动时，平台根据折扣力度优先展示最优惠的那一个；⑥订单中同一产品上的优惠叠加抵扣的计算逻辑是先扣限时折扣，再扣优惠券。

3. 折扣营销的设置

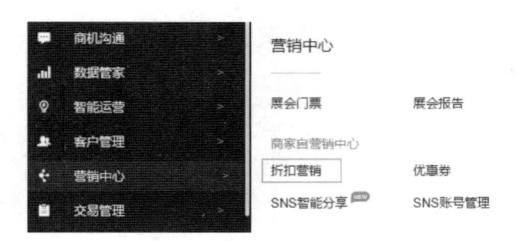

（1）折扣营销的进入路径。

折扣营销的进入路径：My Alibaba 后台→"营销中心"→"商家自营销中心"→"折扣营销"，如图 4-5 所示。

图 4-5　折扣营销的进入路径

（2）新建活动。

在新建活动时，卖家需要对活动信息进行编辑，其中包括编辑基本信息、选择产品和优惠折扣两个部分，如图 4-6 所示。

图 4-6　编辑活动信息

基本信息主要包括活动名称、活动时间、活动人群、优惠条件等。其中，活动时间选择的是美国时间，标注有对应的中国时间；活动人群暂时只可选择所有人；优惠条件为折扣。选品部分需要手动添加，并且只能选择直接下单品作为活动产品，单次活动最多支持添加 50 个产品。在选品结束后，单击"确定"按钮。

（3）设置活动产品的库存和折扣。

在手动选品完成后，卖家可以设置每个活动产品的库存及优惠方式，如图 4-7 所示。优惠方式的设置范围为 1~9.9，可保留一位小数。

（4）完成创建。

（5）管理活动。

到活动时间时，活动产品的产品详情页将展示折扣信息（见图 4-8），PC 端网页上的产品详情页还会显示活动结束时间倒计时。

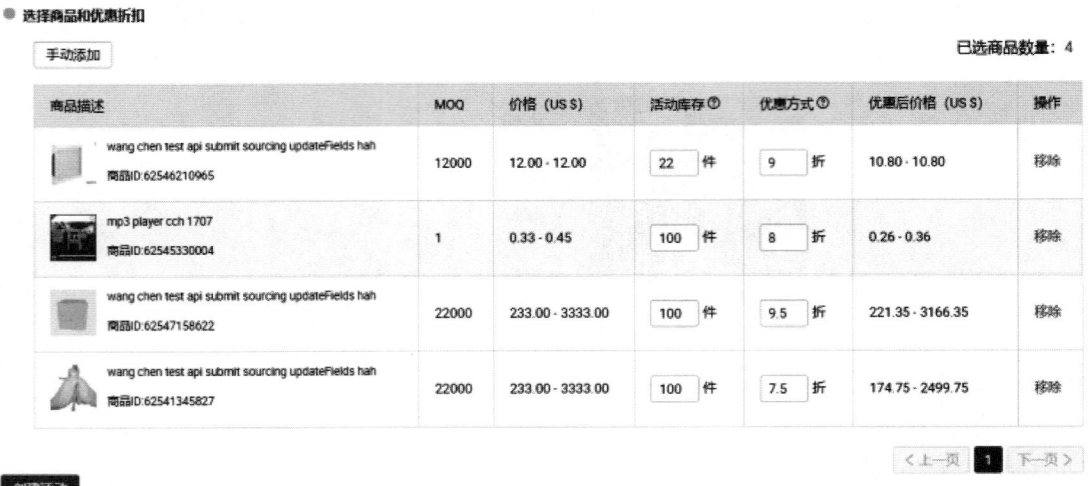

图 4-7　活动产品的库存及优惠方式设置

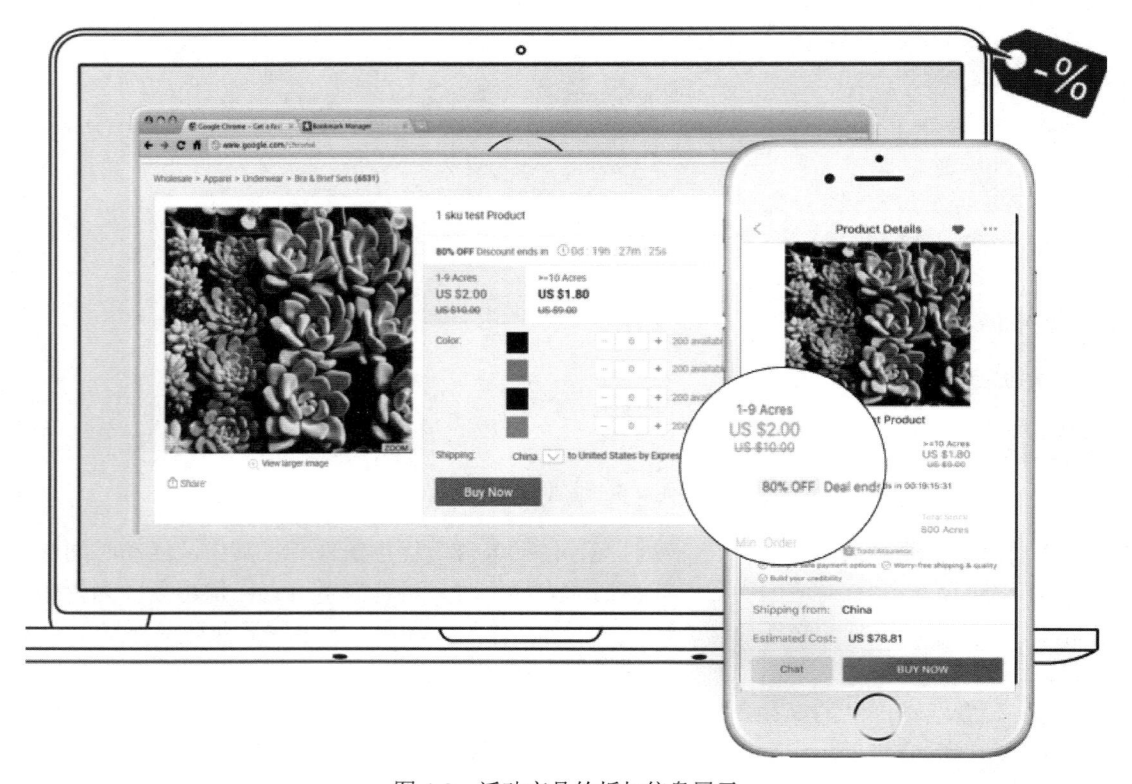

图 4-8　活动产品的折扣信息展示

如果卖家在活动开始前或活动进行中需要修改活动信息，那么可以进入"活动详情"界面，单击右上角的"编辑活动"按钮（见图 4-9），对活动内容和活动产品进行编辑。当处于

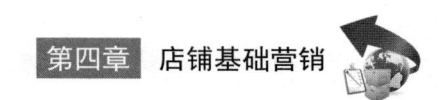

活动开始前或活动进行中状态时，卖家可以提前结束活动（见图 4-9）。

图 4-9 "活动详情"界面

二、优惠券

1．优惠券的概念

优惠券是卖家给予潜在买家的优惠凭证。在阿里巴巴国际站上，优惠券是卖家常态化自主营销的工具。卖家通过优惠券的设置、发布和推广，打造丰富的营销场景，以吸引买家；根据营销数据沉淀买家信息，以便更精准、更有效地开展营销活动。

2．优惠券的规则

在阿里巴巴国际站上，优惠券的规则主要包括优惠券的使用规则、优惠券的核销规则和优惠券的设置规则 3 个方面。

1）优惠券的使用规则

（1）优惠券抵扣的是订单金额中的产品货款部分，不包括物流费用。

（2）优惠券有特定的使用条件，即 1 张优惠券仅限于单个订单消费抵用，不可拆分，过期作废。

（3）使用门槛：订单货款金额必须大于优惠面额，且只有当订单货款金额（不含物流费用）满足优惠券抵扣标准时，买家才能使用优惠券进行抵扣。

（4）买家无法在样品订单中使用优惠券。

（5）如果订单中没有包含在优惠券适用范围内的产品，那么买家无法使用优惠券。

2）优惠券的核销规则

（1）每个订单只能用 1 张优惠券，优惠券有特定的使用条件，仅限于单个订单消费抵用，不可拆分，过期作废。

（2）买家领取优惠券后，在对应产品中下单时，系统会自动判断出符合使用条件的优惠券供买家选择，直接限时折扣和优惠券能在同一订单上叠加抵扣。因此，最终订单金额=订单货款金额（不含物流费用）×直接限时折扣百分比-优惠券券面金额（满减券），或者最终订单金额=订单货款金额（不含物流费用）×直接限时折扣百分比×满折券折扣百分比。

（3）当订单货款金额（不含物流费用）满足优惠券抵扣标准时，买家才能使用优惠券进行抵扣。

（4）在下单后，订单价格会被锁定为优惠券扣减后的价格，买家需要在优惠券的有效期内进行支付。

（5）如果订单被取消，优惠券还在有效期内，被冻结的优惠券就会被释放，供买家继续使用。如果优惠券已过期，优惠券就会失效。

（6）当买家使用优惠券时，优惠券会被优先抵扣尾款，若尾款金额不足抵扣优惠券券面金额，则会优先抵扣首付款。

（7）含优惠券的订单支付成功后视为优惠券已使用，当发生退款行为时，退款金额不包括优惠券券面金额。

3）优惠券的设置规则

（1）优惠券的类型：目前有满减券和满折券两种。

（2）优惠券标题的设置：在 60 个字符以内。

（3）优惠券的有效期：不得超过 62 天。

（4）优惠券的发布数量：卖家可同时发 10 张优惠券，1 张优惠券最多可以发售 1 万张。

（5）产品数量：可以设置为全店铺产品和特定产品，特定产品的上限为 50 个。

（6）当优惠券设置的适用范围为全店铺产品时，直接下单品和非直接下单品均适用。

（7）当优惠券设置的适用范围为特定产品时，只适用于直接下单品。

（8）优惠面额：最低设置为 5 美元，可以设置成 5 的倍数。

（9）优惠券的变更：发放中的优惠券可以增加数量；若要减少优惠券的数量，则需要先停止使用优惠券，再进行设置。

（10）当设置多张优惠券时，产品详情页会按照以下展示顺序展示多张优惠券：平台券优先于店铺券，即先展示平台券，再展示店铺券；若优惠券的类型一致，则优惠力度越大的优惠券的排名越靠前。

3．优惠券的设置

（1）进入 My Alibaba 后台，选择"营销中心"→"商家自营销中心"→"优惠券"选项，进入"优惠券"界面，单击"创建优惠券"按钮，如图 4-10 所示。

（2）编辑优惠券信息。优惠券信息分为基本信息、面额信息和产品信息 3 个部分，如图 4-11 所示。当将优惠券的"使用场景"设置为"直播（仅在直播间使用）"时，优惠券为直播间专属优惠券，买家仅可在直播过程中领取该优惠券；该优惠券的"使用范围"可被设置为"全店铺"。在将优惠券设置为直播间专属优惠券后，卖家可以自主控制直播间专属优惠券的弹出时间及优惠力度。当将优惠券的"使用范围"设置为"全店铺"时，优惠券适用于直接下单品和非直接下单品。当将优惠券的"使用范围"设置为"特定商品"时，优惠券只适用于直接下单品，且最多可以选择 50 个产品。

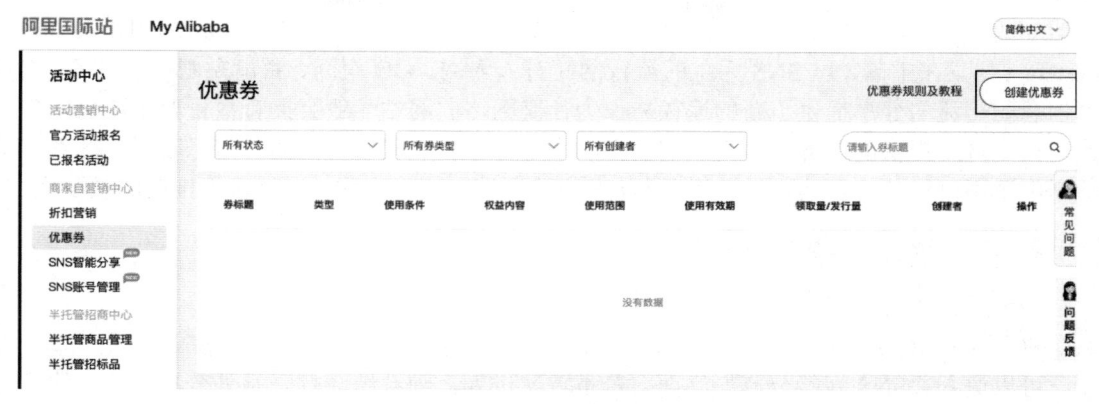

图 4-10　创建优惠券

图 4-11　编辑优惠券信息

（3）在编辑完优惠券信息后，单击"创建"按钮，优惠券即创建成功。

三、SNS 智能分享

在 2020 年年底，阿里巴巴国际站 SNS 智能分享功能上线。该功能可帮助卖家一键同步阿里巴巴国际站的内容到 LinkedIn（领英）、Meta、Twitter 等社交平台，实现站外引流、站内成交。

1．SNS 简介

SNS 的全称为 Social Network Service（社交网络服务），是为一群拥有相同兴趣与进行相同活动的人创建的在线社区，国际上知名的 SNS 包括 Meta、Twitter、LinkedIn、Instagram、Pinterest 等。在中国，以 SNS 为主的流行网站有人人网、QQ 空间、百度贴吧、微博等。SNS 为信息的交流与分享提供了新的途径。作为社交网络的网站一般会拥有数百万个注册用户，使用社交网络提供的服务已成为人们生活的一部分。社交网络对人们的信息获得、思考和生活产生了不可低估的影响，并日益成为人们获取信息、展现自我、进行营销推广的重要途径。

2．SNS 智能分享的操作步骤

（1）进入路径。

进入 My Alibaba 后台，选择"营销中心"→"商家自营销中心"→"SNS 智能分享"选项，可以进入"SNS 智能分享"界面。若是首次进入，则系统会打开站外分享的法务协议窗口，在仔细阅读后，若接受，则单击"确认"按钮。

（2）绑定账号。

在单击"确认"按钮后，若之前未绑定社交账号，则系统会提示需要绑定社交账号；若之前已绑定社交账号，则系统会自动打通，无须额外操作即可进入"SNS 智能分享"界面，如图 4-12 所示。

图 4-12　"SNS 智能分享"界面

（3）单击"分享"按钮。

在"SNS 智能分享"界面中可以分享的内容包括特色商品和商家能力。特色商品主打商品的新、热等卖点，使用单张大图结合关键信息，让买家第一时间关注到商家的商品。商家能力展示商家各种能力的信息，让买家了解商家的生产、组货、定制等实力。每种分享形式都会根据匹配程度智能抓取 10 个相关商品，根据对应的商品特性打造最匹配的展示样式，让每个商品都得到最佳的转化效果。商家可以选择想要分享的图片，单击"分享"按钮，进入"分享 Feeds 内容"界面（见图 4-13），选择自动分享的社交账号。

图 4-13 "分享 Feeds 内容"界面①

分享方式分为自动分享和手动分享两种。自动分享靠技术接口自动同步，操作简单，但渠道有限，目前仅支持 LinkedIn。手动分享需要手动发布，但渠道更多元化，目前支持 LinkedIn、Twitter、Meta、News Feeds 及 Your Story。单击对应的社交平台图标，进入对应的界面，系统会自动填入图片和默认文案，卖家只需选择渠道即可，如图 4-14 所示。分享效果如图 4-15 所示。

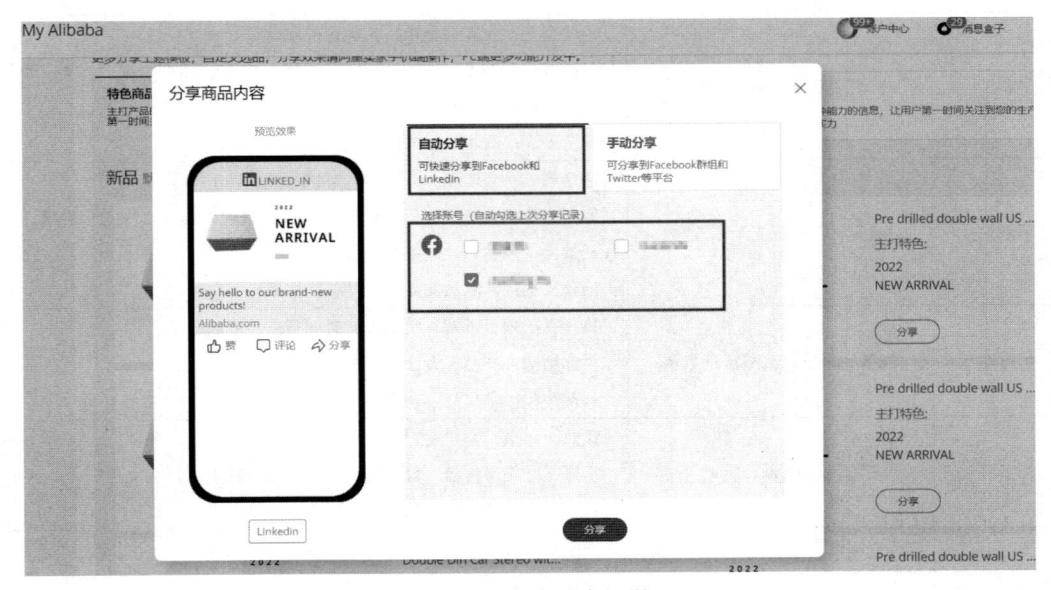

图 4-14 选择分享渠道

---

① Facebook 现已更名为 Meta，但阿里巴巴国际站系统中仍在使用原标志，特此说明。

图 4-15 分享效果

四、活动营销的策划与执行

活动营销是为了在短时间内达到目的而采取的具有爆发性的营销手段，完整的活动营销包括活动策划、方案执行、复盘总结等环节。从时间角度来讲，活动营销的策划与执行包括准备期、策划期、执行期、传播期、复盘期等阶段，各阶段的任务及要点如表 4-1 所示。

表 4-1 活动营销的策划与执行各阶段的任务及要点

阶段	任务	要点
准备期	明确活动目的和目标客户	活动目的：拉新、促单、转化、品宣。 目标客户：是谁、在哪、特征、喜好。 怎么做：短期、长期。 花费多少：成本、投入产出比
策划期	准备一份完整的策划方案	活动形式：关联度、吸引力、可执行性。 策划方案的内容：主题、时间、背景、目的、描述、规则、传播计划、预期效果、成本、风险控制。 活动文案：活动页文案、活动传播文案
执行期	根据数据及时调整活动方案	执行案：项目拆解、负责人、时间节点、完成标准。 内部结构：产品、设计、开发。 外部结构：合作商、合作渠道
传播期	预热、引爆、收尾	预热：海报、客户通知。 引爆：全渠道传播、数据监控、客户反馈收集。 收尾：二次传播、奖励发放、返场活动
复盘期	回顾、呈现、对比、总结	回顾活动目的。 呈现活动效果。 对差异进行对比分析。 导出经验总结

活动营销的策划与执行的重点主要包括以下几个。

1. 明确活动目的

明确活动目的是活动营销的策划与执行的第一步，活动目的是之后一切决策的指导方针。常见的活动目的如图 4-16 所示。

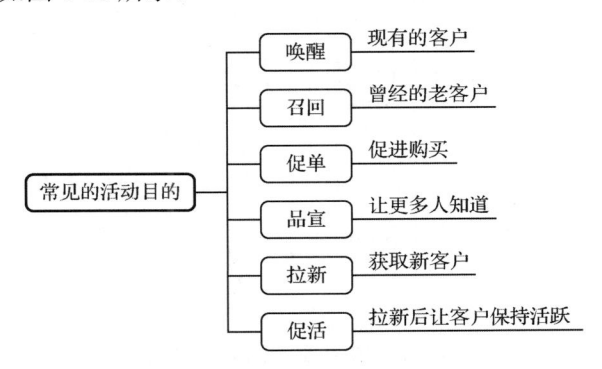

常见的活动目的：
- 唤醒——现有的客户
- 召回——曾经的老客户
- 促单——促进购买
- 品宣——让更多人知道
- 拉新——获取新客户
- 促活——拉新后让客户保持活跃

图 4-16　常见的活动目的

2. 选择合适的时间节点和活动主题

活动要师出有名，不说明理由的送福利，客户会难以接受，因此卖家必须找到合适的理由，并把这个理由与产品结合起来。这个理由是卖家与客户的第一个触点，是活动营销的策划与执行中的核心。

3. 策划活动应考虑的因素及电商活动中常见的玩法

策划活动应考虑的因素如图 4-17 所示。电商活动中常见的玩法如图 4-18 所示。

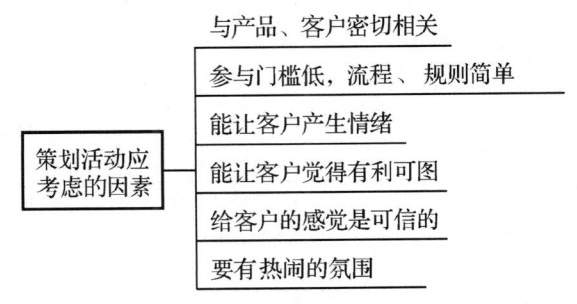

策划活动应考虑的因素：
- 与产品、客户密切相关
- 参与门槛低，流程、规则简单
- 能让客户产生情绪
- 能让客户觉得有利可图
- 给客户的感觉是可信的
- 要有热闹的氛围

图 4-17　策划活动应考虑的因素

4. 资源分配

卖家应合理分配资源，资源包括资金、推广资源、人力资源。

5. 做好数据监控和统计

数据可以帮助卖家判断是否已达到目的，是否需要及时对活动内容进行优化。电商数据分析的基本指标体系如表 4-2 所示。

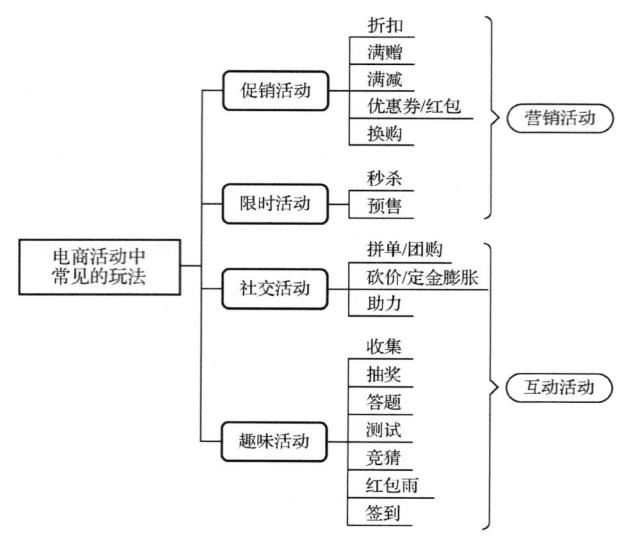

```
                                折扣
                                满赠
                      ┌─促销活动─ 满减
                      │          优惠券/红包 ┐
                      │          换购        ├─ 营销活动
                      │                      │
                      ├─限时活动─ 秒杀        │
                      │          预售        ┘
        电商活动中    │
        常见的玩法   ─┤          拼单/团购
                      ├─社交活动─ 砍价/定金膨胀
                      │          助力
                      │                      
                      │          收集        ┐
                      │          抽奖        │
                      │          答题        │
                      └─趣味活动─ 测试        ├─ 互动活动
                                 竞猜        │
                                 红包雨      │
                                 签到        ┘
```

图 4-18 电商活动中常见的玩法

表 4-2 电商数据分析的基本指标体系

电商数据分析的基本指标体系	总体运营指标	流量类指标	访客数、浏览量、人均浏览量
		订单产生效率指标	总订单数、访问-下单转化率
		总体销售业绩指标	下单金额、支付金额、客单价
		整体指标	销售毛利、毛利率
	网站流量指标	流量规模类指标	访客数、浏览量
		流量成本类指标	访客获取成本（付费金额/付费带来的流量）
		流量质量类指标	跳失率、平均停留时长、人均浏览量
	销售转化指标	购物车类指标	加购人数、加购件数、访客-加购转化率、加购-支付转化率
		下单类指标	下单件数、下单金额、下单买家数、下单转化率
		支付类指标	支付金额、支付买家数、支付件数、浏览-支付转化率、下单-支付转化率、下单-支付时长
		交易类指标	支付订单数、支付金额、支付买家数、支付件数、交易失败订单数、交易失败订单金额、交易失败订单买家数、交易失败产品数、退款总订单量、退款金额、退款率
	活动效果及投入指标	营销活动效果指标	新增访问人数、新增关注人数、总访问人数、订单数量、下单转化率、投资回报率
		广告投放指标	新增访问人数、新增关注人数、总访问次数、订单数量、访客订单转化率、广告投资回报率

6. 及时进行活动复盘

执行的结束并不意味着活动的结束，还有一个非常关键的环节需要卖家重视，那就是及时进行活动复盘，包括效果评估、原因分析、总结经验和教训等，以便为后续活动提供借鉴。其中，树状图和鱼骨图是很好的分析与总结工具。

第三节　视频营销

视频消费在国内外主要社交平台上逐渐成为用户的主流行为，视频营销已成为 B2B 领域较为常用且有效的营销手段之一。用户花在观看视频上的时间在逐年增长，视频内容已成为 B2B 营销中的重要部分。阿里巴巴国际站短视频内容的消费意愿高，有望迎来爆发式增长。

一、阿里巴巴国际站视频的类型

短视频成为卖家自主展示产品、企业实力等内容的重要形式。卖家通过无线旺铺、短视频频道等内容渠道精准触达买家，获得买家的关注和信任。短视频频道给买家提供了真实、直观的视频购物体验，为远距离的买家提供近距离的体验。作为买家二次访问的重要入口，短视频频道有助于促进商机的高效转化。对卖家而言，短视频频道提供了更多展示产品的机会、提升了产品的曝光率，优质视频能高效提升订单转化率。

根据展示位置划分，可将阿里巴巴国际站的视频分为 Tips 视频、主图视频、详情视频、旺铺视频。阿里巴巴国际站视频的类型及内容要求如表 4-3 所示。

表 4-3　阿里巴巴国际站视频的类型及内容要求

类型	内容要求
Tips 视频	定义：内容营销型视频。 比例：9∶16。 内容：通过真人出镜、实拍、真实场景试用等体现产品的核心卖点，展现卖家的实力（注意不要做成电视广告），以视频形式告诉买家为什么值得买、分享购后的经验，注重专业性与真实性。 调性：有趣、有用、可以产生共鸣。 作用：获客。 场景：公域（Tips 频道、首页猜你喜欢、话题、展会）
主图视频	定义：第一张产品主图。 比例：16∶9、1∶1。 内容：介绍产品是什么，突出产品的细节、功能及核心卖点等。 目的：提升买家看产品的效率和舒适度 调性：有用。 作用：转化。 场景：私域（产品详情页）
详情视频	定义：位于产品详情页的视频。 比例：多为 16∶9。 内容：介绍产品是什么，突出产品的细节、功能及核心卖点等。 目的：提升买家看产品的效率和舒适度。 调性：有用。 作用：转化。 场景：私域（产品详情页）

续表

类型	内容要求
旺铺视频	定义：位于企业介绍页的视频。 比例：多为16∶9。 内容：介绍卖家的主要产品、研发实力、交易信息。 调性：有用。 作用：转化。 场景：私域（企业介绍页）

二、Tips 内容选题

根据阿里巴巴国际站买家调研反馈，比起单纯的产品讲解类视频，买家在 Tips 频道更关注如何寻源找到可靠的产品、根据市场趋势该采购什么产品、交易及行业的专业知识等内容。因此，视频内容一般包括三大方向：如何选品、如何选商、专业知识。

1．如何选品

在 B 端买家通过观看视频寻找产品的过程，除了产品外观，产品的材料、性价比及真实使用效果也是买家关心的内容。短视频可以通过讲解产品的生产流程和构成材料、不同价位产品的对比、产品的真实使用效果来吸引买家。因此，如何选品的内容方向包括生产工艺、构成材料、设计理念、质量检测、如何使用产品、保养与维修、性价比分析、使用效果等，如表 4-4 所示。

表 4-4　如何选品的内容方向

内容方向	具体内容
生产工艺	介绍产品的生产工艺等，如服装的常见生产工艺有针织、刺绣等，汽摩配件的常见工艺有电焊、一体成型等
构成材料	介绍产品所使用的材料、不同材料的含量等，如服装的常见材料有棉、涤纶等，汽摩配件的常见材料有碳钢、不锈钢等
设计理念	介绍为什么这么设计产品，主要涉及设计的初衷（如绿色环保、低碳等）、产品解决了什么痛点等
质量检测	介绍买家或卖家对产品的性能、功能等进行的测试或实验，主要涉及产品的检测方式、检验流程、检验标准等
如何使用产品	介绍如何安装、调试、使用产品，以及产品的功能、应用场景等
保养与维修	介绍产品在日常使用中的保养方法和注意事项、零配件的维修教程或维修注意事项等
性价比分析	介绍产品相对于其他产品在性能或价格上的优势，可分为同质比价、同价比质等
使用效果	展示服装、流行配饰的上身效果，机械运转效果，家居等搭配组合的效果等

2. 如何选商

买家在寻找卖家的过程中，以及在与卖家进行沟通的过程中会遇到很多问题，如不了解卖家的专业水平、生产实力，不知道该怎么选择卖家的产品，不清楚卖家是否能满足自己的产品需求。此时，卖家可以通过视频展示自己的工厂实力、流水线定制能力、资质服务等信息，从而获取买家的信任。

如何选商的内容方向一般包括工程案例讲解、供应链组货、海外本地化服务、生产实力4个，如表4-5所示。

表4-5 如何选商的内容方向

内容方向	具体内容
工程案例讲解	对已经发生的工程案例进行讲解，包括方案设计、方案实施等内容
供应链组货	讲解组货服务的价值、优势、技巧，帮助买家理解、应用组货服务
海外本地化服务	讲解卖家为海外买家提供的海外买家所在地的产品生产、销售、物流、售后等各项服务，如海外仓、海外售后服务等
生产实力	从行业角度入手，介绍本行业需要关注的生产实力，如生产线、样本间、研发能力、定制能力、大牌代工经验、实验室、测试房、设计能力等

3. 专业知识

严肃的买家对专业知识有着很浓烈的兴趣。例如，卖家在短视频中用通俗的语言讲解专业的背景知识、原理、现象、应用、方法、趋势等，并展示产品的真实使用场景，可以更好地帮助买家做出采购决策。

专业知识的内容方向一般包括行业趋势、行业新技术、产业带介绍、行业资质讲解4个，如表4-6所示。

表4-6 专业知识的内容方向

内容方向	具体内容
行业趋势	讲解本行业发展的势头和方向，帮助买家分析背后可能存在的商机等
行业新技术	介绍与本行业相关的最新技术、工艺等
产业带介绍	讲解本行业产业带能帮助买家采购的信息，包括产业带简介、优势、代表企业等
行业资质讲解	讲解企业在从事某种行业经营时应具有的资格，以及与此资格相适应的质量等级标准等，包括生产资质、出口资质等

三、视频制作与发布

1. 视频脚本撰写

脚本在短视频创作中是非常重要的，脚本界定了短视频的发展大纲，用于确定短视频内容的发展方向和拍摄细节，可以说脚本是拍摄短视频的依据，能够为后续的拍摄、剪辑等工作提供流程方面的指导。

1）短视频脚本的类型

短视频拍摄中常用的脚本分为提纲脚本、文学脚本、分镜头脚本3种。

（1）提纲脚本涵盖对主题、题材形式、风格、画面和节奏的阐述，对拍摄只能起到提示作用，适用于一些不容易提前掌握或预测的内容。

（2）文学脚本类似电影剧本，以故事的开始、发展和结尾为叙述线索。文学脚本通常只需要写明短视频中的主角需要做的事情或需要完成的任务、需要说的台词和整个短视频的时长等。文学脚本采用线性叙事方法，即把短视频的内容分为开始、发展和结尾3个部分。文学脚本通常表现为一个故事的梗概，可以为导演、演员提供帮助。很多个人短视频创作者和中小型短视频团队为了节约创作时间和资金，常会采用文学脚本。

（3）分镜头脚本又称摄制工作台本、导演剧本，是将文字转换成立体视听形象的中间媒介，其主要任务是根据解说词和文学脚本来设计相应的画面，配置音乐和音效，把握短视频的节奏和风格等。分镜头脚本的作用就好比建筑大厦的蓝图，是摄影师进行拍摄、剪辑师进行后期制作的基础，也是演员和所有创作人员领会导演的意图、理解剧本的内容、进行再创作的依据。

2）分镜头脚本的撰写

短视频分镜头脚本的撰写方法一般借鉴电影分镜头脚本的撰写方法。分镜头脚本一般按镜号、镜头运动、景别、时间长度、画面内容、广告词、音乐和音效的顺序画出表格，分项填写。有经验的导演在写作格式上可以灵活一些，不必拘泥于此。分镜头脚本的撰写顺序如下。

（1）将文字脚本的画面内容加工成一个个有具体形象的、可供拍摄的画面镜头，并按顺序列出镜号。镜号即镜头顺序号，是按组成视频画面的镜头先后顺序标出的数字。拍摄时不一定按顺序拍摄，但编辑时必须按顺序编辑。

（2）确定每个镜头的景别，如远景、全景、中景、近景、特写等。

（3）排列组成镜头组，并说明镜头组接的技巧。

（4）用精炼且具体的语言描述出要表现的画面内容，在必要时借助图形或符号进行表达。

（5）撰写相应镜头组的解说词。

（6）确定相应镜头组或段落需要搭配的音乐和音效。

卖家在策划短视频内容时，可以直接利用一些常见的短视频脚本模板（见表4-7）来撰写自己的短视频脚本，这样既能提高工作效率，又可以借鉴优秀短视频的优点。

表4-7 短视频脚本模板示例

镜号	镜头运动	景别	时间长度/秒	画面内容	广告词(对白、旁白)	音乐和音效	备注
1	摇	全景	3	用微俯角度展示几个不同颜色的咖啡杯，按不同角度将咖啡杯放置在桌面上，桌面上有绿植及报纸等	无	轻快的背景音乐	
2	摇	特写	2	画面摇镜——展示咖啡杯的外观（特写）	无		
3	定	中景	2	将咖啡杯置于旋转静物台上进行旋转录制	无		
4	定	中景	3	模特旋转折叠咖啡杯，配以文案进行辅助说明	Mater: Durable		
5	……	……	……	……	……		
6				……	……		

2. 视频制作要求

视频要符合基础规范，视频内容不能违反影视行业的相关法律法规，视频中不得出现违反广告法的信息，视频内容要符合社会主义核心价值观。此外，阿里巴巴国际站还对视频制作提出了如下基本要求。

（1）画面稳定，无抖动、无黑边。卖家可使用云台、三脚架等辅助设备保证画面稳定，以提升买家的观看体验。

（2）视频无片头、无水印、无卖家 Logo（标识）。视频应直接展示产品本身，使用无片头、无水印、无卖家 Logo 的剪辑软件进行后期处理，同时要避免卖家自制片头。

（3）视频无外域网址及私人联系方式。卖家不能在视频内的任何位置添加个人联系方式（包括电子邮箱、电话号码、微信等），也要避免进行外域网址链接的宣传，因为只有通过阿里巴巴官方平台与买家沟通，才能更好地保护买卖双方的权益。

（4）画面清晰，光源充足，无屏闪问题。视频画面的最低要求为 720P、4∶3/16∶9 画幅、一般不大于 100MB（建议为 20～30MB）；拍摄环境的光线充足，对焦准确，产品需要在画面中被完整地展示，使用优质光源或拍摄器材的快门速度在 1/50 秒以内。

（5）避免使用单纯图片切换形式。单纯图片切换形式的视频无法通过阿里巴巴优质视频的审核，卖家要充分利用短视频的特性，多维度地展示产品的卖点。

（6）卖点阐释使用英文字幕。文字能够将产品不易展示的卖点展示出来，引导买家购买产品。因为卖家面对的是海外买家，所以使用英文字幕是最优选择。

3. PC 端视频发布

PC 端视频发布主要有产品视频、Tips 视频、短视频活动投稿等入口。

1）产品视频

产品视频主要涉及主图视频、详情视频，其发布流程：My Alibaba 后台→媒体中心→视频素材→上传视频→确认上传→关联主图/详情产品→等待审核。

在主图视频的基础上，阿里巴巴国际站鼓励卖家多多申请优质视频，当视频达到可以申请优质视频的要求时（在主图视频良好的基础上，加上视频的效果数据：近 30 天有效播放次数大于 10 次），即可申请。优质视频将给卖家带来更多的流量，有利于提高转化率。

2）Tips 视频

Tips 频道以内容型视频为主，需要进行"品""商""行业"3 个维度的标签选择（最多可以选择 3 个标签），贴对标签将有助于产品的展示和曝光，可以让卖家获取更多流量，吸引买家，获取关注。Tips 视频的发布流程：My Alibaba 后台→媒体中心→视频发布→发布视频。

3）短视频活动投稿

阿里巴巴国际站短视频中心化场景每月都会推出话题专区，通过高质量地定向生产视频内容，展示市场最新动态、行业特色内容、买家感兴趣的特色主题等。短视频活动投稿的发布流程：My Alibaba 后台→媒体中心→活动投稿→视频活动→查看详情→立即投稿。

四、视频数据分析

1. 视频效果分析

视频效果分析包括视频效果总览、视频排行分析、粉丝分析等。

（1）视频效果总览从总视频数、良好视频数、新增视频数、有效播放次数等维度展示视频的整体效果，并将卖家自身和行业的优秀者进行对比。

（2）视频排行分析用于分析上传的所有视频的效果数据。有多个维度可以进行数据分析，其中有效播放次数、有效播放人数及完整播放次数3个维度最能衡量视频播放效果，数值越大代表视频播放效果越好。

（3）粉丝分析（见图4-19）用于分析内容带来的粉丝数量、粉丝UV（Unique Visitor，独立访客），从而评估视频的价值。粉丝分析的结果可以作为私域流量运营的指导，为提升转化率服务。

图4-19　粉丝分析

2．视频效果优化

视频效果优化一般从增加播放数、提升互动率、优化商机数3个方面进行。

1）增加播放数

增加播放数可以从增加曝光量和提升封面质量两个方面入手。

增加曝光量的首要要求是视频发布遵守各项规则，确保内容准确，以利于算法推荐，并争取发布优质视频；其次是选择最准确的类目，使内容描述贴合产品/卖家的核心优势，并添加准确的标签；最后是参与视频投稿栏目下的话题投稿，关注后台的话题挑战赛等活动。

提升封面质量一般从产品主体和封面设计入手。产品主体要突出、点明卖点，封面产品务必在视频中出现。封面要让人能一眼看懂产品，以及看明白产品的最大卖点；适宜通过字幕等形式来凸显产品主体，同时背景要整洁、大方。产品的色彩要鲜艳、明亮，可以参考YouTube或ins等视频封面的色彩。同时，封面中模特的颜值要高，使用目标市场的外国模特效果更佳。卖家要将封面要打造成卖家的名片。

2）提升互动率

提升互动率的技巧如下。

（1）突出产品介绍：突出核心卖点，不要平铺直叙地列出全部产品信息；视频节奏应适当，封面和前3秒的视频要快速展示核心卖点，不要使用拖沓、留白的开场。

（2）突出卖家实力：突出卖家的核心竞争力，如企业规模、出货规模、资质、合作伙伴等。

（3）突出定制能力：突出生产线实力、专业奖项等。

（4）突出价格优势：突出性价比、优惠信息、营销活动等。

（5）突出内容的吸引力：讲解行业知识、市场行情、热品分析、材料对比、选型/选品经验等，并场景化、故事化地展示产品。

3）优化商机数

优化商机数主要从提供正确的询盘引导提高、提高内容与产品的关联度、使内容对买家有用3个方面入手。

（1）提供正确的询盘引导。卖家应在视频结尾处用话术进行询盘引导，如"通过该视频发送询盘，可获得免费样品一件"，或者"如需了解其他配置、产品、配件、服务、定制等信息，请立即与客服联系"。

（2）提高内容与产品的关联度。卖家要确保Tips视频关联的产品与视频内容具有很高的关联度，这样，买家在观看视频时才有可能通过产品卡片进入产品详情页，进而产生询盘。

（3）使内容对买家有用。使内容对买家有用涉及如何选品、如何选商、专业知识等，读者可参考本章"Tips内容选题"的内容。

本 章 小 结

本章主要介绍了阿里巴巴国际站店铺基础营销：第一节介绍了平台的营销活动，如平台大促活动、数字展会等；第二节介绍了自主营销，包括折扣营销、优惠券、SNS智能分享等；第三节介绍了视频营销，包括阿里巴巴国际站视频的类型、Tips内容选题、视频制作与发布、视频数据分析等。通过学习本章，读者应能在深度了解阿里巴巴国际站所提供的基础营销工具的基础上，策划并执行平台的营销活动，用好阿里巴巴的自主营销工具，实现个性化营销。

本 章 练 习

一、选择题

1. 以下属于平台营销活动的是（   ）。
A．Tips视频营销
B．店铺折扣营销
C．P4P营销
D．Weekly Deals

2. 新能源汽车企业积极开拓亚非板块市场，每年3月都参加阿里巴巴国际站的（   ）。
A．开学季
B．采购节
C．新贸节
D．广交会

3. 店铺自主营销流量不包括（　　）。

A．RFQ

B．客户通 EDM

C．店铺活动

D．P4P 流量

4. 在阿里巴巴国际站上，卖家 A 针对一款女装进行 3 月新贸节营销活动设置。关于限时折扣和优惠券，下列说法正确的是（　　）。

A．一张优惠券可以同时应用在两个订单中

B．折扣与优惠券可以同时使用

C．折扣扣减的金额是固定的

D．优惠券的优惠金额是按比例计算的

5. 卖家设置优惠券，其中某订单产品金额为 5000 美元，运费为 100 美元，折扣营销为 8.8 折，叠加满减券满 3000 美元减 200 美元，则买家需支付的最终订单金额是（　　）美元。

A．4200

B．4300

C．4400

D．4500

二、简答题

1. 简述参与营销活动的主要目的。

2. 简述常见的营销活动的玩法。

3. 阿里巴巴国际站上线的卖家自主营销工具有哪些？

4. 简述阿里巴巴国际站优质视频的主要特征。

三、实训题

某跨境电商企业准备为产品拍摄单品评测视频，以充分介绍产品，为产品带来更多的流量与转化。请你自行策划选题，任选一个产品（如手机、电脑、水杯、服装等日用品），拍摄并制作时长为 10~20 秒的视频，在媒体中心发布。

（1）视频选题：可以为基础介绍、开箱视频、感受对比、暴力实验等与单品评测相关的 Tips。

（2）视频脚本撰写：为视频撰写简易脚本，包括时长、主题、拍摄要点、讲解等。

（3）视频拍摄与制作：准备拍摄素材，使用正确的拍摄方法；可对视频进行包装。

（4）视频发布：选择合适的视频封面，撰写视频标题与内容描述。

第五章 店铺付费营销

如果我们想要更多的玫瑰花，就必须种植更多的玫瑰树。

导入案例

里创贸易有限公司的 P4P 推广之旅

如何利用阿里巴巴国际站的 P4P 做好跨境电商海外推广？卖家应怎样应用爆品助推功能获取更多流量？里创贸易有限公司的经验给了我们很大的启发。

里创贸易有限公司是一家主营真人假发的公司，其当前的主要询盘均来自阿里巴巴国际站的 P4P。该公司利用阿里巴巴国际站的数据管家、P4P 和顶展（顶级展位）等营销工具进行后台联动，提高了营销效果。仅仅经过 4 个月的 P4P 推广，该公司就获得了明显的效果：在阿里巴巴国际站上的询盘量为 400 多条，TM（Trade Manager，贸易通）咨询量为 700 多条。通过分析得知，TM 咨询的效果优于询盘效果。该公司每日的预算为 1550 元，其中关键词占 350 元，爆品助推占 1200 元。里创贸易有限公司的 P4P 推广效果数据如图 5-1 所示。

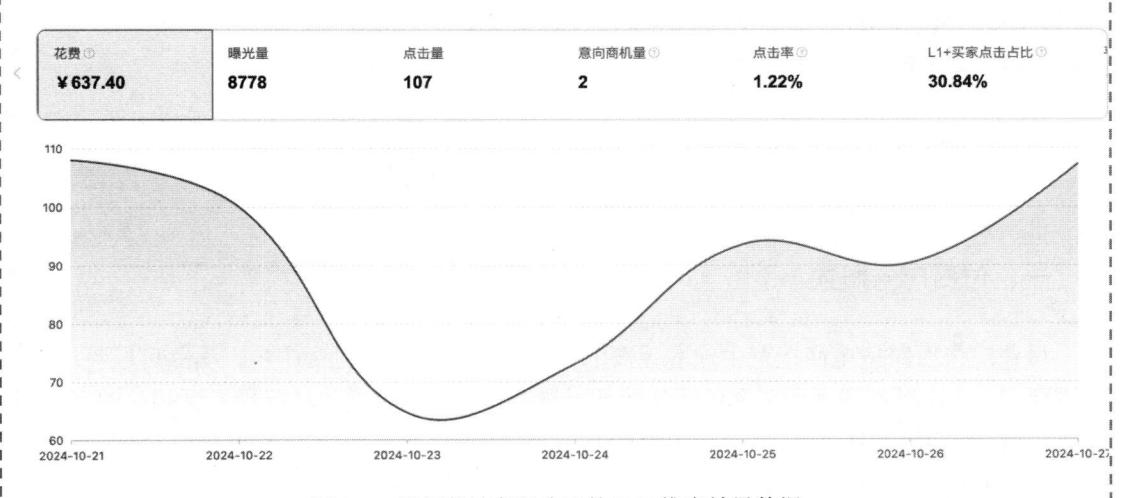

花费	曝光量	点击量	意向商机量	点击率	L1+买家点击占比
¥637.40	8778	107	2	1.22%	30.84%

图 5-1 里创贸易有限公司的 P4P 推广效果数据

通过 P4P 推广，里创贸易有限公司积累了经验。该公司的主要操作思路可以归纳为偶尔使用测品测款，搭配长期的顶展金品功能，双管齐下，真正做到"品效合一"。具体阐述如下。

（1）拒绝无效发品，只发布精品。

商品质量是卖家占领市场的基础。如果商品质量没有保障，那么即使能够在第一时间获得买家的青睐，最终也会因质量问题被抛弃，败坏品牌名声。因此，卖家在发布商品时，要选择有质量保障的精品。

（2）对人的需求大于对词的需求。

P4P 推广的目的是找到对的人，而不是找到对的词。从根本上讲，找词也是为了找人。爆品中的地域人群溢价功能可以在不同地区投放给指定人群，这个功能非常好用，可以满足卖家按照商品销售地域差异进行精准营销，并获取指定地域流量的推广需求。

（3）省略测品测款步骤，善用爆品助推功能。

真人假发行业的特殊性限制了商品的款式，测品测款不是必需的，只有在必要时刻才使用。在省略测品测款步骤，并针对优质商品使用爆品助推功能后，卖家往往能够在推广 2 小时后就获得询盘。

（4）9000 多个关键词兼顾推广评分。

用 9000 多个关键词并不是为了增加询盘量，而是为了"养"推广评分。推广评分可以"反哺"智能推广，从而降低推广费用。

（5）使用顶展词包增加 TM 咨询量。

里创贸易有限公司自 2019 年 10 月使用顶展词包以来，TM 咨询量猛增，其订单转化率也不错。虽然现在从顶展词包中还看不到拓展了哪些词的数据，但通过数据管家的词来源功能可以大概判断出，智能拓展的词占比较多。

（6）保持观察数据后台中关键词的习惯。

里创贸易有限公司会观察数据后台中关键词指数与热度的变化，并把合适的关键词加入爆品自选词中；将出价区间设置为"0.1～同行平均出价"，同时对重点市场中的重点人群做 180%～400%的溢价设置，以确保将钱花到想要花的地方。

P4P 推广、爆品助推、顶展等营销组合的运营思路能真正帮助里创贸易有限公司将精准的流量，用合理的费用集中吸引到有价值的商品上，相信这也是绝大多数卖家想要借助阿里巴巴国际站的 P4P 实现的营销效果。

第一节　付费推广的基础知识

一、付费广告概述

付费广告在跨境电商运营中起着重要的作用。首先，通过付费广告，卖家可以吸引更多的潜在买家，让更多的潜在买家了解卖家的品牌和商品，从而提升品牌曝光度和品牌知名度。其次，通过付费广告，卖家可以向更多的人展示自己的产品，以提高销售额，进而加快业务增长。最后，付费广告一般有定向功能，通过使用付费广告，卖家可以将广告投放到特定的地理位置或人群中。这样，卖家就可以有针对性地销售商品，并吸引更多潜在买家。卖家需要根据自身情况和市场环境制定合适的付费营销策略，以达到最佳效果。

付费营销一般包括 CPC、CPM、CPD、CPA、CPT 这 5 种形式。

（1）CPC：Cost Per Click，点击付费。CPC 是竞价广告的模式，出价越高，排名越靠前，但广告主可以设置每次点击的最高出价，称为最高每次点击费用，表明这是广告主愿意为广告点击支付的最高金额。例如，某个广告的单次点击价格为 0.5 元，则 CPC=0.5，如果 500

人看到了广告,其中 100 人进行了点击,那么广告主只需要为这 100 次点击付费,应该支付的费用=0.5×100=50(元)。但 CPC 也存在弊端:一是竞价原因导致广告费用逐年升高;二是存在无法避免的恶意点击。

(2)CPM:Cost Per Mille,千人成本,指由某个媒介或媒介广告排期表所送达 1000 人所需的费用。目前,在很多平台上,CPM 都是主流的计费方式,按此付费的广告以品牌展示、产品发布为主。CPM 广告的精准度相对会低一些,对广告创意的要求更高,也很容易造成资源浪费。其优势是广告覆盖面广、曝光量多、费用低。

(3)CPD:Cost Per Download,按下载收费。CPD 是 CPA 计费方式的一种。例如,广告主投放下单类 CPA 广告,将 20 元作为每次转化费用,只有买家点击广告并下载之后,广告主才需要支付 20 元的广告费。

(4)CPA:Cost Per Action,按广告的实际投放效果付费。广告的实际投放效果包括下单、下载、咨询、注册。

(5)CPT:Cost Per Time,按用户使用时长或使用周期计费。阿里巴巴国际站的品牌广告一般采用 CPT 计费方式。

二、阿里巴巴国际站付费推广的类型

阿里巴巴国际站的付费推广可以分为 P4P 推广、品牌推广两大类。P4P 推广一般采用 CPC 计费方式,品牌推广一般采用 CPT 计费方式。其中,P4P 推广是一种按效果付费的精准网络营销服务,通过优先推荐的方式,将商品展示在买家搜索的各种通道上,并按点击付费。P4P 推广分为手动投放、商品成长、全站推广 3 种类型。

1. 手动投放

手动投放是卖家自主选品、自主买词,并根据买家的搜索行为,设定买家搜索偏好词,获取特定意向人群的推广方式。一旦买家搜索到卖家的关键词,就能够浏览到卖家的商品。手动投放需要卖家具备计划管理和定向能力,不适用于新手卖家,更适用于能够精准设定关键词的有经验的卖家。

2. 商品成长

商品成长类推广可以分为新品加速、普通品成长、优爆品助推、优品抢位 4 种类型,如表 5-1 所示。商品在不同阶段,因数据积累、竞争能力等存在差异,导致存在不同的广告流量需求。对于发布时间在 90 天内的商品,卖家需要增加其曝光量,让更多的买家看到它,以测试商品效果;对于发布时间超过 90 天的普通商品,卖家需要借助各种流量渠道,快速积累交易数据,尽快将其打造为优品、爆品;当商品进入成熟期,并已经成为经过市场验证的好商品时,卖家可以将其作为店铺引流品,全渠道引爆流量,实现流量登顶。在商品生命周期的不同阶段,卖家需要为商品匹配不同的推广方式。

表 5-1 商品成长类推广的类型

类型	商品特性	适用范围
新品加速	新品加速通道,增强商家在 90 天内发布的商品的曝光能力	在 90 天内发布的商品

续表

类型	商品特性	适用范围
普通品成长	针对普通品（非新品）提供成长通道，通过广告获取流量，推动商品成长	普通品及潜力品
优爆品助推	重点维护核心商品，重点投放高转化率的商品，以提升询盘转化率为目标	实力优品、爆品等数据表现优异的商品
优品抢位	提升优质商品的P4P排名，支持每个优品单独设置投放流量范围、溢价率、抢位目标	实力优品和爆品

1）新品加速

新品加速是帮助卖家在90天内发布的商品更快进入成熟期的流量投放计划。投放新品加速广告，可以在新品期为商品提供绿色流量通道，以帮助新品获得更多的曝光，推动新品快速积累数据，从而使卖家在短时间内从新品中测试出潜力优品及爆品。

新品加速计划有双重的加速权益。其一，新品享受单独的绿色通道，新品与新品之间竞争，可以避免在与老品竞争时因缺少数据而没有优势的情况。其二，平台为新品提供了流量扶持，加入新品加速计划的商品可以享受7天免费自然流量加速权益，之后，如果保持良好的投放效果，就可以持续享受自然流量加速权益。

店铺所有在90天内发布的商品都可以加入新品加速计划。一般加入新品加速计划的商品在30个以上，如果店铺的新品不足30个，那么应将其全部加入新品加速计划。商品越多，加速权益享受得就越充分。

不同品类商品的流量差异较大，品类混杂会影响计划模型的准确度。因此，一般情况下，卖家需要为每个三级品类建立独立的新品加速计划，这样可以避免不同品类的单次点击价格差异较大，高价品类抢占计划内过多的预算而导致其他品类得不到充足预算的情况。

卖家要对商品数量和每个商品的转化率预期设置预算，一般来说，日预算=商品数量×2个点击×店铺在该品类的单次点击价格。合理的预算有利于计划内的商品充分享受新品的加速权益。新品加速的出价可以为行业智能出价或高于行业智能出价。

2）普通品成长

普通品成长为普通品（非新品）提供成长通道，通过广告获取流量，推动商品成长。在投放普通品成长广告时，如果卖家设置了自选关键词及出价，那么当买家搜索这些词时，系统会优先用卖家的自选关键词及出价进行匹配和出价扣费。设置普通品成长计划包括新建推广方式、选择推广商品、设置预算与出价方式、设置人群偏好4个步骤。

（1）新建推广方式。卖家应选择推广方式为"商品成长"，并选择营销场景为"普通品成长"，如图5-2所示。

（2）选择推广商品。对于普通品成长的选品，系统会根据当前店铺商品的情况，智能推荐商品。卖家可以选择系统推荐的商品，也可以自主选择商品（见图5-3）。

（3）设置预算与出价方式。对于普通品成长的预算与出价方式，如果选择智能出价方式，那么系统将基于行业出价水平、预算、流量质量等进行智能调价，对行业出价水平高、转化价值大的流量调高出价，对行业出价水平低、转化价值一般的流量降低出价，并通过机器学习获取更多转化效果数据；如果选择手动出价方式，那么系统将给出推荐预算与出价方式。

（4）设置人群偏好。人群偏好是非必填选项，系统会根据卖家选择的商品匹配人群。卖家也可以手动更改人群，添加定向标签。

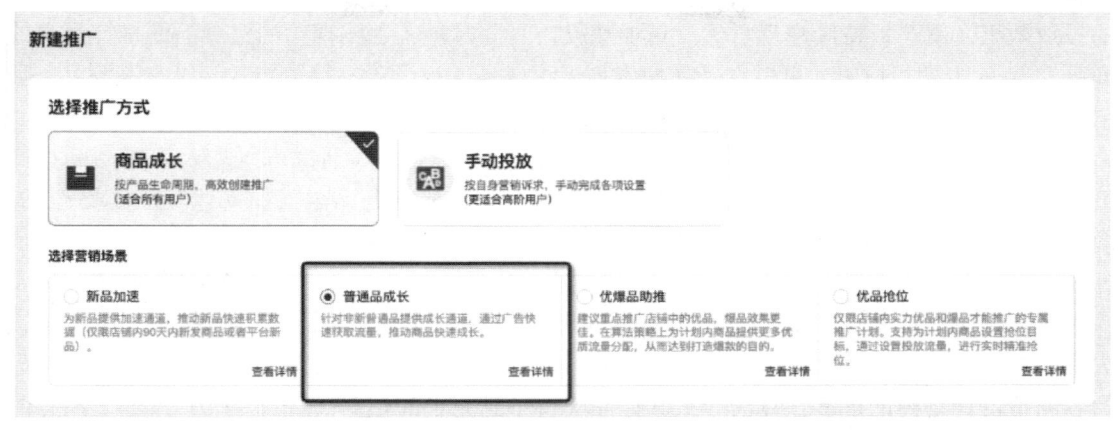

图 5-2　新建推广方式

图 5-3　选择推广商品

3）优爆品助推

优爆品即阿里巴巴国际站官方认定的、商品成长分在 80 分及以上的实力优品和爆品。优爆品的内容表达、行业特色、交易表现领先于其他商品。

优爆品助推计划是面向优爆品推出的全新推广工具，旨在为优爆品提供打爆助推通道，为计划内的优爆品提供更多优质流量、撬动更多自然流量曝光。

卖家投放优爆品助推广告可以享受 P4P 流量优选+自然流量加速双重加速权益，从而可以配合智能视频创意特权，加速优质商品的流量登顶。除广告流量外，新加入优爆品助推计划的商品还可以直接享受 7 天的自然搜索、自然推荐流量加速权益，之后，如果能保持良好的投放效果，就可以持续享受自然流量加速权益。同时，有主图视频的优爆品助推计划内的商品在App主搜投放时，可以享受在搜索列表页5秒的视频动态播放特权，以点亮商品，吸引买家的注意力，从而从众多商品中脱颖而出。

优品爆品助推广告的选品原则是多多益善，优质商品、爆品都可以加入优爆品助推计划。商品数量一般为30个以上，如果不足30个，那么应将商品全部加入优爆品助推计划。商品越多，加速权益享受得就越充分。店铺中的非实力优品、非爆品无法加入优爆品助推计划。

卖家应为每个三级品类设置独立的优爆品助推计划，因为不同品类商品的流量差异较大，品类混杂会影响计划模型的准确度。同时，不同品类的单次点击价格差异较大，高价品类容易抢占计划内的过多预算而导致其他品类得不到充足的预算。

优爆品助推计划基于商品数量和每个商品的转化率预期设置预算，一个计划的建议日预算=商品数量×（3～5个点击）×店铺在该品类的单次点击价格。合理的预算有利于计划内的商品充分享受优爆品的加速权益。

优品爆品助推计划的广告出价一般稍高于其他计划，因为优爆品助推计划优先在优质流量渠道投放，但优质流量渠道的竞争激烈，而且同行的优爆品也可能使用该工具，所以卖家需要保证自己具有价格竞争力。

4）优品抢位

优品抢位的主要目标是抢占市场热门关键词的优质位置，以提升优质商品的搜索排名。

在优品抢位中，卖家可以选择抢占第1名或抢占前5名。当商品的竞争力足够强时，卖家可以选择抢占第1名来确保商品出现在特定搜索词下的第1位；对于其余商品，卖家选择抢占前5名可以在成本控制与曝光之间达到平衡。系统将基于卖家设置的溢价系数和其他参数，在买家搜索时动态调整出价，尽力实现预定的排名目标。例如，当卖家选择抢占P4P的前5名时，系统会在给出的溢价比例内针对P4P广告位的第1～5个广告位进行智能出价，若按照溢价后最高出价仍无法抢占P4P的前5名，则不进行抢位溢价，只能按照正常出价参与广告竞争。

进行抢位的投放流量范围支持系统匹配和手动设置。系统匹配是指根据计划内的商品，在考虑效果的基础上智能匹配抢位流量。手动设置具有包含词和屏蔽词两个功能。在设置包含词时，抢位流量包含买家搜索词，如在设置"dress"时，包含"dress"的搜索词会作为抢位流量。将多个包含词取并集后可确定可匹配的买家搜索词范围。在设置好屏蔽词后，系统将屏蔽包含屏蔽词的买家搜索词。从包含词流量中剔除屏蔽词流量即为最终手动设置的投放流量范围。

溢价系数仅在达到目标排名时生效；未达到目标排名时，溢价系数不生效。溢价系数的设置范围为101%～400%。如果命中了溢价人群/地域且竞价成功，那么广告出价=计划原始出价×人群/地域溢价×目标排名溢价系数。

3. 全站推广

全站推广是按获客成本进行出价，智能匹配全站流量的推广方式。卖家选择推广商品、推广店铺，并设置好预算，即可开启全站推广。

三、P4P 推广计划管理

1．P4P 广告层级

P4P 广告有 3 个层级：P4P 账号、关键词推广计划、计划内的关键词和商品，如图 5-4 所示。P4P 账号可以管理推广金额、充值等。关键词推广计划管理出价、预算、添加词、添加品、人群/地域溢价。卖家最多可以创建 100 个关键词计划。一个关键词计划最多可添加 500 个关键词、200 个商品。

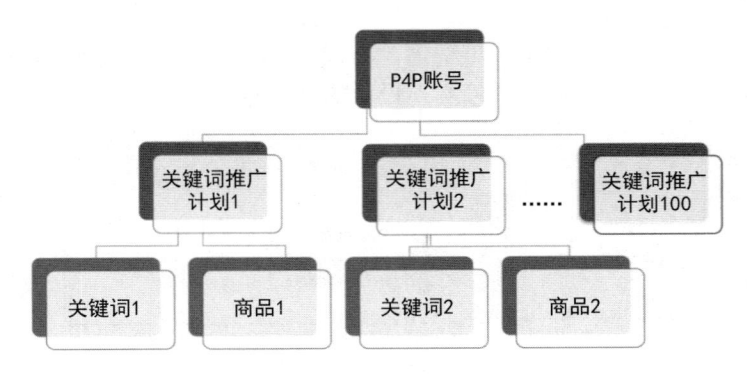

图 5-4　P4P 广告层级

2．广告计划的分类

在进行广告管理时，卖家需要对广告计划进行分类。广告计划的分类方式有很多种，如可以先按照商品类目、地域等确定好分类方向后，再进行细分，并进行多个维度的组合，如 A 类目-B 国家-C 商品。广告计划的名称不能重复，命名逻辑应清晰、明确，可以用固定格式进行命名。广告计划的分类如图 5-5 所示。

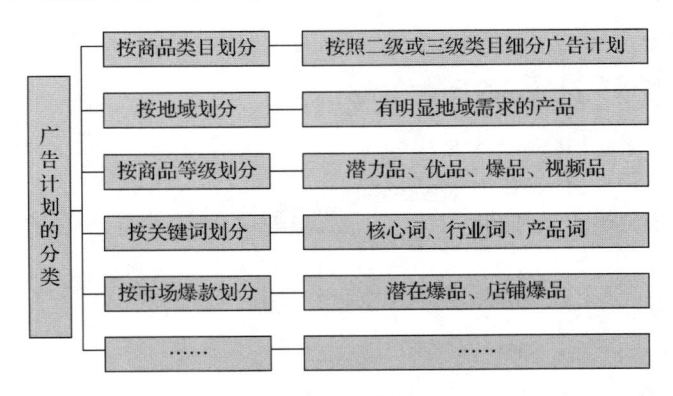

广告计划的分类		
	按商品类目划分	按照二级或三级类目细分广告计划
	按地域划分	有明显地域需求的产品
	按商品等级划分	潜力品、优品、爆品、视频品
	按关键词划分	核心词、行业词、产品词
	按市场爆款划分	潜在爆品、店铺爆品
	……	……

图 5-5　广告计划的分类

3．P4P 推广计划的启动和暂停

通过 P4P 推广的商品在获得曝光之后，其点击率和反馈量会随之有较大幅度的提升和增加，其在整个平台的权重就会提升，店铺权重就会提高。使用 P4P 推广商品的可控性较高，

通过对店铺前期的推广数据进行分析，卖家可以根据实际情况对整个 P4P 推广计划进行启动或暂停操作，或者对单个关键词进行启动或暂停操作。

第二节　推广设置

一、推广基础信息设置

1. 推广方式设置

选择"营销中心"→"新建推广"选项，可以进入推广方式设置界面，如图 5-6 所示。在这里可以选择"手动投放"选项，以实现投放的高阶定制。

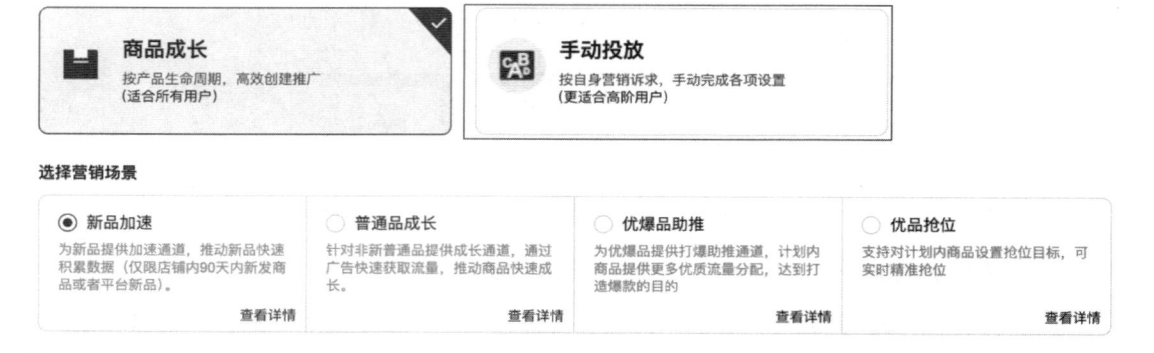

图 5-6　推广方式设置界面

2. 投放渠道设置

投放渠道设置可以分为"通投智选"与"搜索"两种类型，如图 5-7 所示。一般情况下，选择"通投智选"可以获得更好的投放效果。

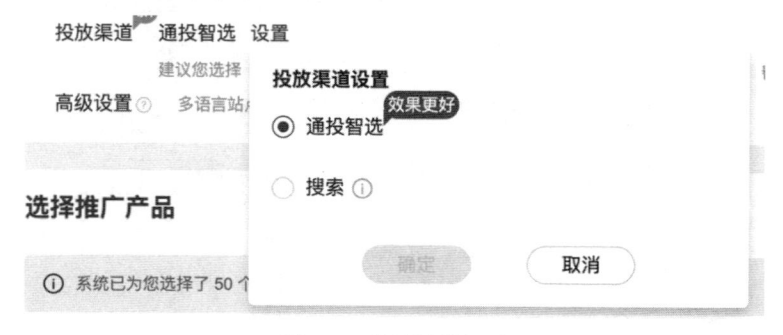

图 5-7　投放渠道设置

3. 投放地域与站点设置

设置投放地域与站点可以提高投放的精准性。投放地域与站点的设置如图 5-8 所示，默认为全部地域、英文站点。

图 5-8　投放地域与站点设置

二、推广选品

推广产品分为优品、新发产品、优质转化品、橱窗产品、优先推广品几个类别。其中，优品是在店铺产品分层中，符合实力优品与爆品特征的产品；新发产品是近 90 天发布的产品；优质转化品是根据历史数据预测推荐的，在转化方面有优势的产品；橱窗产品是绑定了橱窗的产品；优先推广品是绑定了优先推广计划的产品。

选择推广产品的方法有 3 种：一是由系统自动筛选出一些适合推广的产品；二是卖家基于自身的选择，提前把目标产品绑定好橱窗，借助橱窗和新品加速计划来推广产品；三是在新建推广计划的过程中，先把计划中推荐的优质新品的产品绑定橱窗，再将其加入推广计划中。

三、推广选词

1. 关键词的收集与筛选

1）关键词的收集

在关键词添加界面，卖家可以选择系统推荐的关键词，也可以选择自主添词。当选择自主添词时，系统会提供"按词组搜索""检索加词"两种选择，卖家可以选择与产品匹配的关键词进行添加，如图 5-9 所示。

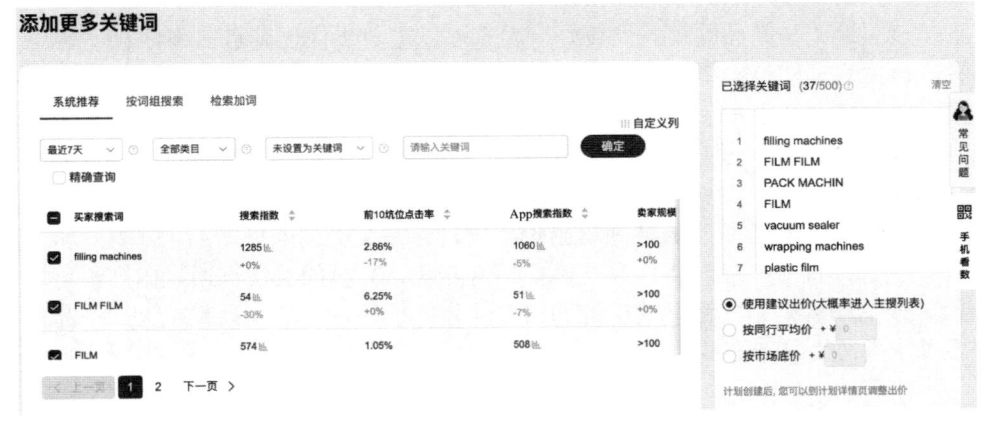

图 5-9　添加关键词

关键词一般有平台数据、店铺引流关键词、系统推荐关键词、参考同类跨境电商平台的数据4个来源。

（1）平台数据。卖家可以从平台后台查看平台整体的关键词指数。排名靠前的关键词都是符合买家需求的关键词，卖家可以优先考虑添加这些关键词。

（2）店铺引流关键词。店铺引流关键词是经过一段时间的数据累计找到的关键词，是优质的关键词。卖家可以优先将这些关键词批量导入P4P的关键词词库中，以便为产品带来更高的转化率。

（3）系统推荐关键词。在卖家添加产品之后，系统将自动推送关键词，卖家可以根据需要从中选择一些关键词进行添加。

（4）参考同类跨境电商平台的数据。卖家可以在同类跨境电商平台（如亚马逊、速卖通等）上对同类产品进行搜索，查看买家经常使用的关键词并进行添加。

2）关键词的筛选

在建立了关键词词库之后，卖家需要对关键词进行筛选。精准的关键词是广告获取流量的关键。卖家可以从关键词的匹配度、热度、竞争度3个方面对关键词进行筛选。

（1）关键词的匹配度。匹配度是选择关键词时的第一优先级，卖家要重点关注推广评分高的关键词，投放这样的关键词，性价比更高。

（2）关键词的热度。关键词的热度是可以反映关键词关注量的指标。在评估完关键词的匹配度之后，卖家需要关注关键词的热度。关键词的热度越高，投放效果越好。

（3）关键词的竞争度。竞争度决定了有多少个同行在竞争某个关键词，竞争度越高，表示需要出更高的出价才能获得在优质位置展现的机会。

2．关键词的推广评分

关键词的推广评分即关键词的星级，是指关键词和产品的相关程度，以及产品信息质量。它是影响产品的推广展示区域及产品排名的重要因素之一。同时，关键词的推广评分与P4P的广告费用（点击扣费算法）有关。

关键词的推广评分以星级的形式进行展示，分为0～5星。

0星：该关键词与产品不相关。

1星：该关键词与产品的相关性很差，无法进入主搜。

2星：该关键词与产品的相关性较差，无法进入主搜。

3星：该关键词与产品的相关性较好，卖家可以进一步优化其点击率。

4星：该关键词的点击率较好，卖家应维持该关键词。

5星：该关键词的点击率很好，卖家应维持该关键词。

其中，0星的关键词没有预估排名，也没有推广评分，推广产品数也是0。如果卖家确定这个关键词与产品有关，就要对这个关键词进行产品补发。1星和2星的关键词无法参考排名前5的关键词进行出价，只能随机出价。同时，在关键词匹配产品中，1星和2星的关键词无法自主选择推广产品，将由系统进行随机匹配。3星的关键词通过出高价可以使产品排到前面，产品排名是由关键词的出价和推广评分的乘积决定的，乘积越大，产品排名越靠前。产品排名是实时更新的。

3．优化关键词的推广评分

1）关键词的推广评分低的原因

造成关键词的推广评分低的原因主要有以下两个。

（1）文本匹配度低。

产品标题是否包含推广的关键词决定了文本匹配度。关键词要与产品图片、产品属性、产品详细描述相匹配。卖家在上传产品图片时，可以用关键词进行命名；同时，根据词语类目和文本匹配度优化产品标题，并要避免关键词堆砌。在产品标题、关键词、自定义属性和产品图片名称中重复出现核心关键词，可以互相形成文本匹配的关系。

（2）类目匹配度低。

卖家要选择正确的类目。关键词对应的类目与产品选择的类目的匹配度会影响关键词的星级。在查看产品的类目是否是最佳类目时，卖家可以输入关键词进行搜索，选择系统提示的第一类目；也可以用关键词在阿里巴巴国际站首页进行搜索，查看前5个产品所选择的类目，按照提示的类目发布产品即可。

在P4P推广中，关键词的推广评分是影响产品的推广展示区域及产品排名的重要因素之一。因此，卖家要提高关键词的推广评分。

2）提高关键词的推广评分的方法

（1）0～3星关键词的推广评分由关键词与产品的相关性决定。针对3星以下的关键词，卖家要重新发布产品，并将其作为主关键词发布有效产品，以提高产品信息的完整度、关键词与产品的相关性，以及产品信息质量。

（2）4～5星关键词的推广评分由产品的点击率决定，产品的点击率越高，关键词的推广评分越高。

4．关键词的匹配方式

关键词的匹配方式有精确匹配、短语匹配、拓展匹配3种，如表5-2所示。

表5-2　关键词的匹配方式

匹配方式	匹配规则	举例
精确匹配	卖家购买的关键词与买家的搜索词完全相同，或者是买家搜索词的转换形式（如大小写形式转换、加上空格、单复数形式转换、变更顺序、加上特殊符号等），不影响关键词的含义	"women dress"与"WOMEN DRESS"，"handbag"与"handbags"等
短语匹配	买家搜索词核心包含、穿插包含卖家购买的关键词及其精确同义变体形式（如增加或删除了介词、连词，大小写转换，单复数形式转换等），或者买家搜索词与卖家的自选关键词和投放的产品高度相关且搜索意图高度一致	"women dress"与"beautiful women dress"，"women dress"与"Dress for Women"等
拓展匹配	买家的检索或浏览意图与卖家购买的关键词相关	"Computer"与"PC"，"women dress"与"Women's clothing"等

（1）精确匹配是指当卖家购买的关键词与买家搜索词完全相同，或者是买家搜索词的转换形式（如大小写形式转换、加上空格、单复数形式转换、变更顺序、加上特殊符号等），不影响关键词的含义时，广告才有可能被触发展示。

（2）短语匹配是指当买家搜索词核心包含、穿插包含卖家购买的关键词及其精确同义变体形式（如增加或删除了介词、连词，大小写形式转换，单复数形式转换等），或者买家搜索词与卖家的自选关键词和投放的产品高度相关且搜索意图高度一致时，广告才有可能被触发展示。

（3）拓展匹配是指当买家的检索或浏览意图与卖家购买的关键词相关时，广告就有可能被触发展示。检索或浏览意图是针对买家检索词或浏览意图进行的挖掘，包含但不限于搜索场景搜索词拼写错误、搜索词变体、搜索词缩写，买家在某一类目进行筛选、在某一专题进行浏览等行为。

卖家可以在自定义列表中添加关键词的属性，如关键词的状态、出价、推广评分、搜索热度、购买竞争度、推广产品数、曝光量、点击量等。

四、推广预算与出价

1．预算

预算即计划消耗的上限，分为每日预算上限和指定周期预算上限。例如，200/天是指该计划当日的现金消耗不会超过 200 元，5000/30 天是指该计划 30 天的现金消耗不会超过 5000 元。

周预算功能可以让系统动态、智能地分配预算，从而在一周预算不变的情况下，获取更多的流量。例如，在一周内平台流量多的那几天，如果日预算不足，那么系统将自动增加日预算的 20%。在周预算模式下，每日最多允许超额扣费 20%，但是每周结算金额不超过日预算的 7 倍。周预算的默认周期为周六至下周五（美国时间）共 7 天。周预算=日预算×7。

2．P4P 出价排序规则

P4P 出价排序结果的决定因素不仅有卖家投放的广告费用（出价），还有根据产品质量、关键词与产品的相关性得出的关键词的推广评分。P4P 出价排序规则：关键词的推广评分×出价的乘积越大，产品排名越靠前，而且产品排名会实时更新。P4P 出价排序示例如表 5-3 所示。

表 5-3　P4P 出价排序示例

产品	关键词的推广评分/分	出价/元	关键词的推广评分×出价	产品排名
A	15	8	120	3
B	17	12	204	1
C	20	10	200	2

在阿里巴巴国际站上，只有 3～5 星的关键词才有资格通过出价的方式在搜索结果页面的前 5 名进行展示，1 星和 2 星的关键词在每一页右侧或下方的智能推荐位上被展示出来。由于阿里巴巴国际站的产品排名会实时更新，因此卖家随时可以对产品进行优化，或者对出价做出更改。

表 5-3 中"关键词的推广评分"中的"15""17""20"是系统根据星级给出的评分，星级越高，评分越高。但是，卖家无法在阿里巴巴国际站的后台看到该评分，只能看到星级。

3．出价及扣费

P4P 是按照点击扣费的，其点击扣费价格的计算公式如下：

$$\text{P4P点击扣费价格} = \frac{(\text{下一名卖家的出价} \times \text{下一名卖家的关键词的推广评分})}{\text{自身的关键词的推广评分}} + 0.01\text{元}$$

由上述公式可知，关键词的底价≤P4P 点击扣费价格≤卖家的出价。P4P 点击扣费价格计算示例如表 5-4 所示。

表 5-4　P4P 点击扣费价格计算示例

项目	第 1 名	第 2 名	第 3 名	第 4 名
出价/元	12	10	8	7
关键词的推广评分/分	17	20	15	15
扣费价格/元	11.77	6.01	7.01	—
关键词的推广评分×出价	204	200	120	105

从 P4P 点击扣费价格的计算公式中可以看出，卖家自身的关键词的推广评分越高，P4P 点击扣费价格越低，而且 P4P 点击扣费价格会小于卖家的出价。

五、人群偏好

人群偏好通过对流量属性进行细分，以设置溢价的方式，帮助卖家针对目标流量进行更精准的触达。

在进行推广时，卖家可以针对不同的人群和地域标签设置溢价，以增强其在优质人群、目标市场中的竞争力。如果同时使用了人群溢价和地域溢价功能，那么系统会选择溢价较高的作为溢价系数，如将人群溢价设置为 200%，将地域溢价设置为 300%，系统会选择 300%作为溢价系数。人群溢价标签如图 5-10 所示。

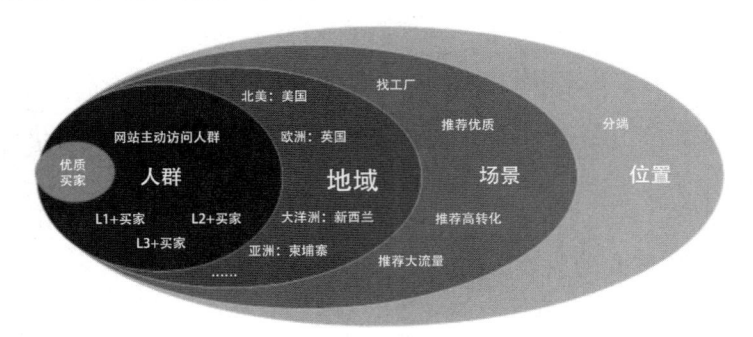

图 5-10　人群溢价标签

人群偏好包括自动定向锦囊、人群标签、地域标签、分端标签、场景标签等。卖家在设定人群标签时，一方面需要梳理定向目标人群的梯度关系，另一方面需要考虑计划类型、出价、预算、产品与人群标签的关系。在梳理目标人群的梯度关系时，卖家可以根据人群稀缺值与价值进行溢价率的设置排序：首先是 L1+买家、L2+买家、L3+买家、网站主动访问人群；其次是目标地域的国家；最后是店铺的老客户及特殊行业人群。

第三节　品牌营销

品牌营销是为了提升品牌效益而产生的一系列营销活动。随着跨境电商行业的飞速发展，越来越多的企业从产品出海升级为品牌出海，因此跨境电商数字营销更是品牌营销。品牌营销可以让卖家给买家留下良好的第一印象、降低买家的决策成本，从而获得品牌信誉和品牌溢价。

跨境电商平台通常会提供一系列营销工具来协助卖家进行品牌营销。以阿里巴巴国际站为例，常用的品牌营销工具有明星展播、顶展、问鼎、品牌直达等。

一、明星展播

明星展播是位于阿里巴巴国际站首页的横幅广告（Banner），其展示位置在首页焦点图第二帧。明星展播的 PC 端广告位如图 5-11 所示。

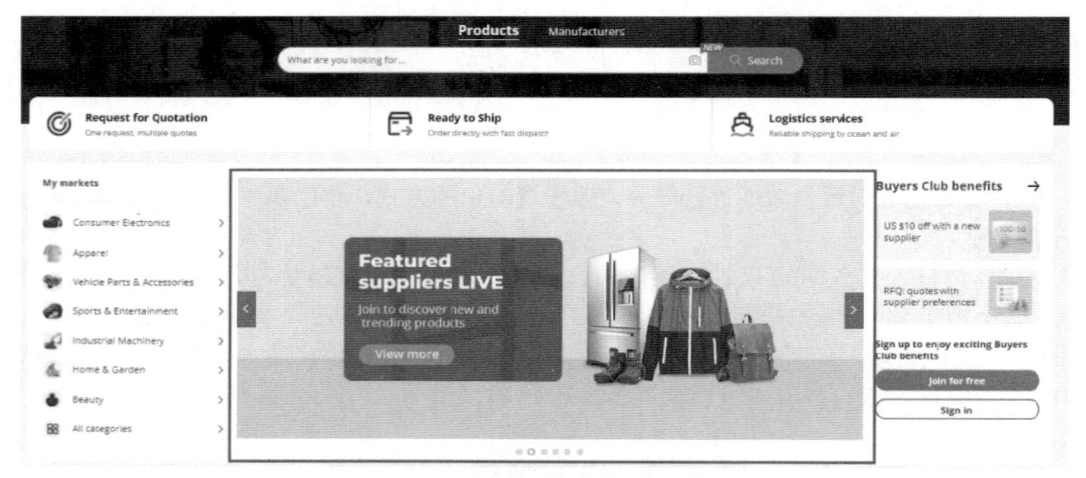

图 5-11　明星展播的 PC 端广告位

明星展播是站内核心资源位，它以首页图片的形式展示，可以很好地展示品牌形象，对买家形成视觉冲击。明星展播一期只允许一个卖家投放广告，因此该卖家可以独占流量，覆盖目标人群。

明星展播的应用场景主要涉及产品推广、主题活动营销、品牌实力展示 3 个方面。使用明星展播做新产品推广，可以快速建立买家心智。卖家在做爆品助推时，可以用爆品来带动整个店铺的流量。卖家如果要开展比较重要的主题活动，如大促、清仓、店庆等，可以使用明星展播，以实现快速曝光和引流，提升活动效果。同时，明星展播通过针对目标人群进行强品牌曝光，可以强化买家心智，提升品牌的影响力。此外，明星展播还非常适合作为展示品牌重要信息或事件的推广阵地，如发布经销商招募信息和行业白皮书、展示技术能力等内容。

二、顶展

顶展是将与卖家购买的关键词相关的产品展示在搜索结果首位，并打上专属皇冠标志和"Top sponsor listing"字样的展位。顶展的 PC 端展示样式如图 5-12 所示。

图 5-12　顶展的 PC 端展示样式

顶展是融品牌、搜索、推荐广告价值功能为一体的 CPT 产品，它通过买家直接搜索与词包智推，精准匹配买家，并通过首位展示、皇冠标志、主品动效等多种形式塑造差异化的买家心智，从而提升点击转化率，增加买家浏览时长和浏览次数，最终实现智能锁客的目的。

三、问鼎

问鼎是当买家在进行关键词搜索时，展示在阿里巴巴国际站搜索结果首位的广告形式。问鼎的展示位如图 5-13 所示。问鼎采用 CPT 计费方式，直接在搜索首页将品牌曝光给对品牌有兴趣的潜在买家。买家在阿里巴巴国际站的 PC 端和移动端均可以看到卖家购买的问鼎广告。问鼎广告可以由产品词、行业词、型号词触发。问鼎广告的样式丰富，并且在搜索结果的每页都展示。在英文站主要搜索结果页面投放问鼎广告可以实现精准的品牌曝光。

图 5-13　问鼎的展示位

问鼎广告的优势有 4 个：第一，问鼎广告的位置独特，独占资源，展示形式可以充分体现品牌的高端形象；第二，问鼎广告是由产品词精准触发展示的，可以抢占行业先机，并强化买家的品牌心智；第三，由于符合买家浏览网页的习惯，问鼎广告的广告位可以吸引买家的注意力，体现卖家的品牌实力；第四，问鼎广告允许卖家有丰富的创意设计，可以展示热销单品及进行多品轮播，还可以进行多场景、多品类展示，以多元素、多品类组合吸引买家进行点击。

问鼎广告可以展示品牌、品类等内容，因此有着独特的访客、展示、沉淀价值转化链路。据阿里巴巴国际站统计，问鼎广告带来的访客流量可以让 PV（Page View，页面浏览量）平均增长 260%。在私域沉淀方面，问鼎广告通过讲述品牌故事，可以有效地提升订单转化率及品牌溢价。

四、品牌直达

品牌直达包括搜索联想、搜索首位、搜索直达 3 个方面。

搜索联想是指当买家搜索品牌词或品牌词+类目词时，搜索下拉框会展示"企业 Logo+品牌词+Official Store"的关联词，选择这些关联词会直达店铺首页。搜索首位是指当买家搜索品牌词或品牌词+类目词时，品牌出现在搜索结果首位。搜索直达是指当买家搜索企业名称时，无须经过搜索结果页，即可直接进入店铺首页，企业名称会显示在品牌直达首页。

品牌直达针对品牌有认知的买家群体，可以提升品牌调性和买家信任度。目前，品牌直达只送不卖，购买广告品牌方案整包的卖家，若其整体方案的金额符合要求，并且其 R 标符合要求，则可获得赠送的品牌直达。

第四节 营销数据分析与优化

对营销数据进行分析有助于卖家在降低营销成本的情况下提高营销效果。下面对阿里巴巴国际站的两大营销工具所产生的营销数据进行分析与优化。

一、P4P

1. P4P 数据报告

阿里巴巴国际站后台的营销中心的报表模块包含基础报告、流量报告、行业报告、活动报告四大类 P4P 数据报告。P4P 数据报告主要展示 P4P 广告所带来的曝光量、点击量、点击率、推广市场等广告效果数据。P4P 数据报告的功能如表 5-5 所示。

表 5-5 P4P 数据报告的功能

报告的类型	子报告的类型	功能说明（推广效果）
基础报告	计划报告	展示卖家设置的各推广计划的数据
	产品报告	展示所有推广中的产品推广数据
流量报告	关键词报告	展示卖家所选的所有关键词的数据
	搜索词报告	展示智能推广及其他系统选词的数据
	人群定向报告	展示卖家设置的人群溢价数据
	地域定向报告	展示卖家设置的地域溢价数据
	小时报告	展示分时段的数据
	地域报告	展示地域数据
行业报告	同行报告	展示与同行 P4P 广告效果的对比、同行卖家词和同行热搜地域
活动报告	活动报告	展示 P4P 广告活动报告

2. P4P 效果优化

（1）产品曝光量少的原因及优化方案如表 5-6 所示。

表 5-6　产品曝光量少的原因及优化方案

原因	优化方案
关键词的覆盖面窄	添加更多关键词
	发布更多产品，覆盖关键词流量入口
无 P4P 费用支付	增大关键词的出价范围
	调整更多长尾词

（2）产品有曝光但点击量少的原因及优化方案如表 5-7 所示。

表 5-7　产品有曝光但点击量少的原因及优化方案

原因	优化方案
展示的信息没有吸引力	优化产品主图、产品标题
	对最小起订量、价格等参数进行优化测试
	提升及时回复率、交易等级等
流量不精准	验证流量的相关性，若关键词与产品不相关，则暂停该词的推广；若关键词与产品相关，则检查其与产品是否最匹配，以便为产品匹配最合适的关键词
关键词的排名靠后	提高关键词的出价，使其排名靠前

（3）产品有点击但没询盘的原因及优化方案如表 5-8 所示。

表 5-8　产品有点击但没询盘的原因及优化方案

原因	优化方案
流量不精准	验证流量的相关性，若关键词与产品不相关，则暂停该词的推广；若关键词与产品相关，则检查其与产品是否最匹配，以便为产品匹配最合适的关键词
产品的款式不受欢迎	结合店铺主推市场及产品、站内数据、同行调研进行换款测试
产品详情页没有吸引力	结合主推人群的关注点、主推产品的优势优化产品详情页的展示内容及版式

二、橱窗

1. 橱窗产品数据

卖家可以通过产品 360 分析，从关键词分析、趋势分析、访客地域、关联产品、流量来源、价格分析、竞品对标等维度对橱窗产品进行详细分析。

2. 橱窗效果优化

卖家应根据橱窗产品的数据分析出橱窗产品存在的问题，并有针对性地进行优化。橱窗产品存在的问题及优化方案如表 5-9 所示。

表 5-9 橱窗产品存在的问题及优化方案

存在的问题	优化方案
曝光量多,转化率低	优化影响点击、反馈的因素
点击率高,曝光量少	利用 P4P 提升产品引流效果
有反馈	保留产品的橱窗位置,增大引流力度
访客量多	优化产品详情页,提高反馈转化率

除针对橱窗产品存在的问题进行优化外,卖家还可以采取一些做法来提升橱窗效果。

(1) 调整关键词组合,优化橱窗关键词的搭配。卖家可以把多个相关的关键词设置为优先推广,指向同一个橱窗产品,当买家搜索这些关键词时,优先出现的是同一个橱窗产品(爆品)。这样一来,该橱窗产品就可以积累数据,产生更多的点击量和询盘量,自然会提升买家对该橱窗产品的喜好度。

(2) 若关键词的竞争激烈,则可选择橱窗竞争较小的、热度相对较高的关键词作为主关键词。

(3) 可借助 P4P 付费点击,优先推广橱窗产品,迅速增加橱窗产品的数据积淀,从而提高买家对橱窗产品的喜好度。

(4) 在旺铺首页多放置橱窗产品,利用旺铺访客来增加数据沉淀。

(5) 为橱窗产品设置超链接,使其互相带动,用效果好的橱窗产品进行引流。

本 章 小 结

本章主要介绍了阿里巴巴国际站店铺付费营销:第一节介绍了付费推广的基础知识,包括付费广告概述、阿里巴巴国际站付费推广的类型、P4P 推广计划管理;第二节介绍了推广设置,包括推广基础信息设置、推广选品、推广选词、推广预算与出价、人群偏好等,使读者可以掌握关键词推广的设置步骤及加词方法,了解关键词的推广评分带来的影响,以及优化提升关键词的推广评分的方法;第三节介绍了品牌营销,包括明星展播、顶展、问鼎、品牌直达等;第四节介绍了营销数据分析与优化,通过分析营销数据,卖家可以分析营销效果,并利用有针对性的方案对 P4P 效果、橱窗效果进行优化。

本 章 练 习

一、选择题

1. 卖家采用 P4P 推广产品,在 PC 端搜索展示的位置是(　　)。
A. 搜索结果第 1 页全部位置
B. 搜索结果第 1 页前 10 个位置
C. 搜索结果页第 1 列所有位置
D. 搜索结果页每一页下方 5 个位置
2. 以下 4 个产品中,排名第 1 的是(　　)。
A. 关键词的推广评分为 10 分,出价为 8 元

B．关键词的推广评分为 15 分，出价为 7 元
C．关键词的推广评分为 12 分，出价为 9 元
D．关键词的推广评分为 20 分，出价为 6 元

3．以下关于 P4P 扣费规则的表述，错误的是（　　）。
A．按照点击付费，曝光不扣费
B．扣费价格≥出价
C．关键词与产品的相关性越高，推广评分就越高，星级也就越高
D．最后一名的扣费=底价

4．在阿里巴巴国际站的付费广告中，按照点击次数付费的推广方式是（　　）。
A．搜索推广
B．推荐推广
C．整合营销
D．品牌营销

5．在阿里巴巴国际站的品牌营销中，（　　）可以在搜索结果中以条幅、置顶的形式直接展示品牌信息，从而获得较多的流量，凸显其品牌的调性。
A．顶展
B．回眸
C．问鼎
D．明星展播

二、简答题

1．常见的付费广告类型有哪些？
2．按照产品生命周期进行推广时，有哪些常见的形式？

三、实训题

1．进入 P4P 并完成以下操作。
（1）设置预算为 400 元。
（2）开启推广。

2．在阿里巴巴国际站中，卖家为了使产品最大限度地获取有效流量，常常在 P4P 中做付费推广。请你根据题目的要求，完成以下操作。

要求：在 P4P 中对 4 个关键词进行推广，并且为这 4 个关键词设置分组，最后根据要求完成每个关键词的出价。

（1）添加 4 个关键词："dress""lady dress""short dress""summer dress"。
（2）关键词分组名称："dress"。
（3）关键词的出价按照顺序分别为 5.8 元、5.9 元、6.0 元、6.1 元。
（4）根据店铺特点设置标签溢价与营销受众。

第六章　直播营销

电商没有彩排，每个交易都是现场直播，能够把握好每次演出，便是对它最好的珍惜。

导入案例

米绮服饰有限公司的直播出海之路

传统服饰行业如何通过数字展会直播重获新生？如何抢占阿里巴巴国际站的直播新风口？卖家怎样利用直播展示位功能获得更多推广流量和拉新涨粉？米绮服饰有限公司的经验给了我们很大的启示。

米绮服饰有限公司是一家集设计、生产、销售于一身的公司。该公司从2013年开始做外贸业务，在数字展会上联手阿里巴巴国际站的3个金品诚企店铺，将产品远销到北美洲、欧洲、澳大利亚等地区。在2020年后，米绮服饰有限公司及时把经营的重心调整到线上渠道，紧跟阿里巴巴国际站的步伐，开始探索直播模式。

为了迎接首场"居家健康生活展"的直播，米绮服饰有限公司提前对运营团队和业务团队进行了专业的培训，其5人团队在两小时内展示了12套瑜伽服。在这场直播中，访客数增加了140%，而且很多是新访客，询盘量增加了40%，转化率也非常高。次月，在阿里巴巴网交会的直播中，米绮服饰有限公司的直播团队扩大至2个主播、4个模特，展示产品的数量也增加至20套。这场直播的观看人数比上一场直播的观看人数翻了6番，互动次数也大大增加。

米绮服饰有限公司通过两次试水，成功觅得获客新模式。这不仅使得其访客数大幅增加，还让其获得了大量的样品单。米绮服饰有限公司的主要经验如下。

1. 提前做好流程策划与内容设置

做好直播的关键之一是提前做好流程策划与内容设置，每个产品展示的时间点及时长、款式和工艺的介绍时长、中途要穿插哪些互动来活跃气氛，都要提前梳理好，以确保整场直播有条不紊地进行。在直播过程中，米绮服饰有限公司会通过穿插一些运动健身知识及优惠信息来与访客互动。

2. 业务团队与运营团队默契配合

一场成功的直播对业务团队与运营团队的配合度要求非常高。首先，业务团队需要结合公司产品的特性及目标买家的喜好进行选品；其次，在确定产品之后，业务团队需要提炼产品的卖点、优点（这需要业务团队具备很强的专业能力），运营团队需要及时分析直播数据，以利于产品推广。

直播已经成为阿里巴巴国际站卖家获取流量的新模式。

第一节　直播运营管理

"跨境电商+直播"模式（跨境直播）的快速崛起为跨境电商行业注入了新的动能。与传统货架式跨境电商相比，跨境直播的互动感强，具有真实性，买家的信任感强、黏性高。与传统的社交媒体和普通视频相比，在跨境直播场景中，买家不仅能观看视频，还可以与主播进行"对话"（即问即答），因此跨境直播的优势明显。据阿里巴巴国际站统计，L1级及以上的高质量买家更喜欢通过观看直播来了解产品；同时，直播的商机转化率远高于产品详情页的商机转化率，直播能增加买家与卖家的互动，吸引买家进行询盘，因此直播成为阿里巴巴国际站运营的重点之一。

一、直播的实施流程与直播营销能力模型

1. 直播的实施流程

直播运营是一系列连续的活动，需要对整体流程进行规划和设计，以保障直播的顺畅进行。直播的实施流程包括直播策划、直播准备、直播执行、直播复盘等环节，如图6-1所示。本节具体介绍直播策划、直播准备、直播复盘的内容。由于直播执行涉及的内容较多，而且流程灵活多变，限于篇幅，本书不对直播执行进行介绍。

直播策划	直播准备	直播执行	直播复盘
• 确定直播类型 • 策划直播主题 • 进行直播选品 • 确定直播预算 • 确定直播人员安排 • 策划直播脚本 • 策划直播宣传	• 布置直播间 • 进行直播预告 • 进行出镜报备 • 进行试播	• 直播讲解 • 产品上/下架 • 直播互动 • 直播控场 • 买家答疑 • 直播监测	• 直播整体效果分析 • 直播优化 • 直播二次传播

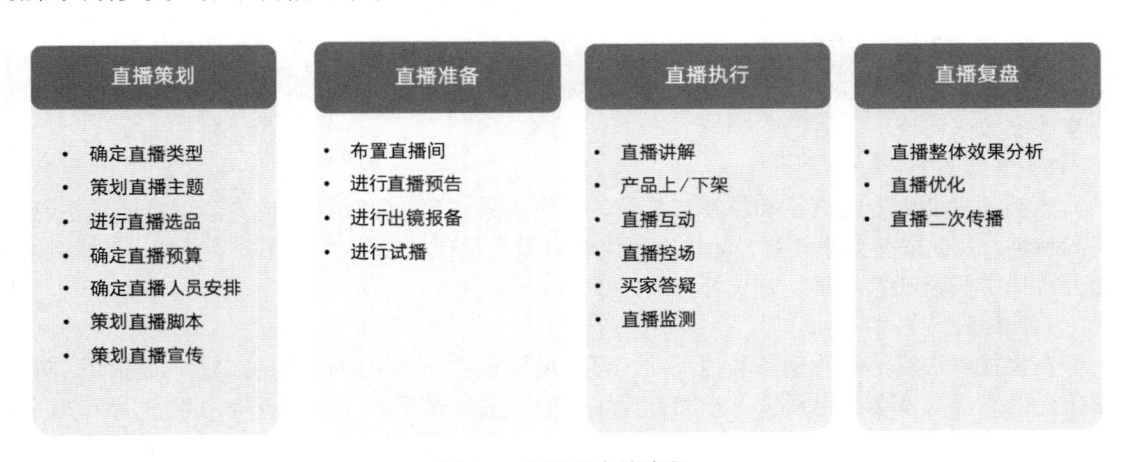

图6-1　直播的实施流程

1）直播策划

直播策划包括确定直播类型、策划直播主题、进行直播选品、确定直播预算、确定直播人员安排、策划直播脚本、策划直播宣传。做好直播的顶层设计，有助于直播团队有目的、有针对性地筹备与执行直播活动。

2）直播准备

在直播开始之前，直播团队要根据策划方案进行前期的准备，包括布置直播间、进行直播预告、进行出镜报备、进行试播等，以保证取得最好的直播效果。直播准备中的一个重点任务是进行直播预告，目的是确保直播的人气，以取得良好的直播效果。

3）直播执行

为了实现直播目标，直播团队需要按照直播开展方案，开展直播讲解、产品上/下架、直播互动、直播控场、买家答疑、直播监测等环节，并确保直播的顺利完成。

4）直播复盘

在直播结束后，直播团队需要对本场直播进行复盘。一方面，直播团队需要通过对直播现场的数据进行整理与分析，并将其与直播目标进行比对，分析直播整体效果；另一方面，直播团队需要总结本场直播的经验与教训，探讨如何进行直播优化，并进行直播二次传播。

2．直播营销能力模型

直播营销能力模型由直播活跃度、直播流量、直播内容、直播互动 4 个因素构成，因此卖家可以利用这 4 个因素来增强直播营销能力。

1）直播活跃度

提升直播活跃度主要通过开展日常工位接待、活动营销、日常直播营销来实现。直播团队应依据直播主题，提供实时互动体验。买家可以通过弹幕、点赞、送礼物等方式表达自己的情感和观点，主播也可以根据买家的反馈调整直播内容，从而创造出一种独特的共享体验。

2）直播流量

精细化运营是指围绕直播的核心要素进行深耕细作，直播电商的核心公式：GMV（销售总额）=UV（观看买家数）×转化率×客单价。该公式右侧的要素是核心要素。在实际运用中，直播团队可以将核心要素细化成流量、买家停留、关注、分享、转化、复购等指标。其中，增加直播流量主要通过使用全域引擎增加直播间中的买家数、优化直播自营销策略、增加自分享买家数来实现。

3）直播内容

直播的主要内容是展示和讲解产品及其使用场景，穿插互动及其他内容。直播具备现场引导特性，其促成交效果较好。优化直播内容可以从优化直播脚本的直播节奏性、直播话术，提升直播中买家观看的平均时长等方面入手。

4）直播互动

在直播中进行活动营销与其他互动，可以增加直播间产生的评论买家数。直播团队向买家传递信息，买家会给出反馈。反馈行为包括但不限于对话、评论、点赞、关注、分享、购买等。直播互动从直播预告开始，在直播结束后还可以持续进行。直播间是直播互动的主阵地，直播团队在直播间除要介绍产品外，还要引导买家进行互动，以提升买家的参与感，并实现直播目标。

二、直播策划

直播策划的主要工作内容包括确定直播类型、策划直播主题、确定直播内容等。

1．确定直播类型

直播包括活动直播、日常营销直播、日常工位接待。

活动直播是指阿里巴巴国际站的直播活动，如展会、大促、行业活动等营销直播活动，已报名且审核通过的展会、大促、行业活动等需要排期的直播。卖家每周拥有3次直播的机会，可以根据自己的实际情况，灵活安排直播时间。

日常营销直播的主题一般为内容营销，如新品发布等，其目的是用优质的直播内容吸引优质买家并促进其转化。它是卖家无须报名的日常直播。

日常工位接待是指面向买家的真人互动直播，其目的是增强买家对卖家的信任，接待直播间快速转化询盘，促进产品效果提升，从而带动店铺整体效果提升。

2．策划直播主题

常见的直播主题包括实时接待、直播探厂、新品发布、产品评测、潮流趋势、爆品热卖、限时折扣、厂长在线、展会直播等。

1）实时接待

实时接待类似客服直播。通过直播，卖家可以与买家实时高效互动，及时回答买家提出的问题，让买家不用进店就能体验类似在线下门店与导购的互动，拉近卖家与买家的距离，从而提升直播的转化率。

2）直播探厂

买家在考察卖家的阶段，对于探厂有比较明确的诉求，直播可以帮助买家很好地了解卖家的工厂实力。卖家可以通过对工厂的介绍或"工厂的实时画面+实时接待"，对工厂的生产线、机器、组装、质检、包装、发货等内容和流程的实时展示，以及与买家的实时互动，增进买卖双方的信任关系。

3）新品发布

新品发布的核心是新品，新品代表的是新的商机。卖家在进行直播选品时要符合一定的要求。卖家在直播的过程中，要围绕"新"这个核心，展示产品的新工艺、新设计、新材质、新技术等，让买家对新品有所了解，从而更好地把握商机。

4）产品评测

产品评测的核心是通过实验、使用体验、产品对比测试来展示产品的核心竞争力，如通过实验展示产品使用的高科技，通过开箱、评测来展示产品的使用体验。

5）潮流趋势

潮流趋势的核心是趋势。卖家应围绕趋势，在直播间向买家介绍当季的流行趋势、热卖产品、热销国家或地区、热销人群等，告诉买家商机是什么。

6）爆品热卖

爆品热卖的核心是爆品。爆品会持续热销，会受到买家的追捧，是可以为卖家创造更多利润的产品。卖家应在直播间向买家展示成本相对较低、功能强大、有升值空间的产品，介绍产品的热卖点并和买家互动。

7）限时折扣

卖家需要在直播间提供优惠产品，产品的折扣必须在原价的基础上进行设置，不可以先抬价再设置折扣。

8）厂长在线

由工厂的厂长或老板来担任主播，在直播间与买家互动。

9）展会直播

展会直播可以通过新会场、新内容展示卖家的实力，呈现新鲜的直播画面、生动的直播场景，实现与买家的真实互动，让无法参与线下展会的买家有机会体验展会选品的过程。

3．确定直播内容

常见的直播内容包括产品介绍、商家实力、生产制造、外贸服务、档口介绍等类型，其具体内容如表 6-1 所示。直播团队需要根据直播主题选择合适的直播内容。

表 6-1　直播内容

类型	具体内容
产品介绍	A01 新品发布：与新产品、新工艺、新材料等相关的内容。 A02 价格拆解：产品最小订货量、价格分解介绍，同类产品对比，相同产品不同配置介绍等。 A03 产品卖点：产品功能、结构、安装方法、安全性、环保性等卖点的重点说明和产品展示。 A04 流行趋势：产品流行趋势和热销产品介绍。 A05 破坏性测试：产品的一些极限功能和破坏性测试内容。 A06 产品开箱：现货、清仓等可快速交易产品的开箱验证介绍。 A07 产品测评：买家或专家对产品的测评、买家秀、买家的使用感受等。 A08 操作流程：需要复杂操作和安装的产品的操作流程演示。 A09 使用场景：产品的使用场景展示、工程案例等，以及适合 3D 和 VR（Virtual Reality，虚拟现实）的内容
商家实力	B01 企业类型：工厂、贸易商、工贸一体。 B02 工厂展示：在视频中拍摄工厂的门头、厂房等。 B03 生产线：生产线介绍，可着重介绍生产线中最有看点的部分，如自动化等。 B04 样品间：样品间设置和内部陈列介绍，可结合样品的部分做场景直播。 B05 测试房：测试内容、测试设备和测试标准介绍。 B06 打样间：从设计到样品的步骤，样品制作介绍。 B07 装卸区：实景展示装柜区域作业介绍。 B08 仓库：仓库设备和作业流程介绍，可以展示现有产品。 B09 硬实力：卖家在同行业中较为突出的硬实力介绍。 B10 研发实力：ODM 研发能力和研发设备、资源介绍。 B11 客户推荐：现有客户对卖家的推荐视频。 B12 实力认证：卖家的认证证书和具体认证的内容介绍。 B13 工艺介绍：有独创性和独特性的生产工艺介绍。 B14 客观数据：阿里巴巴国际站的数据或其他网站的客观数据，如年出口额、出口国家等。 B15 研发团队：研发团队介绍，突出具备独特优势的地方，可以重点展示 ODM 能力。 B16 业务团队：业务人员自我介绍，说明工作经验、专业能力、服务过的客户等。 B17 管理团队：管理团队介绍，如以面对面的方式介绍工程师、设计师等。 B18 生产团队：生产团队介绍，如介绍员工人数、生产人员熟练程度等。 B19 QC（Quality Control，品质控制）团队：QC 团队介绍，可着重介绍 QC 标准和 QC 流程，展示工作场景
生产制造	B20 生产设备：核心设备介绍，如机器人、全自动线等。 B21 生产工序：生产工序介绍，讲解产品生产制造的过程。 B22 产业链：产业链介绍，如在产业链上下游的布局、优势和最新动态等。 B23 质量控制：在生产过程中的质量控制能力介绍，可以和 QC 团队介绍相结合。 B24 生产产能：生产产能介绍，可以实景展示生产过程。 B25 生产检测：生产检测能力介绍，如测试设备、实验室等

续表

类型	具体内容
外贸服务	B26 服务能力：外贸服务能力介绍。 B27 售后服务：卖家提供的售后服务和售后保障介绍。 B28 特色服务卖家：能够提供的特色服务介绍，如 ODM、方案服务、快速成型件服务等。 B29 物流：卖家的物流方式和物流情况介绍。 B30 支付方式：卖家支持的支付方式和贸易术语介绍。 B31 品牌和分销：卖家的 OBM 和分销情况介绍。 B32 行业介绍：卖家所在行业的新资讯和新消息介绍。 B33 产业链：卖家所在行业的产业链介绍
档口介绍	B34 档口介绍：卖家当地市场档口情况介绍。 B35 专业市场：专业市场内部介绍。 B36 带你看展：线下展会云看展。 B37 产业带：产业带情况和代表性卖家介绍

三、直播准备

直播准备包括布置直播间、进行直播预告、进行出镜报备、进行试播等活动。

1. 布置直播间

直播间是主播与买家交流、互动的场所，很多买家对主播的第一印象是从直播间获得的。直播间的风格能够呈现出很多有关主播、产品的信息，并能够突出主播的个性特征。根据直播内容来确定直播间的风格，有助于加深买家对直播的印象。布置直播间涉及直播构图、直播背景布置、直播间的灯光设计、直播场地布置、直播设备采购、直播空间布置等。

1）直播构图

直播构图需要考虑稳定性、光源与对焦，一般有三角形构图、对角线构图等。

2）直播背景布置

直播背景应当与产品或主播的气质相匹配。常见的直播背景有纯色背景、品牌 Logo 背景、产品背景 3 种。直播背景因活动不同而不同。例如，数字展会的背景板和胸牌由阿里巴巴统一设计，不建议修改，企业的 Logo 和 Banner 可以另行制作。在直播间使用自持 Logo 或其他注册商标所造成的风险由卖家自行承担。

3）直播间的灯光设计

直播间的灯光设备具有补光、塑造轮廓、美颜、营造氛围等作用。直播间的灯光设计需考虑整体呈现、人物形象、产品展示 3 个方面。直播间常用的光源有环境光、主光、辅助光。直播间灯光色温的选择同样影响直播间的呈现效果。

4）直播场地布置

常见的室内直播场地有办公室、会议室、直播室、工作室、线下门店、住所等。直播场地布置一般涉及场地大小、场地装修风格等。

（1）场地大小：根据不同品类展示方式的差异规划合适的直播间大小，确保够用且不浪费。例如，一般穿搭主播的直播场地的面积为需在 15 平方米以上，美妆主播的直播场地的面积需在 5 平方米以上。

（2）场地装修风格：场地装修风格应与品牌调性一致，重点关注直播间镜头呈现的部分。

5）直播设备采购

直播硬件设备一般包括录像机、收音机、灯光设备、支架和其他设备。直播设备应当保证画质。直播软件设备一般使用阿里巴巴国际站的直播软件 OBS。

6）直播空间布置

直播空间布置是影响买家的观看体验的重要因素。直播空间一般分为设备摆放区、产品陈列区、主播工作区、后台人员工作区 4 个区域。

2．进行直播预告

通过进行直播预告，卖家可以提前告知买家直播主题、嘉宾、内容亮点等信息，从而引起他们对直播的兴趣，提升他们参与直播的可能性。直播预告可以激发买家的期待感，让他们对直播内容产生好奇和渴望。这种期待感可以促使买家在直播开始前做好观看准备，并在直播中保持较高的参与度。同时，通过在社交媒体、网站、应用等渠道发布直播预告，卖家可以让更多的人了解直播信息，从而提升直播的曝光度。这有助于吸引更多潜在买家，提升直播的影响力。

卖家一般需要至少提前 3 个工作日设置好直播预告。直播预告的设置包括直播主题介绍、直播类目介绍、直播封面设置、直播产品设置等。直播主题可以根据直播内容进行选择，一定要和直播内容一致。例如，直播探厂的主要内容应为展示真实工厂的情况。直播类目为卖家的主营类目，必须和实际的主营类目一致，否则直播无法出现在相应的展会直播—行业类目下。直播封面图的像素必须大于 340 像素×340 像素，直播预告视频目前只支持从视频银行上传，建议上传比例为 16∶9，大小为 50MB，时长在一分钟以内。在设置直播预告时，卖家需要上传产品，产品数量一般大于 10 个。

3．进行出镜报备

为了维护有序的市场秩序，满足相关法律法规对直播间中卖家及主播的身份真实性要求，直播间运营者、直播营销人员需要在平台上进行出镜报备，完成人脸信息、身份信息的核验。例如，卖家在阿里巴巴国际站采用网络直播的方式进行产品销售等营销活动时，需提前完成出镜报备。

数字人直播报备必须严格遵守阿里巴巴国际站的数字人虚拟主播直播管理规则，在直播间显著标记"Digital Human Live"文字或 Banner。其使用时间段为周一到周五北京时间 18:00—8:00，周六和周日全天。直播不能简单重复或无有效内容输出。

4．进行试播

试播是非正式直播，是直播测试，不会在买家公域场景中展示。在正式直播前，为了熟悉操作及调试效果，进行试播非常有必要。卖家需要注意的是：保持网络环境良好；保证手机电量充足，不要边充电边直播；尽量不要中断直播（接电话/换手机），否则可能会中断推流，导致片段丢失或直播卡顿。

四、直播复盘

1．直播整体效果分析

1）直播效果分析

直播效果分析一般依据直播销售公式"TM 咨询人数=开播时长×单小时观看人数×TM 咨询转化率"进行，如图 6-2 所示。

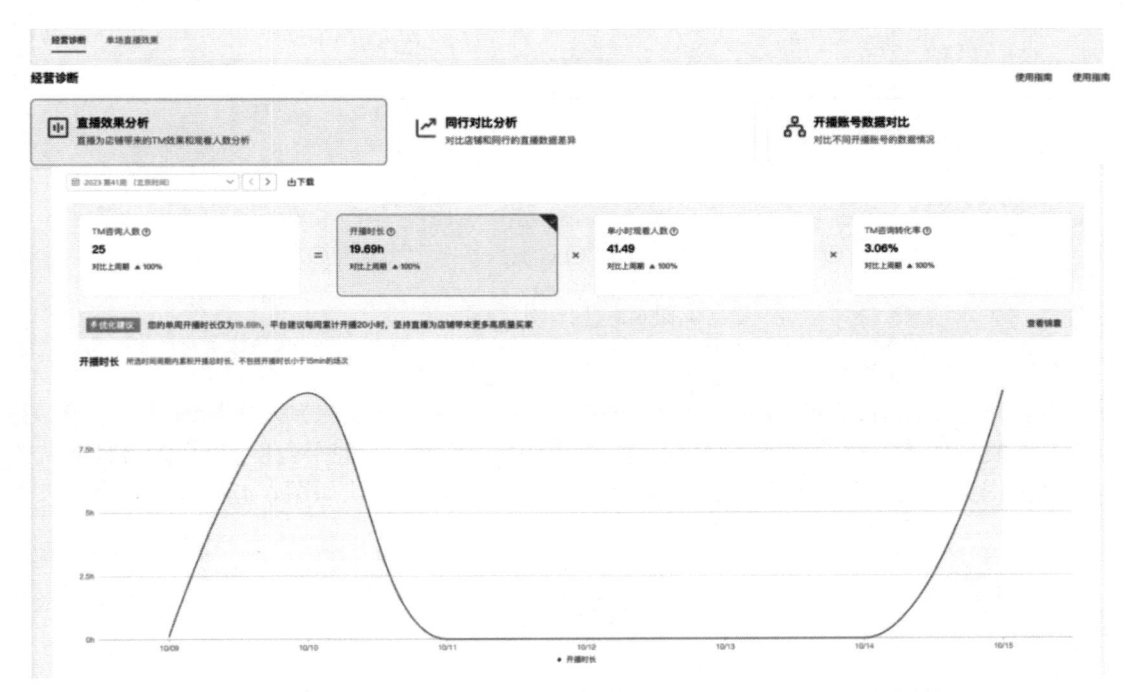

图 6-2　直播效果分析

（1）TM 咨询人数：在所选时间范围内，直播后成功发送有效 TM 咨询的人数（包含预告、直播中、回放 3 种状态的人数）。

（2）开播时长：在所选时间范围内（任意时间可选），卖家各个子账号开播的总时长。店铺日均访客数大于 70 人的可适当延长开播时长，从而将店铺自身流量更好地利用直播进行承接和转化，延长的时间可参考"同行数据对比"中的同行优秀者。

（3）单小时观看人数：若单小时观看人数符合预期，则可适当延长开播时间，以获得更多流量；若单小时开播观看人数低于预期，则需要考虑商业付费流量或通过主动分享吸引潜在买家、召回老客户。

（4）TM 咨询转化率：这是直播间的综合转化指标，用于复盘上个周期的直播效果。若数据涨幅明显，则需要参考"直播间买家观看时长"这个数据。如果二者明显正相关，就可以复盘是否可以将上个周期的直播内容沉淀为有效直播经验，并将其复用在以后的直播中。若数据下降幅度较大，则需要复盘直播中的不足并加以改进。

2）同行对比分析

卖家可根据同行业对比数据了解目前自身的直播水平，参考同行优秀者的直播数据进行调整。用行业、时间周期两个维度可以筛选出行业同比 Top 卖家。这些卖家是所选择的行业在所选的时间周期内，直播数据排在前 10%的卖家。同行对比分析的维度包括开播时长、观看人数、平均观看时长、新增粉丝数、TM 咨询人数、TM 咨询转化率 6 个，如图 6-3 所示。

图 6-3 同行对比分析

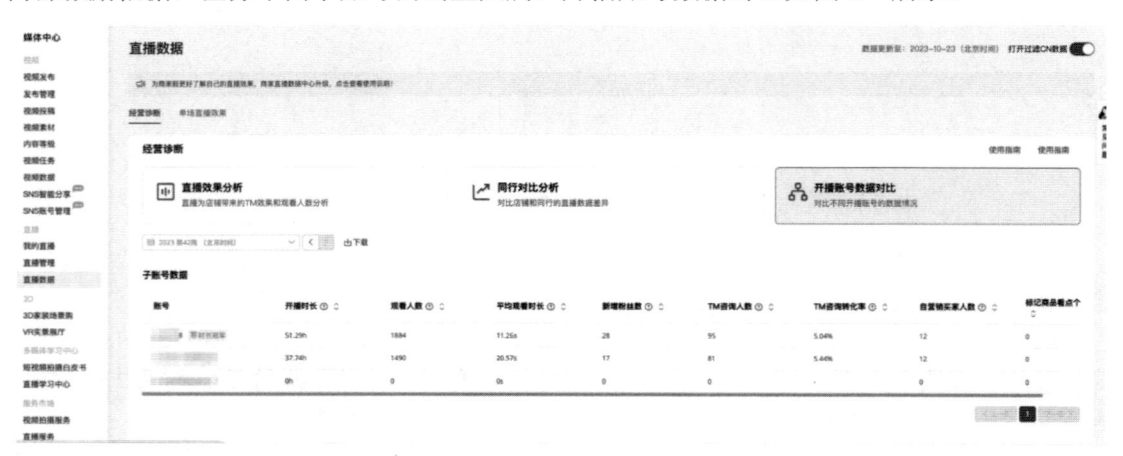

3）开播账号数据对比

开播账号数据对比可以帮助卖家根据不同子账号的直播数据来判定主播的直播水平，有助于卖家复制优秀主播的直播经验到其他子账号中。开播账号数据对比可以作为直播团队的内部激励依据，区分不同子账号的询盘归属。开播账号数据对比如图 6-4 所示。

图 6-4 开播账号数据对比

4）单场直播分析

单场直播分析是指对特定的直播场次进行深入分析，以评估其转化效果和整体表现，如图 6-5 所示。单场直播效果的主要指标包括观看人数、互动情况、停留时长、转化率。

（1）观看人数：分析直播期间的观看人数峰值、平均观看人数，以及不同时间段的观看人数增长情况。这些数据能够帮助卖家了解直播的受欢迎程度和买家的参与度。

（2）互动情况：包括买家的点赞数、评论数、分享次数等，这些数据反映了买家对直播内容的兴趣和互动情况。互动情况越好，说明直播内容越有吸引力。

图 6-5　单场直播分析

（3）停留时长：买家在直播间的停留时长是衡量直播内容是否足够吸引人的重要指标。停留时间越长，说明买家对直播内容的关注度越高。

（4）转化率：转化率是单场直播分析中的关键指标之一，指的是在观看直播的买家中，有多少人最终采取了预期的行动（如购买产品、注册服务等）。高转化率通常表明直播内容和产品的契合度较高，推广效果显著。

2．直播优化

对直播进行优化，需要进行单点分析和综合分析。单点分析是指找出产生问题的直接原因。这种分析比较简单，如分析直播流量不够多是哪类流量渠道的引流效果不好造成的。但是，在实际直播过程中，各要素往往是关联的，这就需要卖家进行整体分析，根据数据之间的关联性，找到问题的主要原因。综合分析是根据直播转化的链条进行的，主要涉及直播进入率、直播点击率、直播停留时长、直播互动率等指标。

1）直播进入率

直播进入率是在同城推荐等场景中展示在买家屏幕的次数与买家点击进入次数的比率。影响直播进入率的因素有直播标题、直播场景、主播的状态。

直播标题需要突出主题，具备吸引力。直播场景需要综合考虑背景、风格、画面、道具、灯光、收音等因素：背景要与直播场景一致；风格要与产品的调性一致；画面要足够清晰；收音要足够清晰。同时，主播应积极活跃、富有表现力、装扮得体、风格与产品契合。

2）直播点击率

直播点击率是点击产品的人数与直播间的观看人数的比率。影响直播点击率的因素有话术引导、产品营销信息呈现、产品名称等。话术引导要从产品卖点、产品的使用场景、买家的痛点 3 个方面进行考量。产品营销信息呈现要从图片应用和营销话术两个方面进行考量。产品名称应该突出产品的卖点。

3）直播停留时长

直播停留时长与价格排序、关联排序、话术承接、营销工具、直播脚本等因素相关。首先，合理的价格排序、关联排序及话术承接会直接影响买家的停留时长；其次，红包、福袋、小风车、优惠券等营销工具的使用也会影响买家观看直播的时长；最后，直播时间、卖点、直播流程、团队配合等直播脚本中的内容会影响直播节奏,也会影响买家的停留时长。

4)直播互动率

直播互动率是衡量直播间买家参与度和活跃度的关键指标之一,它反映了买家与主播之间的互动频率和效果。高直播互动率通常意味着直播间的气氛良好,买家更有可能被吸引和转化为购买者。影响直播互动率的因素主要有直播脚本的质量、主播的表现、活动与激励的有效性等。

3．直播二次传播

直播二次传播是主播在直播时对直播过程进行录制、剪辑,并分享到相关社交平台进行二次传播,以提高主播和卖家的知名度、影响力的工作过程。直播二次传播和短视频运营过程有所重复,在此不再赘述。

直播复盘的目的之一是为下一场直播提供参考,因此卖家在发现问题、分析问题并找到直播优化方案后,需要将直播优化方案应用到下一场直播中,以不断提高直播质量和直播效果。同时,直播团队可以检验直播优化方案是否有效,并进一步改进直播优化方案。

第二节　直播流量运营

一、直播流量的结构

获取流量是直播营销的核心。在直播中,按照流量分发的控制方进行划分,可以把流量分为公域流量、私域流量、商域流量 3 种。直播流量的结构如图 6-6 所示。

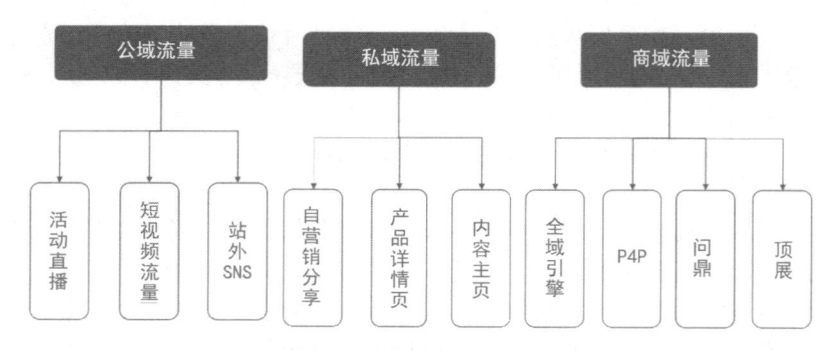

图 6-6　直播流量的结构

1．公域流量

公域流量是由卖家所在的平台主动分配的流量。公域流量容易获取,但是其黏性较低、稳定性较差。公域流量的分配权利在平台手中,所以平台有一套推荐机制来给平台上的卖家分配流量。要获得公域流量,卖家就需要熟悉平台的运营规则与具体特点。

平台的内容推荐模型是平台根据用户喜好进行推荐的算法机制。平台算法机制的初衷是扶植优质用户,保证平台的内容质量。平台的推荐要经过智能分发、叠加推荐、热度加权 3 个步骤。首先,在用户发布内容之后,平台会根据粉丝标签与内容标签进行智能分发。其次,平台根据智能分发的内容反馈来进行叠加推荐。叠加推荐以内容的综合权重为评估标准(其中包含 4 个指标:完播率、点赞量、评论量、转发量),自动为内容加权。最后,如果内容在叠加推荐环节获得大量粉丝的喜爱，就会进入推荐内容池，进行热度加权。热度权重的参考顺序：转发量>评论数量>点赞量。

2. 私域流量

私域流量是卖家可以自由反复利用，并且能够稳定触达的流量。私域流量具有获取难、黏性高等特点。私域流量一般通过粉丝圈、会员群、社交媒体等形式进行聚集。私域流量的来源包括他人主页、关注等。

3. 商域流量

除公域流量和私域流量外，商域流量也是流量的重要来源。商域流量是从平台购买的流量，如搜索广告、信息流广告等。商域流量的稳定性强、黏性低，需要额外的运营支出。

商域流量的核心作用是为直播间带来特定的额外流量，通过对付费流量的运营，优化直播间的互动、关注、下单转化数据，从而使平台将直播间定义为优质直播间，提升直播间的权重，以获得平台分配的免费流量。

二、直播流量运营策略

在店铺不同的成长阶段，卖家有不同的核心目标，也就需要使用不同的直播运营策略。在店铺的新手期，卖家的核心目标是快速进行人、货、场测试，找准直播间的定位。在店铺的成长期，卖家的核心目标是探索人、货、场效益最大化场景。在店铺的成熟期或拓展期，卖家需要进行精细化运营，助力流量爆发，放大 GMV。

（1）保持每周至少固定两场直播频次是基本要求，卖家应让自己店铺的粉丝在每周固定时间通过直播看到店铺和产品的最新动态。开播时间越长，越有助于卖家承接更多买家和有效直播寻源，收获更多商机。除要保持每周的开播频次外，卖家还应控制每场开播时间不少于 2 小时。完成基本的直播互动对增加买家的观看时长和提升买家下次观看直播的意愿有巨大的帮助。

（2）卖家应在直播前给直播主打的产品投放搜索广告，以增加产品的曝光量；在直播开播前把直播间的链接分享给老客户、在站外投放该直播间的链接，从而给直播间带来流量；在直播时，尽可能多地列出产品看点，以便让买家在直播结束后也能通过产品看点来了解产品，从而提高转化率。

（3）提高直播频次+增加直播时长。卖家可通过每日长时间地进行直播，让产品在一天 24 小时都尽量出现在搜推页面中；可以为产品添加 Live 标，以提升产品的点击率。买家从产品详情页进入直播间，可以增加直播的曝光量，提高直播的转化率。直播活动会场一般都有专属曝光场景及流量，卖家可以多关注和参与直播。

三、私域流量运营

私域流量运营是直播流量运营中的重要部分。私域流量的结构如图 6-7 所示。

1. 自营销策略

对新手卖家而言，前期开播无直播流量积累，应通过自营销的方式优先召回私域精准流量，为直播间注入活力，给予主播一定的信心。对活跃卖家而言，在继续提升直播转化效果的过程中，自营销可以有效地做到直播内容的精准推送，即把直播内容精准地推送给潜在买家，直击潜在买家的痛点，从而进行流量积累；可以快速传送直播内容，有效召回流失的买家。自营销的分享过程如图6-8所示。

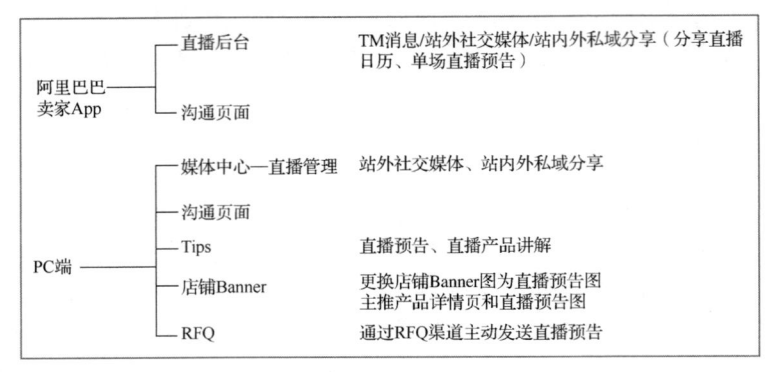

图 6-7　私域流量的结构

图 6-8　自营销的分享过程

针对不同的买家，卖家需要采取不同的自营销策略，如表6-2所示。

表 6-2　不同买家对应的自营销策略

买家的分类		自营销策略
未触达买家		通过短视频等优质内容将其转化为粉丝，引导其关注店铺
已触达买家	已读不回	可以用一些新品、折扣等直播内容重新召回买家，重点体现产品可以为买家提供什么价值
	一轮交流	直播中涉及买家咨询过的产品可以进一步激发买家的兴趣，找到买家的痛点
	多次交流仍未下单	这类客户的问题比较多，TM交流难以解释清楚，卖家应引导其进入直播间，与其直接实时沟通，高效解答其疑惑
	下样品单	保持沟通，也可以在直播间中更新订单的进度，以获取买家的信任，争取返单
已成交买家	成交一次	询问买家的销售和库存情况，用好卖的产品、新品吸引买家来直播间了解详情
	复购	制作日常节假日问候视频，以维持与买家的关系

卖家在采用自营销策略时需要注意以下事项。

（1）内容设计：切记不要每场都用同一个封面，要使用产品的实拍图而非概念图；标题不要有拼写错误；重点信息要放在前面，因为后面的字可能会被系统折叠。

（2）跟进的频率：对于重要性较高的询盘，如果买家没有回复，那么卖家可以在第 1 天、第 3 天、第 7 天、第 15 天、第 30 天跟进客户，主题和内容要避免重复，因为重复的主题和内容易被买家判定为垃圾或骚扰信息。

（3）跟进的时间点：跟进信息的发送时间宜选择在星期二到星期五之间，最好不要选星期六、星期日，因为在星期一上班后，买家的电子邮箱/消息里往往会充满需要处理的工作，常常会没有时间或耐心仔细阅读此类业务开发邮件/消息。

2．短视频引流

随着泛视频化贸易形式的到来，直播和短视频可以通过互动、宣传、内容转化等方式进行联动，以提高买家的参与度、扩大买家覆盖面、增加直播和短视频的播放量，从而为卖家带来更多的流量与曝光，增加询盘和转化。买家可以从短视频中的直播预告直接流转到直播间，这增加了直播间的流量来源渠道。在卖家创建完直播预告后，Tips 沉浸页、Following 频道的短视频中会自动关联并显示直播预告信息，如图 6-9、图 6-10 所示。

图 6-9　TIps 沉浸页中的直播预告信息　　图 6-10　Following 频道的短视频中的直播预告信息

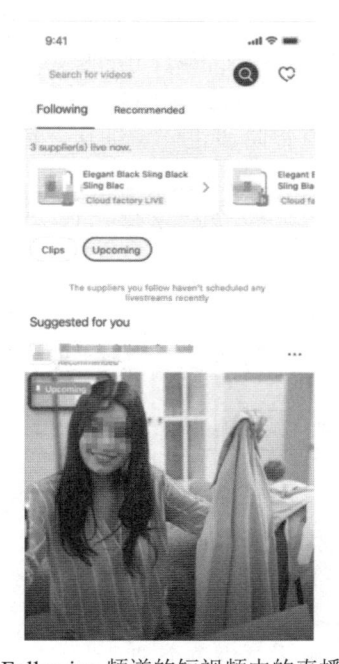

为了获客，卖家以真人出镜讲解、演示的形式展示产品和卖家的实力，形成内容营销、"种草"的视频。这些视频要有温度感和真实性，能够建立起买家对卖家的信任，在最短的时间内吸引买家的注意力并激发潜在买家的兴趣，引导买家询盘。

第三节　直播脚本撰写

直播脚本是根据直播方案和直播脚本的内容，对直播内容的进一步描述。从卖家角度来说，直播脚本把直播的创意策划具象化、规范化，有助于把控直播流程，实现直播目标。从主播角度来说，直播脚本为主播提供了关于直播内容和直播流程的指引，有利于规范直播话术，有效衔接各个流程，从而避免在直播过程中出错，保证直播效果。从买家的角度来说，有质量的直播脚本可以使买家获得较好的购物体验。从直播执行角度来说，直播脚本可以让直播参与人员的协作配合有条不紊。因此，优质的直播脚本可以保证直播有序且高效地进行，从而实现预期的目标。

一、整场直播脚本

整场直播脚本包括直播流程、直播话术、互动设计、单品脚本等主要内容。

直播阶段界定了直播的执行过程，一般包括开场预热、售卖初期、售卖高潮期、售卖结尾期、直播收尾等阶段。直播是一个现场执行的动态过程，因此直播流程规划需要规划好节奏，并且精确到分秒，以便主播在执行过程中把控直播节奏。卖家一天的直播时长通常在8~16小时，一个主播的直播时长通常为2~4小时，整场直播都需要有内容支撑，以避免冷场。在直播将结束时，主播需要致谢，并预告下一场直播的内容。一般情况下，主播在开场预热时会进行开场互动、直播主题和直播利益讲解；在售卖初期会进行购物指南、卖家实力、营销玩法的讲解；在售卖高潮期会进行产品介绍、特惠品/特别款介绍、产品问答、引导买家进行互动等；在售卖结尾期会继续介绍营销玩法，与买家进行互动；在直播结束前会进行直播收尾。对直播阶段进一步细化，可以得到整场直播脚本的结构，如图6-11所示。

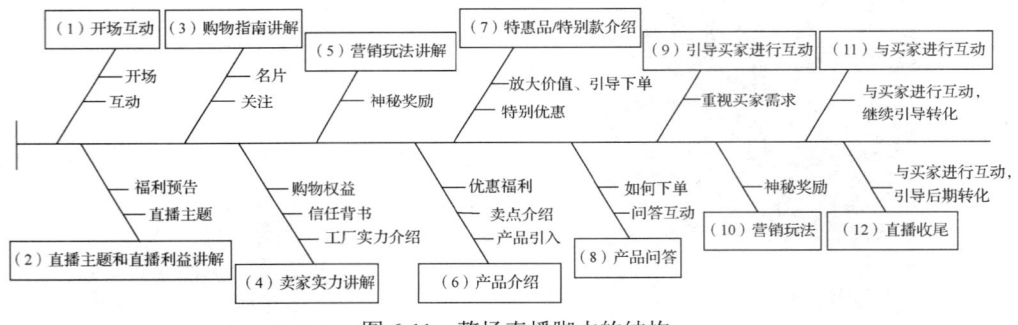

图6-11 整场直播脚本的结构

二、单品脚本

单品脚本是以单个产品为对象，包含其卖点、价格等信息，以特定顺序进行展示的文本。在直播中，主播一般会推荐多个产品。为达到预期效果，每个产品都需要有其独特的脚本。单品脚本的撰写方法一般包括100秒法则和十步法等。

1．100秒法则

单品脚本的100秒法则包含产品卖点、产品基础信息、引导询盘3个部分。

（1）产品卖点：在0~20秒讲解产品的卖点，如核心成分、独家设计、技术等。主播应在开播前提炼产品的卖点，在讲解一开始就吸引买家的眼球，彰显产品的实力。

（2）产品基础信息：在21~90秒展开讲解产品的基础信息，如材质、肤感、功效等。主播可以结合真实使用场景展示产品的功能，让买家拥有真实感。

（3）引导询盘：在最后 10 秒，主播要引导买家主动发起询盘。

下面以某运动鞋的脚本为例进行说明。运动鞋的图片如图 6-12 所示，运动鞋的脚本导图如图 6-13 所示。

图 6-12　运动鞋的图片

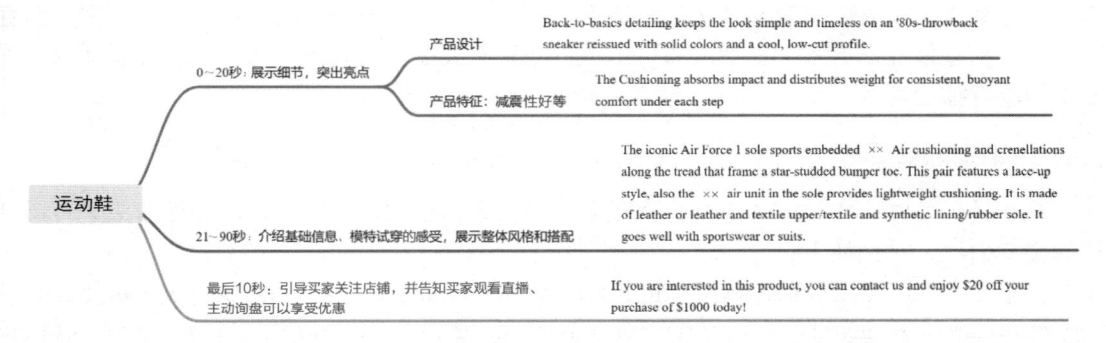

图 6-13　运动鞋的脚本导图

2．十步法

单品脚本的十步法通过充分研究产品品牌、产品特点、竞品信息、买家需求等形成产品讲解，旨在充分展示品牌价值、产品卖点，增强买家的信心，从而促成交易。单品脚本的十步法的具体内容如表 6-3 所示。

表 6-3　单品脚本的十步法的具体内容

步骤	要点	描述
第一步	场景引导	引导买家联想产品在生活中有哪些适用场景，通过对这些场景进行生动的描述，使买家产生共鸣
第二步	产品概况	由表及里，分步骤描述产品的包装、规格、成分、色彩、触感、口感，以及使用时的感觉等
第三步	产品品牌	介绍品牌优势，增强可信度，提升品牌形象
第四步	店铺详情	扬长避短且客观展示店铺的优势
第五步	卖点罗列	逐一罗列产品的优势，体现主播的专业性
第六步	竞品对比	通过竞品差异分析，强化产品优势
第七步	深挖优势	选择一两个最突出且最能打动人的产品优势进行深度讲解

续表

步骤	要点	描述
第八步	买家评价	展示其他买家对产品的好评
第九步	利益传达	介绍直播优惠，让买家感受到专属的尊重
第十步	限时限量	提供专属优惠且限时限量。用坚定的语言让买家感受到产品的稀缺性，从而促成交易

三、直播话术

直播话术是指在直播过程中，主播根据直播内容、目标受众和直播目的所设计的标准化或策略化的语言。直播话术是直播脚本中重要的一部分。

在直播执行的各个环节，主播都需要合理地进行语言表达，从而让直播具有吸引力，并提升直播效果。此外，采取系统化的直播话术策略，有助于形成直播销售的闭环。常见的直播话术包括直播开场话术、直播产品话术、引导买家关注直播间的话术、活动开展话术、预告下一场直播的话术。

1. 直播开场话术

在直播开始时，主播需要进行直播暖场，与买家打招呼、进行互动，并告知买家本场直播的主要内容。示例如下。

主播1：Hello everyone! So nice to meet you here at our live stream, today we are having a very important person which is very famous in our industry, he will bring us the recent news of our industry and give us a fresh idea for next season, let's welcome!

主播2：Have you ever heard that there is a breaking news in ×× industry that ×× happening? This will affect the materials price; we are so afraid the products price might go higher in the next coming season. But at our live you don't have to worry about this issue, because we have the large storage of materials, that can support our products at a reasonable price with no problem, if you would like to check the details please comments yes, our sales manager will reach on you and send you all details.

2. 直播产品话术

直播产品话术是直播脚本中的重点部分。常见的直播产品话术包括新品话术、产品介绍话术、爆品话术等。

1）新品话术

新品话术的示例如下。

（1）Hi ×××, welcome to my ×× (event name)live room! Have a look and see if there is any discount that interests you.

（2）You may input "Good" in the comment section and once we count 66 Good, we will send some ××× USD coupons.

（3）Here we have prepared some free samples as gift and if you are the first to answer the question correctly in the next prize quiz, you may have the chance to get them.

2）产品介绍话术

产品介绍话术的示例如下。

（1）Hi ××× (the customer's name) from ××(country), you came just the right time, we are introducing the product and there is some special offer.

（2）If you follow our store now, you may get a ××× USD coupon. Slightly move your fingers.

（3）The product I review now is NO.(×) product, the link is below. If you are interested, you may click the link to enter the store or you may comment 1 and I will introduce more details to you.

3）爆品话术

爆品话术的示例如下。

（1）The next friend coming to the live room will be the lucky guy to receive a discount for this hot-selling product. ×××, you are the lucky guy.

（2）Please comment the product name you want to learn about, and I will first introduce the most frequently asked product.

（3）Today we offer special MOQ for this hot-selling product and only today. Seize the opportunity, friends!

3．引导买家关注直播间的话术

引导买家关注直播间可以稳定直播间的流量。引导买家关注直播间的话术的示例如下。

（1）If you wanna me to give you some demonstration that you can directly see, then how can you not give me a comment now? Come to our live room at (time), don't be shy, tell me what you want to know. I can't wait to show you such a popular product.

（2）We have produced a lot of new products, some of which you are interested in, we will conduct a live broadcast at ××× (time), you can come and watch it.

（3）Do you want to get more product usage suggestions and experience sharing? Subscribe to our live broadcast room, we will provide you with the most comprehensive product usage guide!

4．活动开展话术

在直播过程中，买家的点赞、回复等动作都可以营造销售氛围。因此，主播要熟练运用活动开展话术，重复提醒买家，以提升直播间的人气。活动开展话术的示例如下。

（1）Hey guys, don't forget anyone who comments us can get $100 off coupon!

（2）There are two ways to get our coupons! To comment us or follow us!

（3）If you want extra discount, the coupons are your way! We are having 200 pcs of $300 coupons for you, please don't forget to click and save!

5．预告下一场直播的话术

每一场直播都有始有终，在直播结束的时候，主播合理地预告下一场直播可以提升买家的重复关注度。预告下一场直播的话术的示例如下。

（1）Thank you so much for watching our live, time is so fast, so hard to say goodbye, please come to see us in next time.

Our live broadcast start time:×××(time).

（2）The next live stream we will show you the hottest products right selling in your market, please don't forget to set alarm and come to check it out.

Subscribe to the next live broadcast, don't miss it.

Live broadcast start time:×××(time).

（3）I love live stream, because I can talk with you guys directly, hate to say goodbye, but I will have to, remember our next live is right on ××× (time), I will see you guys there, will miss you all!

四、直播排品

直播排品即对直播产品进行排序，它是影响直播销量的重要因素。直播排品包括确定产品配比、根据排品策略输出排品方案两个步骤。

（1）确定产品配比。对于引流款产品、爆品、利润款产品，主播需要确定其库存比例，合理进行搭配，以便为买家提供良好的体验。

（2）根据排品策略输出排品方案。排品方案包括单品循环、少品循环、多品搭配3种。单品循环是指一直以推荐爆品为主，穿插讲解其他产品的方案。在讲解爆品时，主播需要限量上库存，按照固定框架循环讲解产品。单品循环适合初阶和产品品类少的卖家。在单品循环过程中，主播可以将主推单品与其他产品进行搭配介绍。少品循环是指对4~8个主推产品进行循环介绍的方案。少品循环的优点是主播可以把主推产品的卖点表达清楚，让买家在每次进入直播间时都能比较便利地接触到主推产品。多品搭配是指采取利润款产品、爆品、引流款产品相结合的方式进行排品的方案。多品搭配适合产品品类多、上新速度快的卖家。

第四节　直播销售

一、主播的表现

商业源于需求的交换，满足买家的需求是卖家生存的根本。在直播电商行业，直播间只有不断满足买家的需求、为买家创造价值，才能持续获得买家。买家在直播间停留、购物，其内在的价值需求可以概况为情绪价值、信息价值、产品价值、信用价值。主播作为直接与买家沟通的角色，是传递价值的重要媒介。因此，从满足买家需求的能力出发，主播及其团队需要在上述4项价值上做提升，从而不断满足买家的需求。主播良好的展示包括形象得体、语言驾驭能力强、镜头感好等，素养高的主播能准确传递价值、促进成交。

主播的形象是主播给予买家的第一印象。主播的形象包括妆容、发型、表情、站姿、坐姿、手势等方面，如图6-14所示。主播的妆容需要贴合品牌形象、主题、产品。主播的形象要与场景相符，要能让买家找到记忆点。主播还要进行合理的肢体管理，用肢体引导焦点、强化视觉、辅助呈现。

① 妆容　② 发型　③ 表情　④ 站姿　⑤ 坐姿　⑥ 手势

图6-14　主播的形象

语言驾驭能力是衡量主播表现的重要维度之一。首先，主播应具备外语功底，以便与买家顺畅沟通，对买家的疑问及时给出答复，并解释清楚产品的功能、卖点等。其次，语速是传递信息的关键因素之一，主播应该尽量做到吐字清晰、语速适中。最后，主播应该通过抑扬顿挫、轻重缓急、高低强弱等的语调变化来表达思想、态度、情感。

镜头感也是衡量主播表现的一个重要维度。镜头感是通过对自身和物体远近大小、中心视角的转换，从而给观看者带来的体验和感受。主播的镜头感需要从镜头捕捉、灯光捕捉、角度捕捉、眼神捕捉4个方面进行培养与训练。

二、日常营销直播

1. 发起直播

日常营销直播的主题一般为内容营销（如新品发布等），目的是用优质的直播内容吸引优质买家并促进其转化。

PC端的卖家打开阿里直播→选择"电脑开播"→选择已经创建好的直播→单击推流→进入开播工具。在"阿里直播"界面中单击"电脑开播"按钮，即可打开开播页面，如图6-15所示。

图6-15　PC端的直播

App端的卖家要进行直播时，需要登录阿里巴巴卖家App端，在工具中找到直播，选择"直播列表"中已创建的直播场次，点击"立即开始直播"按钮，即可在App端开始直播，如图6-16所示。

图 6-16　App 端的直播

2．直播演绎

直播演绎是直播过程的关键和核心。在直播演绎中，直播团队需要按照规划的过程，开展直播活动。主播在直播时要时刻掌握主动权和控制权，要有主场感，并要带动全场节奏。一场直播可以分为开场预热、产品销售、下播收尾 3 个阶段。

1）开场预热阶段

开场预热阶段的目的一般有渗透营销目的、引发买家的兴趣、带入直播场景、促进买家推荐等。主播可以采用"开场三板斧"的方式进行有效开场：首先，按照直播脚本，使用开场话术暖场，以拉近与买家的距离，如主播可以进行自我介绍、介绍主办方、介绍直播话题、介绍直播时长、介绍本场直播的流程等；其次，主播可以提出问题，引导买家思考相关问题，让买家有参与感，同时让自己快速了解买家的基本情况；最后，主播可以借助互联网热点，拉近与买家的距离。

2）产品销售阶段

产品销售阶段是直播中最重要的阶段。此时，买家已经进入直播间，主播需要按照直播脚本对产品进行介绍，同时把握好直播节奏。

由于在直播策划阶段已经对直播活动进行了整体的规划，因此主播在产品销售阶段最重要的任务是根据时间安排推进直播，并根据直播实际的节奏，调整产品介绍的速度，以保证买家的观看体验和直播带货效果。

直播持续时间较长时，一般会穿插一些互动来提升直播的娱乐性，以带动买家的情绪。因此，主播需要在产品销售阶段按照直播脚本与买家进行有效互动，并根据买家对互动和产品介绍的反馈，进行灵活调整，从而对直播效果产生积极、正面的影响。

在直播过程中，主播要时刻关注相关数据、买家的反馈，及时调整直播节奏，避免买家流失。如果出现尴尬、冷场等情况，主播就需要及时调整话题，以保障直播顺利进行。

在直播过程中，主播不可避免地会遇到突发状况。这时，主播需要在不打乱直播节奏的前提下采取应对措施，以保障直播的顺利进行。

3）下播收尾阶段

在下播收尾阶段，主播需要进行下一场直播预告，为下一场直播引流；同时，需要提醒买家关注直播间，感谢买家的陪伴，并给买家送一些福利。

三、日常工位接待

在跨境贸易中，双方的信任问题一直是海外买家最大的痛点。买家调研发现，通过音视频的形式与卖家互动，可以增强买家对卖家的信任，使其愿意与卖家达成合作。B 类贸易大都是计划采购，难以复刻 C 类直播的特征。因此，卖家利用直播工具在工位接待买家，买家无须露脸即可看到卖家的实时状态。通过还原线下档口的采购体验，卖家可以促进店铺营销效果的提升。

日常工位接待有助于获取买家的信任，大部分买家在产品详情页看到真人接待时，更愿意与卖家进行沟通。日常工位接待可以起到即时回复的作用，买家在直播间的提问可以快速得到语音回复，从而促进优质商机的转化。当有买家进入直播间时，摄像头被打开，可以促进卖家高效响应买家。

日常工位接待是阿里巴巴国际站推出的直播新模式，无须卖家重金打造线下直播间、准备直播脚本、创建直播预告，卖家为工位上的电脑配置摄像头即可开播。卖家在每周的工作日均应开播，推荐直播频率为每周 5 天，每天至少 4 小时，每周至少接待 20 小时。

卖家应在上班时间即开启接待工作，时间越长，效果越好。根据中小型企业的需求，阿里巴巴国际站不断应用 AI 等新技术，把简单的在线接待升级为工位接待，让沟通更加实时化；提供了多场景联动功能，帮助中小型企业高效获取并转化优质商机。

卖家从网页进入 My Alibaba 后台，选择"媒体中心"→"我的直播"选项，单击"创建正式直播"按钮，单击"日常工位接待"中的"立即接待"按钮，即可发起日常工作接待，如图 6-17 所示。卖家也可以通过"阿里卖家"程序发起工位接待：在"阿里卖家"PC 端一级入口处升级展示"工位接待"，接待的头像为卖家账号。在 App 端进行操作时，卖家需要在工具中找到直播，点击"工位接待"按钮，点击"开始工位接待"按钮。

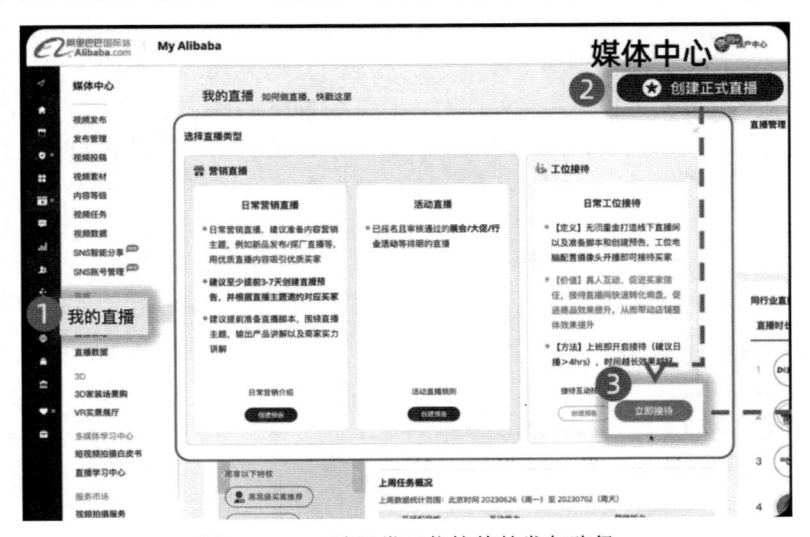

图 6-17　PC 端日常工位接待的发起路径

卖家在 PC 端接待买家时，系统会展示悬浮接待小窗，如图 6-18 所示。卖家在使用其他软件时也可以查看直播状态，系统支持卖家边工作边接待。悬浮接待小窗是卖家的直播工具的简化版，卖家的直播工具基础画面的变化会被同步至悬浮接待小窗。

图 6-18　悬浮接待小窗

四、直播互动

在直播过程中，主播应积极地与买家互动，以激发买家做出点赞和评论的行为，延长买家在直播间停留的时间，最终实现维持良好的直播氛围、促成直播转化的目标。常见的直播互动形式包括沟通型互动和福利型互动两种类型。

（1）沟通型互动包括产品问答和聊天连麦。产品问答是指主播引出一个与产品相关的话题，让买家参与话题讨论。通过产品问答，主播可以帮助买家了解产品详情，体现主播的专业性，增强买家对卖家的信任。聊天连麦也是常见的互动方式。聊天连麦可以建立主播与买家平等对话的场景，拉近主播与买家的距离，让买家卸下心理防备。

（2）福利型互动包括抽奖、派发红包、派发福利。抽奖是一种具有乐趣、可以调动买家互动积极性的有效方式之一。主播可以利用抽奖的规则延长买家在直播间停留的时间。例如，主播可以让买家通过回复关键词或回答问题来参与抽奖。抽奖规则应公正，主播要让买家了解抽奖及中奖结果。在直播间派发红包，给予买家可见的利益，是聚集人气的有效方式。

主播既可以约定时间派发红包，又可以当场开启倒计时来派发红包。约定时间派发红包可以在宣传时进行直播预告，邀请更多买家参与。当场开启倒计时来派发红包可以有效地活跃直播间的气氛，增加买家领取红包的刺激感和紧迫感。在不同类型的直播间，主播应当采取不同的红包派发策略。在人数较少的直播间，主播可以采取介绍产品和派发红包交替的方式，以延长买家在直播间停留的时间。在直播间在线人数超过 500 人的成熟直播间，主播可以在流量节点或互动节点派发红包，以提升买家参与转发或互动的积极性。

派发福利也是主播在直播间常用的互动技巧。福利一般是对买家有吸引力的新产品或者爆品。派发福利的过程应该分散进行，以便有效地激发买家的兴趣，保持整场直播的活跃程度。福利一般是对不同买家行为的指定奖励，包括连续签到送福利、回答问题送福利等形式。连续签到送福利是对买家持续观看直播行为的奖励。回答问题送福利可以鼓励买家了解产品。

本 章 小 结

本章主要介绍了阿里巴巴国际站的直播营销：第一节介绍了直播运营管理，包括直播的实施流程与直播营销能力模型、直播策划、直播准备、直播复盘等内容；第二节介绍了直播流量运营，包括直播流量的结构、直播流量运营策略、私域流量运营等内容；第三节介绍了直播脚本撰写，包括整场直播脚本、单品脚本、直播话术、直播排品等内容；第四节介绍了直播销售，包括主播的表现、日常营销直播、日常工位接待、直播互动等内容。通过学习本章，读者应能运用直播营销这个工具，促进买家与卖家互动，有效地进行粉丝运营。

本 章 练 习

一、选择题

1. 在跨境电商 B2B 直播类型中，日常工位接待能起到的主要作用是（   ）。
   A. 与买家进行真人互动，快速转化询盘
   B. 广泛推广引流
   C. 用优质的直播内容吸引优质买家
   D. 响应活动要求
2. 优化直播内容质量的主要做法是（   ）。
   A. 投放直播广告
   B. 与买家互动
   C. 优化脚本节奏
   D. 增加开播次数
3. 在开播时，可以帮助直播间直接获取流量的方式是（   ）。
   A. 在直播间发购物红包
   B. 增加与买家的互动
   C. 在直播间上架产品
   D. 投放直播间广告，增加曝光量
4. 以下关于单品脚本的说法，错误的是（   ）。
   A. 在 0～20 秒讲解产品的卖点
   B. 在 21～90 秒展开讲解产品的基础信息
   C. 在 90～180 秒介绍关联产品
   D. 在最后 10 秒，主播引导买家主动发起询盘
5. 某店当天直播的观看人数是 1260 人，转化率为 4.32%，客单价为 100 元。那么该店

当天的销售总额是（　　　）元。

A．12 600　　　　B．544.32　　　　C．54 432　　　　D．126

二、判断题

1．高频开播能够帮我们运营好自己店铺的粉丝，让粉丝在每周的固定时间通过观看直播来查看店铺和产品的最新动态。（　　）

2．直播间中所有出镜人员都需要进行直播报备。（　　）

3．在发布直播时，选择的类目必须和实际的主营类目一致，否则直播在相应的直播类目下无法出现。（　　）

4．直播阶段界定了直播的执行过程，一般包括开场预热、售卖初期、售卖高潮期、售卖结尾期、直播收尾等阶段。（　　）

5．主播良好的展示包括形象得体、语言驾驭能力强、镜头感好等。（　　）

三、实训题

某全球跨境电商企业开展直播营销，其主要产品的图片如图 6-19 所示。请你与团队协作完成女装行业日常营销直播任务。

（1）启动日常直播。

（2）设置直播封面。

（3）根据直播脚本进行产品讲解。

（4）根据买家的反馈优化、调整直播。

图 6-19　主要产品的图片

第七章　商机获取

客户带来商机，商机源于联系。

> **导入案例**
>
> 借助数字贸易平台，用一颗螺丝钉拧出全球跨境大梦想
>
> 　　刘某是一名勇闯重工业行业的女将。早在 1999 年，她就以翻译身份进入紧固件行业，随后的工作经历也大多与此相关。在积累了数年的工作经验后，她决定自己创业，继续深耕被誉为"工业之米"的紧固件行业，用一颗螺丝钉拧出全球跨境大梦想。
>
> 　　入驻阿里巴巴国际站不过 3 年的时间，如今的她已经跻身阿里巴巴国际站 SKA 商家之列，是阿里巴巴国际站紧固件行业的领袖商家。
>
> 　　"通过选品、数据参谋、榜单产品，选定市场去定点投放广告，马上就有了效果，很快就收到了客户的询盘报价。当天收到询盘，当天就成交了，客户当天就打了预付款。"全身心投入跨境电商的老外贸人感受到了从选品到成单的全过程中，大数据所发挥的作用。
>
> 　　刘某透露："客户最开始给我们发了询盘，一开始只给了金额很小的订单，金额只有 3000 多美元，后来又给了金额为十几万美元的返单。通过努力，我们签订了一个金额为 200 万美元的订单。"
>
> 　　刘某还说："我们之前联系过这位客户，但没有开发成功。后来，这位客户看到我们已经成为阿里巴巴国际站的五星商家，还是实力工厂，便认可了我们，向我们发来了询盘。"刘某很清楚，在商机获取和建立客户关系上，阿里巴巴国际站的平台背书起到了明确的推动作用，这种推动作用伴随她们自己在平台上积蓄的能量而持续增强。
>
> 　　在外贸领域，马太效应同样明显——一旦你的产品卖到了他们的市场，如果体量够大，那么当地圈子里的人都会知道你的产品，就会形成良性循环，你的生意就会越做越大。
>
> 　　刘某表示："以前通过线下做传统外贸，业务员每天收到的询盘量不多，成长比较慢，人员稳定性也会比较差。通过阿里巴巴国际站平台，行业的预判比以往要快很多，有利于提前布局，做好市场准备，商机获取也变得更加可控，对销售的增长有着很大的帮助。"

第一节 RFQ 商机获取

寻找商机是开展业务时所面临的首要问题。其中,如何获取商机是关键。商机无论大小,都需要通过行业背景研究、市场调查、客户开发、业务分析与总结等方式来获取。

一、RFQ 商机的来源

1. RFQ 的概念

RFQ(Request for Quotation,请求报价)是国际贸易专业术语之一。在国际贸易双方的业务往来中,交易双方往往通过发送电子邮件的方式建立业务关系,并紧密围绕"价格"这一核心要素进行询价、报价、还价,进而达成交易。运用电子邮件开展外贸函电与沟通,构成外贸函电中询盘、发盘、还盘、接受四大环节,其中询盘是首要环节。确定采购意向,并在函电中请求对方报价的过程即为 RFQ。

在阿里巴巴国际站等外贸平台,RFQ 特指"采购直达",是指客户主动填写采购需求,委托阿里巴巴国际站寻找合适的商家,商家可查看采购需求,根据客户的要求及时报价。例如,通过阿里巴巴国际站开展国际业务,客户会主动发布采购需求,商家可以从海量的市场信息中挑选合适的客户进行报价。RFQ 能够大幅度提高客户的采购效率,同时帮助商家更好地完成订单转化,并赢得更多高质量的客户。RFQ 的主要流程:客户发布采购需求→需求审核→商家报价→报价审核→客户查看报价→双方沟通→达成交易。

从 RFQ 开始,到双方谈判成功,业务员需要针对特定的 RFQ 进行报价。业务员要善于运用各种技巧,与客户建立联系与进行沟通,将 RFQ 促成实盘,最后签订买卖合同。

2. RFQ 的主要来源

1)系统推荐

阿里巴巴国际站根据商家在网站上发布的主营产品信息及客户采购的地域要求,让系统进行匹配并发送通知,商家可以针对推荐的 RFQ 进行报价。操作步骤如下:进入 My Alibaba 后台,选择"RFQ Market"选项(见图 7-1),进入 RFQ Market 界面,该界面上显示"为你推荐的商机"(Recommended RFQs),即系统推荐的 RFQ,如图 7-2 所示。选择想要报价的 RFQ,单击"立即报价"(Quote Now)按钮,即可对此 RFQ 进行报价。

2)自主定制/订阅

商家应根据自己经营的产品及商业偏好设置产品关键词,订阅自己的 RFQ。由于系统推荐的 RFQ 是众多 RFQ 中的一部分,因此商家可以根据业务需求,自行定制与业务相关的 RFQ。操作步骤如下:进入 My Alibaba 后台,选择"RFQ Market"选项,单击"请前往商机订阅设置"超链接(见图 7-3),设置订阅类目及关键词、选择推送方式(见图 7-4)。注意:订阅类目最多可以选择 5 个,关键词最多可以选择 24 个。在设置成功后,系统会根据定制条件为卖家匹配 RFQ 并发送通知。

第七章 商机获取

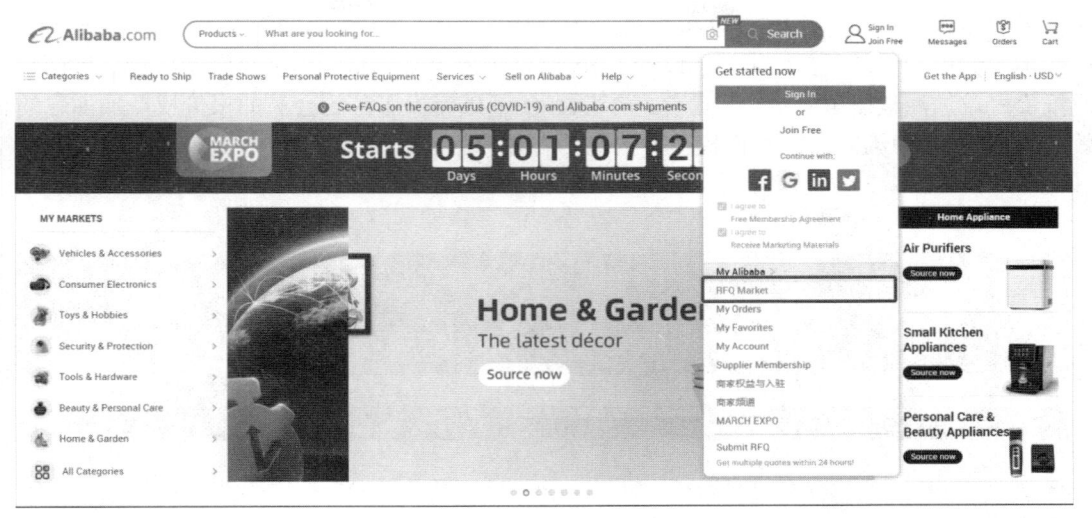

图 7-1 "RFQ Market"选项

图 7-2 系统推荐的 RFQ

3）采购直达平台

商家可以进入采购直达平台的公开招标频道，直接搜索 RFQ（见图 7-5），从中选择合适的 RFQ 主动进行报价。如果搜索结果不多，就说明该产品最近的采购热度一般，商家可以更换其他关键词进行搜索。另外，商家还可以购买更多 RFQ 加油包服务，获取更多的报价权益。操作步骤如下：单击"权益购买"按钮（见图 7-6），选择"采购直达"选项卡（见图 7-7）。

133

这里需要注意：①购买了 RFQ 基础商机服务的会员和中国商家可以选购报价权益加油包；②在购买报价权益加油包后，通过 My Alibaba 后台进入"采购直达"→"我的权益"界面，开通报价权益加油包服务即可；③目前，购买 RFQ 基础商机服务的会员的报价权益加油包的有效期为 90 天，中国商家的报价权益加油包的有效期为 90 天/180 天。

图 7-3　RFQ 订阅端口

图 7-4　设置订阅类目及关键词、选择推送方式

第七章 商机获取

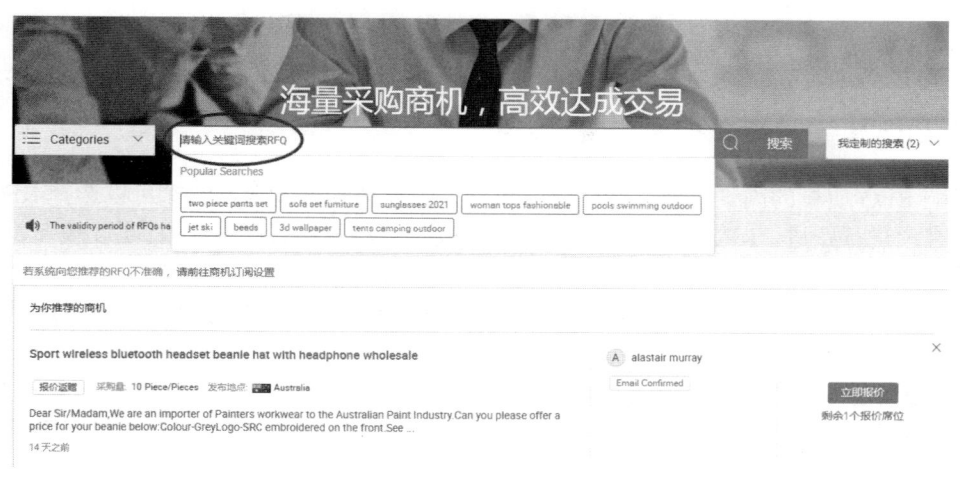

图 7-5 搜索 RFQ

图 7-6 "权益购买"按钮

图 7-7 "采购直达"选项卡

135

二、RFQ 质量分析与报价要点

1. RFQ 质量分析

影响 RFQ 质量的因素主要有产品、需求量、描述详细程度等，商家可以选择 RFQ 质量较高的客户进行跟进。RFQ 有"Premier"标志的客户是通过认证的，其真实性较高、采购能力较强，可以被初步判断为优质客户，应被重点跟进。

（1）产品。商家应从产品供应能力、货源等角度考虑自己的产品是否符合客户需求，若能够稳定、长期供应，则可以考虑进行报价。

（2）需求量。一般来说，RFQ 的直接性较强，发布 RFQ 的客户都是有确切采购需求的，只是需求量不同。商家可以对需求量大的客户优先报价，对需求量小的客户认真跟进，以开发出长期合作的客户。

（3）描述详细程度。对于发布的需求比较详细、有具体应用及详细参数的客户，商家要进行重点关注与密切跟进。商家也可以根据客户的信息在网上进行搜索，以验证其真实性，从而进行甄别和筛选。

2. 报价要点

RFQ 考虑的因素主要有价格、报价内容、报价时效性、客户的分类管理等。

（1）合理设置价格。价格要围绕产品成本和预期利润进行合理设置，建议商家将价格设置为接近或略低于市场正常价格的水平。价格设置得过高，产品将很难被销售出去；价格设置得过低，不仅会影响产品的预期利润率，还会影响客户对产品质量的判断。

（2）合理安排报价内容。在报价前，商家需要完善自己的产品。因为 RFQ 是可以选择产品的，所以商家可以选择与主营产品最接近、描述最清楚的客户进行报价。商家在进行报价时，除价格外，还可以将企业介绍、企业的网址等详细信息放入描述中，并附上客户要求的产品详情图片、包装图片、产品认证等信息。通过产品详情页，客户可以了解产品品质、货源供应情况等。

（3）特别关注报价时效性。商家要特别关注报价时效性，及时进行报价并主动联系客户。在 RFQ 市场通过报价查询到客户的联系方式后，商家可以根据客户公布的电子邮箱、电话号码等信息主动联系客户，抢占商业先机。

（4）对 RFQ 客户进行分类管理。商家可以根据客户 RFQ 需求量的大小及采购量，将客户分为 A、B、C 3 类，对不同的客户进行分析和管理。此外，商家还要考虑客户所提供信息的真实性、准确性、全面性，筛选并识别目标客户。

第二节　EDM

一、EDM 概述

EDM 的全称为 E-mail Direct Marketing，即电子邮件直接营销，又称 E-mail 营销、电子邮件营销，是指商家在用户事先许可（如用户注册会员、主动订阅品牌方资讯或电子邮件推送）的前提下，通过电子邮件的方式向目标客户传递价值信息的一种网络营销手段。其定义包含 3 个基本因素：基于用户许可、通过电子邮件传递信息、信息对目标客户是有价值的。

EDM 是目前外贸平台上常见的一种引流方式，也是阿里巴巴国际站的基础营销工具，可以用于发送电子广告、产品，传递销售信息，进行市场调查、市场推广等活动。通常，商家需要用专业的 EDM 软件发送电子邮件。商家通过 EDM 软件向目标客户发送电子邮件，可以建立与目标客户的沟通渠道，并通过该渠道向目标客户直接传递相关信息，以促进销售。

1．EDM 的目的

通常，EDM 的目的包括挖掘新客户、维护老客户、提高高价值客户的品牌忠诚度、对老客户进行交叉销售、进行渠道管理与沟通、通知或培育客户、进行市场调查、进行测试（测试内容包括产品、广告、文案、设计等）、进行品牌推广、制订媒体投放计划、进行客户细分与分析客户行为等。

要实施 EDM，商家就要明确 EDM 的目的。因为，目的不同导致要素不同，工具也就不同。管理流程及实施策略应与 EDM 的目的相匹配。

2．EDM 的优点

（1）精准、有效：EDM 可以精确筛选电子邮件的发送对象，将特定的推广信息投递到特定的目标社群中。

（2）可实现内容的个性化定制：EDM 可以根据社群的差异，定制个性化的内容，让商家根据客户需求提供对客户最有价值和最有帮助的信息。

（3）信息丰富、全面：EDM 支持文本、图片、动画、音频、视频、超链接等多种图文格式，可展现的内容丰富而全面。

（4）具备追踪分析能力：EDM 可以根据客户的行为，统计各项指标数据并加以分析，从而达到获取销售线索的目的。

（5）营销范围广：电子邮件可以到达全球，只要在有网络的地方，商家就可以进行 EDM。

（6）成本低廉：EDM 的成本低廉且效果显著，能以低廉的成本获取较高的回报。

（7）针对性强，反馈率高：商家选择较为精准的客户并向其定向发送电子邮件，可以提高 EDM 的效果和反馈率。

（8）效率高：EDM 可以在瞬间完成传输工作，相比传统的营销方式更加快速、高效。

3．EDM 的技巧

（1）及时回复。在收到电子邮件时，商家要及时回复，即使仅回复"谢谢，来信已经收到"，也会起到良好的沟通效果。通常，商家收到电子邮件后应在一个工作日之内回复客户。如果碰到比较复杂的问题，需要一段时间才能准确地答复客户，那么应及时简单回复一下，说明情况。如果实在没有时间回复，那么可以采用自动回复的方式。

（2）避免无目标投递。商家不宜采用群发的形式向大量陌生的电子邮箱投递广告，否则，不但收效甚微，而且有可能被当作垃圾邮件处理，从而损害商家的形象。

（3）尊重客户。商家不要向同一个电子邮箱发送多封内容相同的电子邮件，当客户直接或间接地拒绝接收电子邮件时，绝对不可再向客户发送电子邮件，要尊重客户。

（4）内容要言简意赅。客户可能因时间有限，在看电子邮件时走马观花，所以电子邮件的内容要言简意赅，以充分吸引客户的眼球为目的。另外，商家在发送电子邮件前一定要仔细检查电子邮件的内容，保证语句通顺且没有错别字。

（5）附上联系方式。电子邮件一定要有签名并附上电话号码，以免客户需要找人协助或想进一步咨询时不知如何联系商家。

（6）尊重对方的隐私。在征得客户同意前，商家不得转发或出售发信人的名单与客户背景信息。

（7）坦承错误。若未能立即回复客户的询问或发错电子邮件，则商家要主动坦承错误并致歉。商家不能以没有收到电子邮件为借口，因为这样不仅无法吸引客户上门咨询，还可能把客户拒之门外。

4．EDM 的禁忌

（1）发件人的名称太随意。如何设置发件人的名称这一问题虽然很不起眼，但是会影响 EDM 的效果。客户在浏览电子邮件时，会很清楚地看到发件人的名称。想要做好 EDM，商家就必须大方地亮出自己的身份，这样才会给客户留下良好的第一印象。如果隐藏发件人的名称或发件人的名称不能清楚地表明其身份，这样的电子邮件就可能被当作垃圾邮件处理。

（2）电子邮件的主题不明确。紧跟在发件人名称后面的是电子邮件的主题，主题的质量关乎 EDM 的效果。电子邮件的主题一定要言简意赅，并且具有吸引力，让客户看到之后能产生阅读兴趣。

（3）电子邮件内容的质量不高。当客户看过发件人的名称、电子邮件的主题并进一步查看时，却发现电子邮件内容的质量很差，与电子邮件的主题相差甚远，就会失去继续阅读的兴趣。因此，可以说电子邮件内容的质量决定了 EDM 能否顺利进行。电子邮件的内容应多用图文混排的形式来增强视觉效果，还可以添加超链接，引导客户到商家的官方网站查看更多信息。

（4）电子邮件发送频繁。EDM 作为一种宣传推广的方式，在商家看来是多多益善的。但是，电子邮件不像电视广告那样经过多次传达就可以增强宣传效果，相反，过多的电子邮件只会引起客户反感，即使电子邮件的内容很好，也不会起到良好的宣传效果。

（5）将内容为附件。很多商家在进行 EDM 时采用添加附件的形式，目的是将更加全面的信息展示给客户。但是，从客户角度来说，下载附件是一件麻烦的事情，绝大多数客户在面对带有附件的电子邮件时会选择直接删除。而且，带有附件的电子邮件很容易被电子邮箱拦截并直接归档到垃圾邮件中，这样对营销不利。

二、EDM 邮件撰写

1．策划开发信的主题

开发信要有吸引人的主题，而且主题的内容要简洁。开发信的受众应该是通过客户背景调查而精心筛选出来的潜在客户。在了解客户需求后，商家要对开发信的主题进行个性化的策划。

一般来说，若一封开发信需要阐述的内容较多，则可以拆分成多封电子邮件，组成一个电子邮件群，一封电子邮件对应一个主题。商家不要试图通过一封电子邮件说清楚所有事情，因为客户的时间和兴趣是有限的。开发信的核心是提供有价值的信息。商家可以针对客户网站上的一个点做话题，这个点可以是某个产品的价格、质量、参数，也可以是行业信息、客户市场的小动态、客户的竞争对手添加了新产品等。

一个电子邮件群可以包含以下电子邮件。

第一封电子邮件：简单切入，大概介绍为什么联系客户，可以描述一些能够吸引客户的内容，如样品免费。

第二封电子邮件：提供电子目录，为后续联系做准备。

第三封电子邮件：提供报价单。

第四封电子邮件：提供能够证明商家实力和产品质量的图片，让客户放心。

第五封电子邮件：提供客户可能感兴趣的样品图片。

第六封电子邮件：说明能够降低成本的包装方式。

第七封电子邮件：提供验厂报告。

第八封电子邮件：进行新款推介，引起客户的兴趣。

2．撰写开发信的标题

随着跨境电商行业竞争激烈程度的提升，开发信的点开率和回复率越来越低，经过仔细分析可以发现，其根本原因在于开发信的标题不够吸引人，不能激发客户打开浏览的兴趣。如何写出让客户印象深刻的开发信标题呢？一般来说，开发信的标题有两种形式。

（1）客户的名字/优势产品、差异化产品/商家的名称。

在标题中写上客户的名字可以在第一时间吸引客户的注意力，让客户觉得这是专门写给他的电子邮件，从而拉近彼此间的距离。在标题中将商家的优势产品、差异化产品体现出来，能吸引专业客户。为了起到宣传作用，给客户留下深刻的印象，商家的名称一般要简写。

（2）客户的名字/主题/商家的名称。

使用客户的名字/主题/商家的名称也是常见的方法。主题可以根据客户需求进行设计，如促销活动、×××新性能的解决方案等。当客户有采购需求时，就能够快速地通过搜索关键词找到这封电子邮件。

3．撰写开发信的内容

1）开场白

开发信的开场白包括两个部分：称呼及电子邮件的第一句话。优质的开场白可以吸引客户的眼球，并吸引客户阅读后续正文。开场白的重点是提出相关性，当潜在客户点击主题看到电子邮件中的第一句话时，便可以判断该电子邮件是否与自己的业务有联系。因此，可以说开场白奠定了开发信的整体基调。商家可以在开场白中用简短的语句说明自己的身份、主营产品或主营业务和优势。例如："This is ××× from ××× company/factory, have been in this line ×× years."

2）正文

正文的主要目的是介绍产品优势。开发信应在开场白之后直接切入正题，并尽可能用两三句话让客户了解这封开发信的目的，让客户抓住其中的要点信息，以便客户了解商家的主营产品或主营业务。如果开发信的篇幅过长，客户有可能没耐心看完，商家就会失去交易机会。

3）结尾

开发信的结尾应有效体现商家的专业性，给客户留下良好的印象。一般来说，开发信通常以"Best regards""Thanks in advance"等作为结束词，还要考虑到业务的具体性，加以合适的结束词作为结尾。

三、EDM 分析的常见指标

1．邮件送达率

邮件送达率是用到达客户收件箱的电子邮件数除以电子邮件发送总数得到的百分比。使电子邮件成功到达客户的收件箱是一个相当复杂的过程。

2．邮件打开率

邮件打开率反映了有多少人（以百分比的形式）打开了商家发送的电子邮件。决定客户打开电子邮件的最主要的因素是客户对发件人的了解和信任，因此与客户建立良好的关系是非常重要的。在电子邮件的标题中使用商家的名称或品牌名有助于商家获得客户的信任。另外，合适的发送频率也是影响邮件打开率的一个关键因素。

3．邮件点击率

邮件点击率是通过电子邮件中的超链接访问商家网站的比例。对 EDM 来说，让客户点击邮件中的超链接算是成功的第一步。影响邮件点击率的因素有很多，如电子邮件的设计、内容、版式等，最重要的是电子邮件中的内容是否符合客户的"胃口"，即这些内容是否是个性化内容。

商家可以根据客户的地域、年龄、性别发送内容不同的电子邮件。如果有大量数据作为依托，那么商家可以根据客户以往的购买行为（如消费记录、电子邮件点击记录、网站访问记录等）发送有具针对性的电子邮件。

超链接的位置和样式也很重要，超链接务必用下画线和醒目的按钮来表示。吸引客户点击超链接需要一定的技巧，如果能让客户产生无法拒绝的感觉，就能收到很好的效果。

4．邮件退订率

邮件退订是指客户从商家电子邮箱中的收件人列表中自行退出的行为。它有两种方式：完全退订和针对某一列表退订。完全退订是指客户要求退出商家所有的收件人列表，不再接收由该商家发出的任何电子邮件。针对某一列表退订是指客户要求退出商家的某个收件人列表，不再接收由该商家发给这个列表中的收件人的任何电子邮件。

如果邮件退订率大幅上升，就说明 EDM 出现了问题。这时，商家要把新、老客户分开分析：如果是新客户的邮件退订率大幅上升，那么可能是新客户觉得电子邮件的内容没有达到其预期；如果是老客户的邮件退订率大幅上升，商家就要总结和分析最近发送的电子邮件的内容，评估最近的促销是否有吸引力。

电子邮件发送得过于频繁也会导致邮件退订率上升。一般来说，每周一次的频率比较合适，让客户自己选择喜欢的话题和产品促销种类也是维持客户持续接收电子邮件的一个重要手段。

5. 邮件转化率

营销的最终目的是实现销售。同样，EDM 的最终目的是让访问者完成注册账号、订阅资讯、购买产品等行为。因此，邮件转化率才是衡量 EDM 成功与否的重要指标。

商家可以通过清晰的文案、显眼的超链接/按钮、简洁的流程吸引客户仔细阅读电子邮件。用户注册/登录界面是抓住客户的最后机会，从客户角度出发进行的设计和撰写的内容有助于大幅提升邮件转化率。

四、EDM 实践

1. 情景描述

A 公司的业务员 Coral 在阿里巴巴国际站上收到一份客户的 RFQ，内容如下。

Hi!

We are looking for huge qty for insect killer.

Kindly send your product description and specification of different models.

Regards

Coral 报完 RFQ，得到了客户的电子邮箱、电话号码和企业信息，计划给客户发送开发信，进一步促进交易。

2. 案例解析

（1）步骤 1：进行客户背景调查。

在撰写开发信之前，Coral 需要对客户进行背景调查，这样既可以防范风险，又可以全面地了解和分析客户需求，以便提高开发信撰写的针对性、有效性。

首先，在 LinkedIn 中搜索客户的名字，查到客户是一家法国企业；客户邮箱为企业邮箱，说明该企业有一定的规模。

其次，根据客户电子邮箱域名在 Google 中搜索客户的企业网站，结果如图 7-8 所示。

再次，根据网站内容分析客户需求。客户的产品目录中没有当前采购的产品，但有同类产品，说明客户应该是要采购新产品来进行销售，并且对当前采购的产品不熟悉。因此，Coral 在写开发信时要重点突出 A 公司对目标市场的了解和其产品的专业性。另外，客户的产品目录分类较多，说明供应品种多、代销能力较强、价格敏感度不高，Coral 在给客户报价时，可适当提高价格。

最后，全面查询、了解客户的企业。Coral 通过 Google Maps 查看客户企业的规模；通过 Whois 查看客户的企业网站，查询域名的 IP 及所有者信息；通过 Alexa 分析网站服务器 IP、IP 所在地、网站综合排名、搜索流量占比。

图 7-8 客户的企业网站

（2）步骤 2：撰写第一封开发信。

第一封开发信应简单介绍 A 公司。因为客户在欧洲，而且有自己的品牌，所以第一封开发信应重点突出 A 公司经过了 CE 认证、RoHS 认证，A 公司产品的质量和 A 公司提供的服务，以及 A 公司合作过的欧洲品牌。示例如下。

Hi ×××,

Glad to know you are in the market for Electric mosquito swatter.

(×××Factory) mosquito swatter business model in China.

All our items is coming with CE, RoHS certification and we have special team for after sales services, also making nice quality in short time.

Had honor to serve(××× in France),(××× in Netherlands),(×××in ltaly).

Mosquito swatter will be sent in another separate email soon.

Coral

（3）步骤 3：撰写第二封开发信。

第二封开发信首先应向客户推荐 A 公司出口欧洲的产品的正常规格、款式，因为客户的业务性质为批零兼营，所以第二封开发信还应重点突出 A 公司与法国的零售商和批发商合作过，以增强客户的信心；其次，向客户推荐法国的热销款式、适合法国的产品包装、大概的价格范围；最后，增加一两款新产品供客户参考，并提供两款样品供客户测试。示例如下。

Dear ×××,

According to your requirement, the mosquito swatter we are supplying to Europe are mainly AA battery mosquito swatter.

In Europe market, we are working with many wholesalers and importers, most of our end-customers are home goods, outdoor product retailer.

Our products meet the standard of CE, RoHS, Reach.

Based on my experience, we think "×××" is more popular in your market.

As many of our customer from France are buying this type.

Which are hot sell on France market. "×××" now is more and more popular in Europe market.

It's one of our most competitive products so I'm sure that will be helpful to expand your business.

About ××× quantity, price vary from ×××USD - ×××USD per pcs based on different material, size and packaging.

Meanwhile, we think the best packaging way is blister packaging.

We believe this is suitable for your demand.

We have some reference cases and solutions of Franch customer like you, with our superior quality products, they got a good benefits. We believe it's a good supplement to your product offering.

What's more, if you have plan to expand the product suppliers, I think it's very worth to consider our MHR-1358Z.

Which are hot sell on Europe market. MHR-1358Z now is more and more popular in European market, it's more flexible.

This is the latest design which could be folding and easy to carry.

It's one of our most competitive products so I'm sure that will be helpful to expand your business.

If you have interest in cooperating with us, we can provide both types of mosquito swatter for your evaluation.

Hope fully to be your trustworthy supplier in China.

Your early reply will be appreciated.

Best regards,

Coral

（4）步骤4：撰写第三封开发信。

第三封开发信要提供产品的详细信息，如包装、阶梯报价等，让客户对产品信息一目了然。示例如下。

Hi ×××,

Here attached the "×××" detail information for your reference.

Item: ×××.

Unit price: USD ××× based on 500 pcs (EXW ×××).

USD ××× based on 1000 pcs (EXW ×××).

USD ××× based on 1500 pcs (EXW ×××).

Color Available: yellow, orange, red, blue, pink, green, black (can be customized).

Specification: 23cm * 54cm.

Material: ABS.

MOQ: 1000 pcs.

Sample time: 1 day.

Delivery time: within one week.

Product Weight: 240g/pcs.

Grid voltage: 2800V_3000V.

Certificate: CE, ROHS.

Payment terms: L/C,D/A,D/P,T/T, Western Union, MoneyGram, Paypal.

Period of validate: one month.

Packing:

Canton size: 55cm*33cm*55cm/0.1CBM/13KG.

Quantity per master canton: 50pcs.

Unit packaging: colorful plastic bag.

20'/40'/40HQ = 14000pcs/ 34900pcs/ 40900pcs.

Please find the detail specifications in attachment. Sample could be provide for evaluation.

Look forward to your reply.

Best regards,

Coral

（5）步骤 5：撰写第四封开发信。

第四封开发信应提供 CE 证书、RoHS 证书和检验报告供客户参考，让客户知道 A 公司了解客户所在的市场及相关认证。第四封开发信应展示产品优势，突出差异性，顺便提相关问题。示例如下。

Dear ×××,

Here attached our test report for your reference.

Please don't worry for the quality.

By the way, please find our mosquito swatter advantages as below:

(1) Three layer nets make it reliable and safe.

(2) No residual voltage after using 2 second.

(3) New board and components make function stable and longer service life.

(4) Separated negative and positive on the three layer nets, will have no electric shock when touching careless.

(5) Meet CE,RoHS requirement, contains no mercury, lead and other harmful substances.

By the way, which shipping way do you prefer? By sea or By air ?

What is your date of delivery ?

Please advise your comments and we will try our best to help you.

Look forward to hear from you soon.

Best regards,

Coral

（6）步骤 6：撰写第五封开发信。

第五封开发信应在收到客户回复后对客户的问题进行解答，并再次发送 RoHS 证书。示例如下。

Hi ×××,

Sorry for my late reply.

According to your questions, please find our reply as below:

(1) I check all docs and missing RoHS document, could you please send it to me?

Answer: Please find the RoHS document in attachment, thanks.

(2) On the test report the item ref is ××× and not ×××, could you please explain and send me the good test report?

Answer: The test report is for all of our ××× series, the ××× series's PCB (circuit board) and raw material is same, only the shape is different. ××× means large size, ××× means middle size, ××× means small size. Please don't worry the quality.

Best regards,

Coral

（7）步骤 7：客户开发完成。

当客户开始回复并提问时，客户开发就已基本完成，后续进入交易磋商阶段，商家和客户就具体交易环节（如样品寄送与确认、包装设计与确定、发送付款账号等）进行磋商。最后，客户确认订单，交易达成。

第三节 询盘回复

询盘（Enquiry/Inquiry）又称询价，是指买方或卖方为了购买或销售某种产品，向对方询问有关交易条件（如产品的品质、规格、价格、装运等）的表示。进出口交易通常从市场调查开始，然后建立业务关系，接着是询盘、报价（Quotations）、发盘（Offers）、接受（Acceptance）、发货（Delivery of Goods）、押汇（Negotiation for Documents）。对一笔特定的交易而言，询盘是商业谈判中实质性的第一步。

一、询盘概述

询盘实质上是邀请对方发盘（Invitation of Offers），在商法中属于邀请要约。询盘可以分成两种：一种是仅询问价格，索取产品目录或样品，被称为一般询盘；另一种则包括特定产品的各项交易条件，被称为具体询盘。

询盘的内容可以涉及价格、规格、品质、数量、包装、装运及索取样品等。由于多数询盘只是询问价格，因此业务上常把询盘称作询价。

询盘的形式多样，如口头询盘、书面询盘、电子邮件询盘等。

关于询盘的法律效力：在实际业务中，询盘只是探寻买或卖的可能性，所以不具有法律上的约束力，询盘的一方对能否达成协议不负任何责任。由于询盘不具有法律上的约束力，因此它可以作为与对方的试探性接触，询盘人可以同时向若干交易对象发出询盘。在合同订立后，询盘的内容成为磋商文件中不可分割的部分，若双方发生争议，则询盘的内容可以作为处理争议的依据。

1．询盘的发送方式

跨境电商询盘的发送方式通常有以下 3 种。

（1）通过平台发送询盘。在跨境电商平台上，买方可以直接向卖方发送询盘。跨境电商平台会为买方提供询盘模板，帮助买方更好地描述需求。阿里巴巴国际站的询盘如图 7-9 所示。

图 7-9　阿里巴巴国际站的询盘

（2）通过电子邮件发送询盘。买方可以通过电子邮件向卖方发送询盘。电子邮件的格式和内容需要买方自己设计。

（3）通过第三方服务发送询盘。有些企业专门提供跨境电商询盘服务，买方可以利用第三方服务向多个卖方发送询盘，并对比卖方的回复，选择合适的交易对象。

2．询盘的分类

1）买方询盘与卖方询盘

买方询盘是买方主动发出的向卖方询购所需产品的函电。在实际业务中，询盘一般多由买方向卖方发出，因此买方询价形式的询盘最多（后文介绍的都是买方询盘）。对于多数大批量产品，买方应同时向不同地域的不同厂商分别询盘，以了解国际市场行情，争取最佳交易条件。对于规格复杂的产品，买方不仅要询问价格，还要询问详细规格、数量等，以免因往返磋商而浪费时间。虽然询盘无法律上的约束力，但是买方还是要尽量避免仅询盘而无购买诚意的做法，否则容易失去诚信。对于垄断性较强的产品，买方应提出较多品种，要求卖方一一报价，以防卖方趁机抬价。

卖方询盘是卖方向买方发出的征询其购买意见的函电。卖方向买方发出询盘大多发生在市场处于动荡时期及供求关系反常的情况下，目的是探听市场虚实，选择成交时机，主动寻号码找有利的交易条件。

2）一般询盘与具体询盘

一般询盘是对产品的整体了解，买方只是想了解产品的大概信息，一般会索要价格表、产品目录、样品等，并表明下订单的可能性。具体询盘是当买方打算购买特定的产品时，询问特定产品的参数及报价的函电。

二、询盘分析

1. 通过组成要素来分析询盘

（1）分析地域。通过查看买方的详细信息，卖方可以判断出询盘来自哪个地域，并判断买方描述的国籍及地址与实际的发盘信息是否相符。如果买方在询盘中自述来自美国，IP 地址却来自中国，就可能是同行在收集信息。

（2）分析客户信息。通过查看买方的企业名称和网址，分析买方的企业网站等，卖方可以初步辨别买方的身份（是零售商还是批发商），以及是否代理过其他品牌；也可了解买方的信誉、经营范围、销售途径。

（3）分析联系方式。有电子邮箱、电话号码、传真等详细联系方式的询盘的可信度较高。另外，卖方还可以看买方的电子邮箱是免费邮箱还是企业邮箱。使用免费邮箱，说明买方还没有自己的网站或不想透露过多信息。企业邮箱一般都有自己的域名，也就是有网站主页。卖方可以在 Google 上对电子邮箱进行反查，或者通过 Skype、LinkedIn 等搜索买方企业官网。

2. 通过内容来分析询盘的价值

卖方可以查看询盘内容是否明确，涉及具体产品、行业术语等。卖方可以查看询盘中是否问到产品的详细信息（如产品的名称、具体型号、功能、技术参数等），是否问到产品的订单数量及价格，是否提及交货时间和付款方式等。一般来说，有具体规格或详细要求的询盘比较有价值。此类询盘通常会非常明确地告诉卖方买方对哪些产品感兴趣，或者同时要求卖方提供产品的报价、图片、特征或功能，以及外包装尺寸、毛重和运费等信息。但是，仅仅是笼统地索要样品或价格单的买方，其潜在购买需求一般较低。

3. 通过 IP 地址分析询盘

查询买方 IP 地址的具体操作方法如下：右击收到的电子邮件，在弹出的快捷菜单中选择"属性"→"详细信息"命令，即可查询 IP 所属的地域。

如果网站有计数器，那么卖方可以参考计数器中的 IP 记录，看看这个 IP 是不是浏览过该网站。一般来说，采用国外代理服务器访问国内工厂的网站比较困难，所以一般国内用户在访问时不会使用国外代理服务器，而会使用真实 IP 直接访问，只有在发送电子邮件的时候才可能使用国外代理服务器。卖方使用计数器还有一个好处，那就是可以知道浏览网页的买方是通过营销渠道进来的，还是通过点击 B2B 网站上的超链接进来的，或者是通过直接输入网站地址进来的。如果是通过直接输入网址进来的，卖方就需要查明买方的来源，以便为后期进行精准营销做分析与准备。另外，卖方还要确认买方发来电子邮件的时间，根据时差判断其发送电子邮件的时间，以便判断其身份。

三、询盘回复的原则

有效回复询盘是获取订单的第一步。客服在回复客户咨询时，应从专业角度为客户提供产品的信息，尽可能解决客户的疑问。客服应以促进销售为目标，向客户推荐可以满足其需求的产品。询盘回复的原则如下。

1．及时回复，态度礼貌，语言简练

客户总是希望尽快地得到回复，如果客服回复太慢，客户就可能转到其他同类产品的供应商处求购。

客服应在 24 小时之内回复客户的询盘。在阿里巴巴国际站，客服应在 6 小时之内回复客户的询盘。及时回复率越高，所获得的询盘量就越多。询盘回复率的相关数据如图 7-10 所示。回复的用语要礼貌，态度要真诚，称呼要得体，落款信息要准确。用语要简练，不要用长句或复杂句式，因为这样不利于与客户沟通。企业介绍要简洁，产品推荐要重点突出。勿把大段文字加粗加红并大写，这样会显得没礼貌。

图 7-10　询盘回复率的相关数据

2．积极主动，体贴且全面

客服应秉着服务至上的原则，积极主动地应对客户提出的问题。客服应主动理解客户问题的背后动机，针对客户需求解答问题。如果客服被动应答，无法提供解决方案，就会给客户带来推卸责任的感觉。

同时，客服应多替客户着想，体贴客户，让客户安心。客服在回复客户的询盘时，要回答客户提出的所有问题，不要遗漏任何重要内容。例如，当客户咨询产品信息时，客服要主动向客户提供两套及以上的解决方案，还可以提醒客户自己店铺推出的一些优惠活动，同时附上详细的联系方式，给客户留下店铺很正规的印象。

3．实事求是

客服不能为了达到销售目的而进行过度营销，更不能为了暂时敷衍客户的提问而做出过度承诺，而应实事求是。客服应对交易流程十分熟悉，对产品信息的描述应简洁、精准，可

附上产品细节图来展示产品的优势。如果客户询问价格、质量、交货期,那么客服要有针对性地进行回答。在报价时,客服要考虑以下具体因素:价格,即 FOB(Free on Board,离岸价格)、CIF(Cost Insurance and Freight,成本、保险费加运费)等各种价格;数量,即在什么时间内能提供多少产品;质量,即能提供什么样的质量保证,以及在生产过程中采取的措施等;包装,即什么样的包装、能装多少等;图片,即各种产品的图片等;样品,即各种能马上寄送的样品。

4. 内容个性化

在收到询盘后,客服首先要分析客户及客户所在行业、地域的市场行情。客服可以根据客户信息的完整性,将客户信息分为完整型客户信息和隐藏型客户信息。客服可以从数据库中查找并确认客户是否为老客户、同事的客户;找到客户的企业网站、电子邮箱,分析客户的需求量及意向价格;通过 LinkedIn、Meta、Skype、WhatsApp、Instagram、Twitter、Pinterest 等搜索客户资料,了解其活跃度,从而估计该客户对产品的需求量及其商业范围。

给重要客户的回复要有个性化的内容,先回复客户关心的问题。客服要了解客户的条款,把自己产品的卖点或与别人不一样的地方展示出来,为价格做铺垫,以防客户觉得价格太高。客服可以给客户发送重要的打折信息、尾货库存信息、最新产品设计信息和服务信息。个性化的措辞有利于提高邮件点击率和邮件转化率。

客服要通过询盘看出客户是在询问某个具体的产品还是一类产品。如果是前者,那么客服应给出具体的报价,给客户一个充足的购买理由,使其继续回复自己。如果是后者,那么客服应做一个精美的报价表,凸显一两个非常有竞争力的产品,让客户记住自己的报价。

5. 简洁明了

不要浪费客户的时间。通常,客户只会花几秒的时间看一封电子邮件,因此客服应尽可能让自己回复的内容简洁明了,句句说到要点。一封电子邮件不要超过 200 个词。

单词拼写和语法不要有任何错误。虽然外贸电子邮件中的单词拼写错误很常见,客户也很容易猜出是什么意思,但客服还是必须非常细心,避免因粗心犯低级错误而影响客户对客服自身及企业专业性的认知。因单词拼写错误和语法歧义而失去订单很可惜。特别是报价的信息,客服一定要确保计算正确、书写正确、表达准确。

四、询盘回复案例

远辰跨境电子商务有限公司在阿里巴巴国际站上销售女装,其客服收到客户发来的以下询盘。

Dear sir,
We are interested in the women's jacket. We need following information:
1.Exact specification of products.
2.Quality picture of the products and detailed quotation.
3.Shipment time.
4.Packing details.

We'd like to have you sample list. If your products are satisfactory, we are pleased to place an order with you.

Yours faithfully

Coral

1. 分析询盘

从询盘的组成要素、发送时间和内容完整度来分析：企业名称和网址真实可查，发送时间和国家时差一致，内容明确且涉及具体产品，在阿里巴巴国际站上的客户行为数据优质，采购意向明显。因此，该询盘可被判定为优质询盘，客服可以重点回复和跟进。

2. 回复询盘

根据案例中询盘的内容，客服整理思路，回复询盘如下。

Dear Coral,

Thank you for your inquiry on March. At your request, we are pleased to send you our quotation for the goods you required as follow:

Article: off shoulder women's dress.

Color: red, black, dark blue.

Size: 8 12 14 16.

Price: US $17.6/pc FOB Shenzhen.

Quantity: 5000 pcs.

Packing: carton.

Shipment: 30 days.

Insurance: to be covered by the buyer.

Terms of payment: by irrevocable documentary letter of credit in the seller's favor at sight.

We will await with keen interest your formal orders.

Yours faithfully

Ellian

3. 回复还盘

客服在回复询盘后第二天，收到客户的还盘，客户提出给予产品价格3%的折扣的要求。客服在面对客户还盘时，是接受还是拒绝，要具体问题具体分析。

1）无法给予价格优惠

当客户咨询的产品没有价格优惠时，客服应该有礼貌地、委婉地用合理的理由拒绝客户提出的降价要求。一般来说，拒绝降价的合理理由有以下几种。

（1）价格匹配高质量。例如，产品采用优质原材料，生产工艺先进，获得多项认证等。

（2）产品成本高。例如，原材料、人工成本、物流成本不断上涨导致产品成本高。

（3）利润低。例如，由于行业竞争激烈、价格透明，产品的利润很低。

（4）企业目前没有优惠活动，此系列产品的价格已经是最低的了。以下范文可供参考。

Dear Coral,

Thanks for your message. We are sorry that we can't accept your price.

We believe our price is reasonable and competitive. It is impossible that any other suppliers can quote as low as ours if their products are as good as ours in quality. Please consider products quality and our service.

The cost of raw material of the ×× products has been increased. The offered price has been carefully calculated and profit margin is very limited.

Thanks for your understanding. Look forward to your early reply.

Best Regards!

Ellian

2）可以给予价格优惠

如果企业的政策允许，价格正好在客服的权限范围内，那么客服可以用以退为进的方式给予客户价格优惠，即告知客户价格已经很合理，接着提出降价的条件，如要求客户增加订单数量。以下范文可供参考。

Dear Coral,

We are appreciative of your letter of March, which requested a 3% discount. We regret to inform you that we cannot accept it.

We believe that our price are quite competitive, it is impossible that any other suppliers can quote lower than us if their products are as good as ours in quality.

In order to assist you to compete with dealers in the market, we have decided to reduce 2% of the previous letter, if your order reaches 12000 pieces at one time, which is to say, the price is US $16.72/pc FOB Shenzhen.

Your early reply will be much appreciated.

Yours faithfully

Ellian

五、询盘回复实操

下面以阿里巴巴国际站为例，介绍如何对某个特定询盘进行分析与回复。

1. 询盘分配

勾选想要分配的询盘，单击"分配给"下拉按钮，在弹出的下拉列表中选择子账号，即可将该询盘分配给指定的业务员，如图 7-11 所示。

2. 询盘查阅

找到想要查阅的询盘，单击"查看详情"超链接（见图 7-12），即可看到该询盘的详细信息（见图 7-13）。在左侧消息栏中可以查看电子邮件的往来消息。在右侧的"客户"选项卡中可以查看客户的名称、公司名称、商业类型、销售平台、注册时间、公司官网等信息，客户头像下方显示为"我的客户"的，是已有老客户；客户头像下方显示为"加为客户"的，可以被添加为新客户。在"客户行为数据"选项卡中可以查看该客户店内产品活动。在"跟进管理"选项卡中可以查看客户阶段，如查询客户、样品订购客户、付费客户、重新购买客户等。

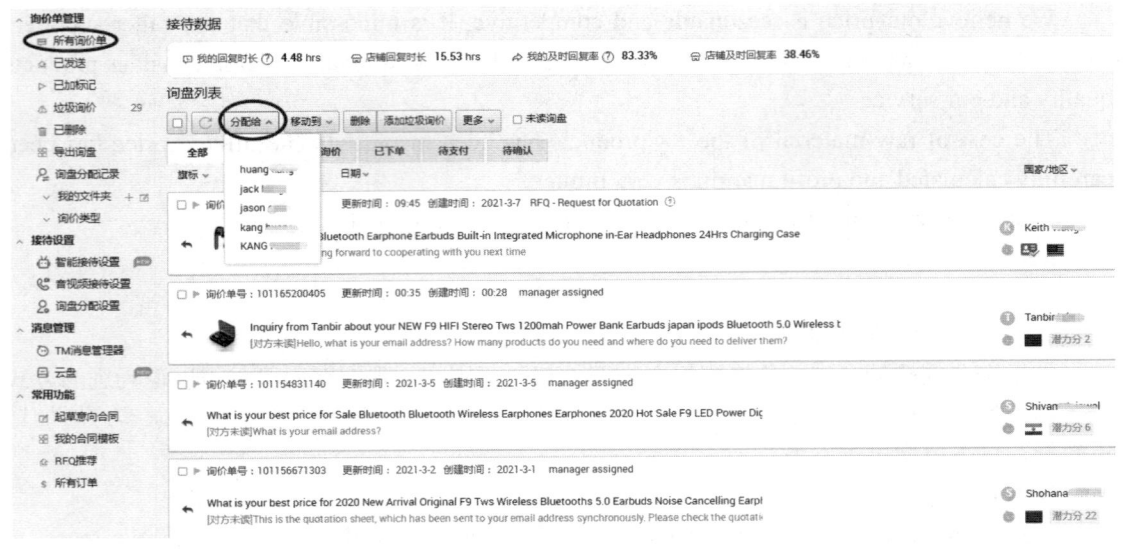

跨境电商 B2B 店铺数据运营（第 2 版）

图 7-11 询盘分配

图 7-12 询盘查阅的入口

图 7-13 询盘的详细信息

3. 询盘回复

在打开想要查阅的询盘后，单击左侧消息栏下方的文本框，输入内容，单击文本框右侧的"发送"按钮，即可完成对该询盘的回复（见图 7-14）。在进行询盘回复时，若单击"立即报价"按钮，则右侧会显示具体报价项目（见图 7-15）。卖方首先需要选择具体的交易产品（可以导入已发布的产品，也可以通过上传添加更多产品和报价），然后选择报价采用的贸易条款及附件，填写报价有效期，上传报价单等附件，最后提交报价，如图 7-16 所示。

图 7-14　询盘回复界面

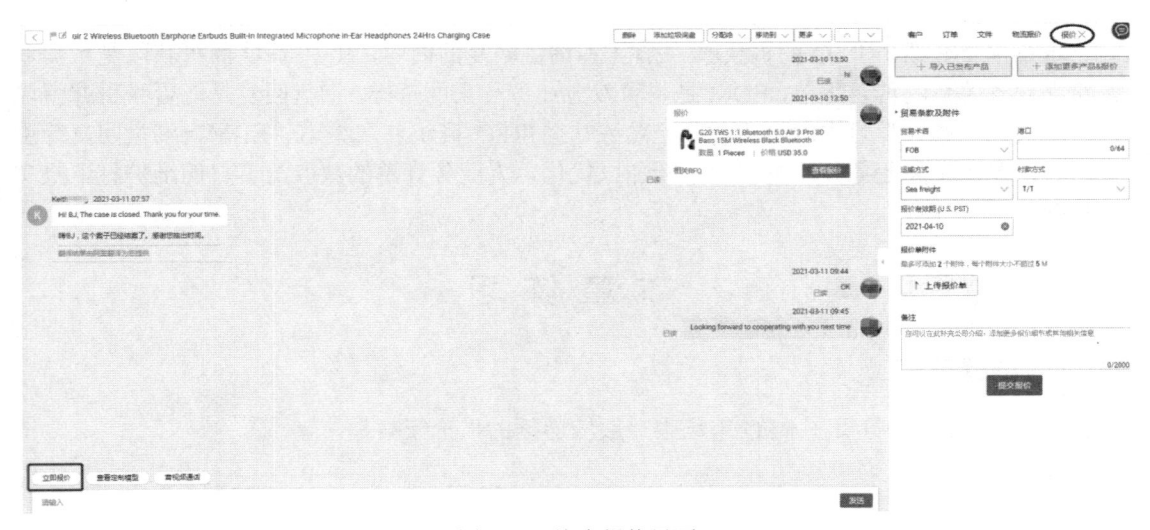

图 7-15　询盘报价界面

图 7-16　询盘报价的具体内容

本 章 小 结

本章主要介绍了 RFQ 商机获取、EDM 和询盘回复的内容，其中 RFQ 商机获取是买卖双方建立业务关系的首要环节，EDM 是买卖双方业务往来的基础，询盘回复是能否吸引并留住客户的关键。通过学习本章，读者应能熟练掌握 RFQ 商机获取渠道、EDM、询盘回复等重要内容，并在实际业务开展过程中不断加以优化，为业务订单的获取与客户的维护打下坚实的基础。

本 章 练 习

一、选择题

1．跨境电商业务员在 RFQ 市场中一般应遵循的报价策略是（　　）。
A．高价
B．低价
C．阶梯报价
D．成本价

2．（多选题）以下途径中，可以获得 RFQ 的是（　　）。

A．系统推荐

B．在 RFQ 市场搜索查看

C．联系平台客户经理

D．自己定制 RFQ

3．EDM 是跨境电商常用的客户开发方式，以下选项中，不属于 EDM 要点的是（　　）。

A．基于用户许可

B．通过电子邮件传递信息

C．信息对目标客户是有价值的

D．客户主动接受意愿强

4．业务员 Lucy 发送了 500 封电子邮件，其中 100 封电子邮件被打开，并且有 20 个客户点击了电子邮件中设置的网站链接，则邮件点击率为（　　）。

A．25%

B．40%

C．50%

D．20%

5．询盘是买方或卖方为了购买或销售某种产品，向对方询问有关交易条件的表示。下列对询盘的描述，不正确的是（　　）。

A．每个询盘都具有法律上的约束力

B．询盘的内容可以涉及价格、规格、数量、包装、装运等

C．询盘的形式多样，如口头询盘、书面询盘、电子邮件询盘等

D．具体询盘内容可以包括特定产品的各项交易条件

二、简答题

1．RFQ 报价的要点有哪些？

2．EDM 分析的指标有哪些？

3．询盘分析一般从哪些维度进行？

三、实训题

假如你是一名来自诗韵服装有限公司的业务员 Jenny，需要对买家的采购信息进行报价。请你根据题目的要求，完成以下操作。

要求：

（1）在 RFQ 市场中搜索产品"dress"，找到来自中国香港的买家，并对其发布的女士睡衣采购需求进行报价。

（2）根据买家要求准确填写产品信息，根据 RFQ 搜集产品资料、上传产品图片等。

（3）根据要求准确填写价格详情和报价补充信息。

第八章 客户管理

企业面临的最大挑战不再来自竞争对手,而来自客户。

> **导入案例**
>
> **"客户第一"应是商家进行客户管理的条件反射**
>
> 按大众的常规思维来看,客户的体验和商家的客服原本可以对等,但是商家并不愿意为客服部门付出过多资源和成本。但对一家企业来说,价值观落地的保障往往是将客户放在首位,所以"客户第一"这一思维模式应该是商家进行客户管理的条件反射。
>
> 阿里巴巴首席客户官(Chief Customer Officer,CCO)吴敏芝在评判"客户第一"这一思维模式和价值观落地标准时说:"让'客户第一'理念进入每个员工的血液里,变成员工在写一行代码时、做一个文案时、组织一个活动时条件反射的思考维度。'客户第一'就像人的健康一样,很多人认为是重要但不紧急的事情。每个人都觉得健康很重要,但真正要不熬夜、多运动却又不愿意做,愿意做的时候往往已经躺在了病床上。"
>
> 在吴敏芝看来,"客户第一"中的客户不仅仅是简单的消费者,还有商家,以及多元化的平台参与方,CCO要在多元生态中平衡客户利益,解决商业冲突。"客户第一"是价值观,客户体验的持续提升则是关键目标。"客户体验将来一定是商业的核心竞争力。"吴敏芝表示,"客户管理是对企业长期商业价值和商业模式的保证。"
>
> "中国消费者这几年对体验的要求越来越高,之前我们能买到东西就好,现在不是的,现在不仅要买得到,还要买得好,更要买得爽。"吴敏芝认为,未来完全是一种体验式购物,线上购物要通过大数据挖掘技术创造比线下购物更好的体验。
>
> 阿里巴巴客户运营管理团队的目标是让客户感觉到"只来一次、只说一次"。吴敏芝指出,现在流量获客成本越来越高,正从一个增量市场转到存量市场,怎么把客户留住、让老客户产生更多的需求,背后的关键在于提高客户黏性,也就是要把体验做好。
>
> 互联网消费者"用脚投票"。吴敏芝认为,互联网企业所面临的是要把"飘"在天上的部分,用"脚"落下来,形成和客户接触的触点,它是我们与"上帝"接触的唯一的触点。"把这个触点做扎实,把触点的能量做出来,这对企业来说就是商业的核心竞争力。"

第八章 客户管理

第一节 客户管理概述

一、客户管理工具

1. 客户通

对拥有跨境电商业务的企业来说，伴随企业业务的不断增长，全球客户规模逐渐扩大，客户管理及维护工作尤为重要。企业需要解决客户的问题，提高客户的黏性和复购率，管理业务人员和业务流程等。阿里巴巴的客户通软件可以满足企业的客户管理需求，它相当于免费版的CRM（Customer Relationship Management，客户关系管理）软件，自带开发功能，可以让跨境电商业务在企业的实际运营管理与客户管理之间形成一道和谐且高效的桥梁，从而极大地提高业务效率。

客户通由阿里巴巴官方出品，是一款致力于在跨境外贸交易中，帮助商家提升客户管理和运营效能的专业化CRM工具。客户通的服务器是由阿里巴巴网站独立部署的，其目的是帮助商家做好客户管理，通过精细化运营自己的客户，缩短客户转化周期和提升客户转化率，从而提高商家的跟进效率，同时将一系列沟通记录自动保存至客户通进行备案。这样既可以提升客户服务质量，又能化繁为简，提高工作效率。针对出口通的会员，客户通基于阿里巴巴网站上的客户触达渠道，通过精准匹配，提供免费增值服务（包括客户分组管理、客户潜力分类、客户精准营销等），帮助商家提升客户运营的效能，开启客户管理大数据之旅。

客户通的首页有四大使用场景，分别是客户大盘数据分析、重点客户跟进、公海潜力客户提醒、员工绩效情况，同时有主账号和子账号两个版本，其中主账号针对的是企业跟进客户的管理者。为了可以方便地切换管理工作场景和业务员工作场景，客户通设置了管理控制台和客户控制台两个操作台（子账号仅有一个操作台）。

客户通有以下两大功能。

（1）一键自动建档功能。商家可以将其在阿里巴巴上的客户一键导入客户通中，减少因建立烦琐的客户档案而导致的客户流失情况，免去手动录入客户信息的工作。

（2）灵活的客户管理和客户分组，持续的客户跟进小记、公海客户管理、客户分类、客户查重功能。该功能有助于商家提升客户管理效率。同时，大数据打分机制便于识别客户质量。客户分组是指商家可以对加入客户通的客户进行分层、分组管理，对客户的不同状态进行标记识别，便于进行批量操作管理，以及及时跟进重点客户。

2. OKKI

OKKI主要服务的对象是B2B出口企业。在出口业务场景中，它可以协助入驻阿里巴巴国际站的B2B出口企业建立专属的数字化客户管理系统，实现智能化的订单全周期跟踪管理，还可以精准匹配到意向客户，提高客户下单→成交的转化率。OKKI的客户全生命周期跟踪管理是OKKI主要的应用场景。OKKI的客户全生命周期跟踪管理包括客户挖掘、客户营销、销售管理、交易管理4个环节。

（1）客户挖掘。客户挖掘是扩大客户来源的重要步骤，其全过程如表8-1所示。

表 8-1 客户挖掘的全过程

客户挖掘	搜索	对数以亿计的企业客户信息进行多角度、多维度的搜索，深度挖掘企业、客户及产品的背景信息，帮助快速定位买卖双方
	发掘	通过精准的客户画像帮助企业进行潜在客户的挖掘、专业买家的发现及新客户的探索
	订阅	在重点客户进行动态订阅后，企业可以了解其在线动态，提前洞悉客户的所思所想，从而制定对应的销售策略
	数据广场	集合全球各类展会的实时信息，并且及时更新各大展会参展企业的名录，真正做到把握全球商机
	推荐	智能分析企业的订单偏好、企业运行的方向，定期给企业推荐关联度高的产品和合作商家
	海关数据	为了帮助阿里巴巴国际站的外贸工作人员获取立体化的数据信息，将上百个国家的海关数据进行多个维度的重新定义与匹配

（2）客户营销。客户营销即利用各类营销工具开展营销活动，其内容如表 8-2 所示。

表 8-2 客户营销的内容

客户营销	营销模块	分为 EDM、社交营销、广告营销、落地页营销等多种方式，引流和企业展示均为多维化的
	营销工具库	智能抓取联系人，帮助企业实现客户池人数的增长
	自动化邮件营销	在 10 秒内自动群发电子邮件，同时自动制作电子邮件发送效果的分析报告，精准展示潜在客户
	OKKI 助手	OKKI 内的独家应用，可以智能过滤 Google 搜索结果，一键保存搜索结果页面上的电子邮箱，可以在不打开搜索结果页面时获取企业信息
	落地页	为了掌握客户潜在信息，抓取用户访问数据而制定的傻瓜式网页模板，使得企业用户可以自行编辑设计的页面
	SNS	对拥有多个 SNS 账号的企业客户来说，无须逐个登录，可以实现统一托管、自动发送、智能化自动吸粉，以及一键完成所有平台的用户信息发送

（3）销售管理。销售管理的内容如表 8-3 所示。

表 8-3 销售管理的内容

销售管理	集中管理	由企业客户的 OKKI 管理人员统一设置公共客户池的管理规则，设置团队客户的数量上限和下限，可以保证客户资源分配合理，提高整体团队的工作效率
	安全管控	当出现操作者误删除客户信息或恶意删除客户沟通信件的情况时，除可以从垃圾箱中找回外，还能实现经安全认证等多重防护验证后导出任意资料的操作，从而保护企业的资源
	客户评分	对客户行为和客户属性设立的智能自动评价系统，通过对客户往来信件、通话录音、订单信息等虚拟信息进行量化，描绘出精准的客户画像
	流程化管理	建立统一的产品库，覆盖企业的全线产品，树立良好的企业品牌形象
	团队管理	企业根据团队的业务数据、客户往来数量和订单成交数量等真实数据，为团队内的业务员制定合理的考核指标，结合科学的管理策略，确保客户和业务员能实现更好的匹配
	目标监控	借助系统内大量的商业数据和高效的数据分析能力，对目标客户、潜在客户和新客户进行活跃度的把握，寻找最有价值和最有意义的商业行为

（4）交易管理。交易管理是履约保障的重要内容，其内容如表 8-4 所示。

表 8-4 交易管理的内容

交易管理	标准化流程	为了提高部门之间协同化工作效率，降低管理及营运成本，以及促成业务，将生产部门、采购部门、物流跟踪部门、财务部门、产品反馈部门集中在一站中
	一键共享	实现企业客户一键共享与转移订单任务，简化导入/导出操作流程
	在线追踪	在物流平台上汇聚海运、空运和陆路运输方式，实现交易过程中的货物状态实时追踪；同时让用户拥有更多的选择，获得最大优惠和最优产品体验
	工作台	以工作提醒的形式向用户进行每日推送，简化工作流程，排除信息干扰
	在线支付	为了降低国际贸易的交易风险，聚合在线交易的多种支付方式，以实现交易过程中的 $T+0$（当日回转）
	统计分析	向平台上的用户提供完善的模型和工具以进行统计分析，为用户的决策提供支持

二、客户建档

1. 客户添加

客户添加可以通过客户通直接添加、阿里卖家询盘添加等形式进行。进入 My Alibaba 后台，选择"客户管理"选项，即可进入客户通。单击"待添加"按钮，即可查看与添加客户，如图 8-1 所示。

图 8-1 客户添加

2. 客户数据库

客户数据库（Database）是按照数据结构来组织、存储和管理客户数据的仓库。企业可以建立客户数据库，用于存放其从各个渠道采集和积累的客户信息，作为客户精细化运营的基础。

客户通是客户数据库的一种类型。企业可以使用客户通自动存储多维度的客户信息，包括会员等级、客户阶段、跟进状态、采购意向等。客户通可以便捷地构建基于店铺的动态更新的客户数据库，实现客户分组管理、客户潜力分类、客户精准营销等功能。阿里巴巴国际站的客户数据库如图 8-2 所示。

图 8-2　阿里巴巴国际站的客户数据库

3．客户跟进

通过跟进小记（见图 8-3），企业可以在阿里巴巴国际站有效地进行客户跟进。

图 8-3　跟进小记

1）客户跟进的方式

（1）发电子邮件。发电子邮件是客户跟进的核心方式。企业需要在 2 天之内给客户发送内含产品质量信息的有效电子邮件，并在 24 小时内回复客户的电子邮件。在遇到重要客户时，企业还应在发送电子邮件后进行电话确认。

（2）在线沟通（阿里旺旺/Skype）。企业要保证其阿里旺旺上班时间在线、下班时间不离线，要在客户上线后，第一时间和客户打招呼。

（3）电话跟踪。通常，电话联系客户是在通过电子邮件或阿里旺旺进行前期沟通后，或者因遇到网络或时差问题，双方需要及时沟通时才采用的方式。

2）客户跟进的内容

在跟进客户时，企业需要注意一些细节，如周一和周五尽量留出时间给客户进行思考和整理，不要发送重要程度较高的电子邮件；客户跟进不能只在有业务往来时才进行，要将客户看成常态化的联系对象；在每次跟进的前后，都要对自己的工作有所思考。

在客户跟进过程中，企业常常用到一些外贸管理软件，如阿里巴巴后台、Excel，或者采用电子邮件收发器将客户邮件分门别类地进行存放。无论哪种软件，都各有利弊。例如，使用 Excel 维护客户无法做到与阿里巴巴后台实现无缝衔接，会造成重复工作；使用电子邮件进行客户跟进会遇到网络信号问题导致电子邮件的收发遇到障碍等问题。企业在利用客户通跟进客户时也需要对客户进行及时建档，以防客户流失。

第二节　客户分层

客户分层是指根据客户属性将一个大的客户群体划分成一个个细分群体。它既是 CRM 的重要理论组成部分，又是其重要的管理工具。它也是分门别类地研究客户，进行有效客户评估，合理分配服务资源，成功实施客户策略的基本原则之一。它能为商家充分获取客户价值提供理论和方法指导。

客户分层管理是商家有效利用资源、提升管理效率的重要方法。不同的客户对商家的贡献不同，其对商家服务的要求也不同，因此对客户进行科学的分层管理可以促进商家更好地配置和使用资源，使服务的改进更有成效，也能够使营销更有针对性，从而更加显著地提升商家的经营成果。

一、按照采购能力进行客户分层

按照采购能力进行客户分层，可以识别优质客户，差异化打造客户权益，拉动优质客户增长；通过为优质客户匹配优质商家，可以提升优质客户的寻源效率及买卖双方的满意度。

按照采购能力，阿里巴巴国际站把客户分为 L1、L2、L3、L4 四个层次，如表 8-5 所示。

表 8-5　按照采购能力进行的客户分层

客户分层	判断条件
L4 百万客户	最近 365 天，在阿里巴巴国际站上的消费金额大于 30 万美元。 通过企业认证（纳税证明认证/银行流水认证/企业资质认证），年营业额大于 100 万美元。 通过企业数据认证，年营业额大于 100 万美元
L3 企业客户	最近 365 天，在阿里巴巴国际站上的消费金额大于 1 万美元。 通过线上/线下店铺认证，年营业额大于 10 万美元。 通过三方企业数据认证，年营业额大于 10 万美元。 通过企业认证（企业邮箱认证/纳税证明认证/银行流水认证/企业资质认证）。 通过 KOL（Key Opinion Leader，关键意见领袖）认证，粉丝数大于 10 万个
L2 小 B 客户	最近 365 天，在阿里巴巴国际站上的消费金额大于 300 美元。 通过线上/线下店铺认证，年营业额小于 10 万美元。 通过三方企业数据认证，年营业额小于 10 万美元。 通过 KOL 认证，粉丝数大于 3000 个
L1 潜力客户	最近 365 天，在阿里巴巴国际站上的消费金额大于 50 美元。 填写过企业信息或被客户优质行为识别到

二、按照采购行为进行客户分层

1. 客户分层模型

按照采购行为，客户通把客户分成公海客户（它是阿里巴巴国际站的特殊概念）、高潜客户、成交客户及复购客户 4 个层次。

(1) 公海客户：商家公共客户池中的客户，对商家的所有子账号都可见。
(2) 高潜客户：有潜力转化为成交客户的客户。能够识别出营销线索和潜在合作伙伴的质量会让销售与合作的建立更为高效，所以商家应重点关注高潜客户。
(3) 成交客户：在已经支付的信用保障订单中，仅有一个是"非样品订单"的客户。
(4) 复购客户：在已经支付的信用保障订单中，有至少两个是"非样品订单"的客户。

客户通还可以根据每个层次客户的不同特点，为商家找到痛点问题并提供对应的解决方案，如图8-4所示。

	商家的痛点问题	对应的解决方案
公海客户（客户总数）	怎么找到高潜客户	公海潜力分：公海潜力分高+阿里旺旺在线优先；公海潜力分高+有电子邮箱优先
高潜客户（客户列表）	怎么找到近一个月要下单的客户	客户详情页：了解客户信息，如阿里旺旺、询盘、客户主页等，以评估客户的情况
成交客户	怎么找到最近的复购客户	高潜复购：根据客户大数据情况，给出客户复购预测
复购客户	怎么减少客户流失	流失预警：根据客户大数据情况，给出客户流失风险预测

图8-4　商家的痛点问题及对应的解决方案

商家应在客户通中及时跟进自己的账号，将企业端口的客户列表进行分类、分级，在通过客户管理工具及客户列表找到客户后进行识别，并将成交后的客户分成高潜复购客户与流失预警客户。

2. 公海客户

公海客户是商家在阿里巴巴国际站内的公共客户池。在公共客户池中，商家可以对客户进行有条件的选择，如按照公海潜力分从高到低排序，优先跟进公海潜力分高、阿里旺旺在线、有电子邮箱的客户。对于商家在领取公海客户后，在规定时间内未及时跟进的客户，系统将自动将其放回公共客户池，由客户通分配给其他子账号，以避免浪费客户资源。

商家可以设置多个条件，对添加到客户列表的公海客户进行精准定位。在设置完后，商家只需要找到满足条件的客户，就可以看见这些客户的相关信息，如图8-5所示。

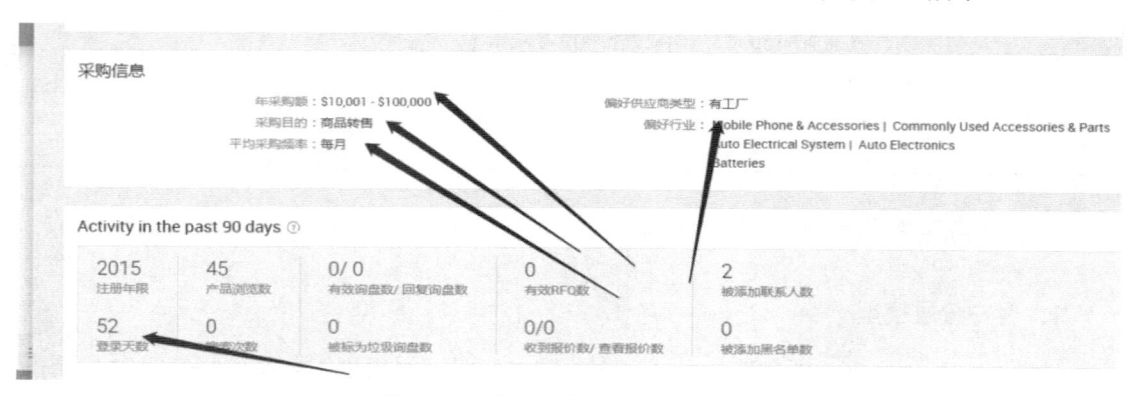

图8-5　客户列表中展示的客户信息

第八章 客户管理

在进入客户主页后，商家可以看到客户入驻阿里巴巴国际站的时间、企业的名称、采购偏好等历史数据，还可以看到客户在阿里巴巴国际站是否采购过、采购金额、采购频率等相关历史数据。这些历史数据可以帮助商家更加准确、高效地进行客户选择和客户开发。

通过参考相关历史数据找到针对值得开发的客户后，商家可以在客户详细资料页面的右方单击"同意"按钮，向客户展示商家的名片，系统将主动向客户发送通知并允许客户查看商家的名片及联系方式。商家还可以选择与客户直接进行聊天沟通（见图8-6），以便相互了解，并将产品链接通过阿里旺旺发送给客户。商家在锁定一个客户后，可以直接与其进行公关对接，既简单，又快捷。

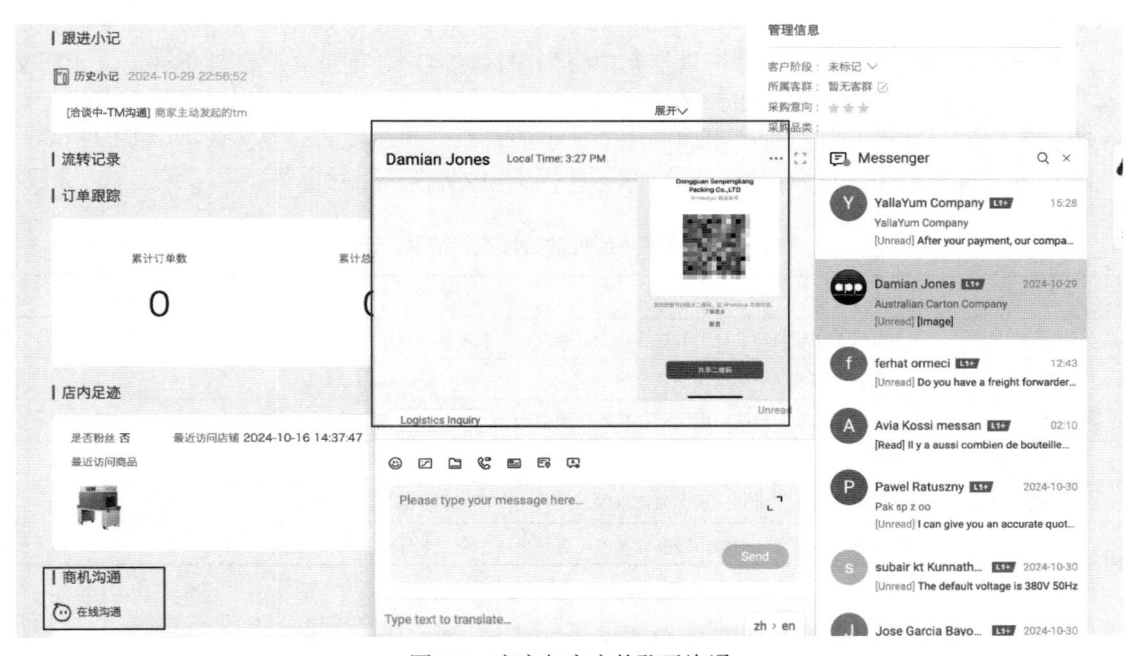

图 8-6　商家与客户的聊天沟通

对于公海客户，商家需要在公共客户池页面勾选客户，并由主账号进行有条件的筛选以核实客户，单击"加为我的客户"超链接，将公海客户添加到商家的客户通中。也就是说，商家需先将客户从公共客户池中捞出，之后在商家的客户通页面找到对应的客户，选择对应的业务员，通过一定的条件进行筛选，完成客户与业务员的匹配。

公海客户的质量是商家在挑选客户时必不可少的考量因素。对于客户的基本条件，商家可从以下几个方面进行分析。

（1）主营产品和地址：将企业的主营产品和地址填写详细的客户，通常有强烈的意愿让商家看到自己，其可信度和谈判水平较高。

（2）客户来源：商家可以通过客户的在线申请流程及注册来源对客户进行初期大范围的筛选。客户是否申请过"诚信通"也是商家在筛选客户时的重要条件之一。

（3）检查是否重复：通过客户是否在网上多次注册、客户与其他商家的交易进程等信息可以看出客户交易的意愿。

（4）客户的职位：客户是否主动填写了职位信息，或者客户填写的信息是否与业务相关，客户是否是业务的主要负责人或主要业务员都会对商家筛选客户产生影响。

（5）客户的基本联系方式：电话号码、电子邮箱、社交账号等联系方式可以方便商家联系客户，客户留下这些联系方式能为合作建立信任基础。

综上所述，商家应根据客户信息的完整度和客户的活跃度优先筛选出以下客户："五证"齐全（包括固定电话号码、传真、手机号码、电子邮箱、企业的详细名称）者；客户通中"当前联系人"显示的信息中登录信息为"1 个月以内"者；客户基本信息中主营产品和所属地区信息填写翔实者；客户成熟度较高者。

三、按照客户所处的阶段进行客户分层

按照客户所处的阶段，商家可以把客户分为未标记客户、询盘客户、样单客户、未成交客户、成交客户、复购客户，如表 8-6 所示。为了进一步细分客户，商家可以对客户进行进一步分类，如将未成交客户进一步划分成洽谈中的客户、跟单中的客户、售后中的客户等。商家可以用客户通中的客户标签对客户分类进行添加、删除等操作。

表 8-6　按照客户所处的阶段进行的客户分层

客户分层	说明
未标记客户	在阿里旺旺或询盘交流后加客户为好友，客户会被默认标记为"未标记"
询盘客户	需要商家进行手动操作的客户
样单客户	在客户已经支付的信用保障订单中，类型为"样单"的客户
未成交客户	客户在询盘后关闭交易，会被标记为"未成交"
成交客户	在客户已经支付的信用保障订单中，仅有一个是"非样品订单"的客户
复购客户	在客户已经支付的信用保障订单中，有至少两个是"非样品订单"的客户

四、按照 AIPL 模型进行客户分层

按照 AIPL 模型进行客户分层也是在阿里巴巴国际站常见的客户分层方式之一。使用 AIPL 模型，商家可以实现人群资产链路化运营，从而实现客户精细化运营。

基于客户链路，按照 AIPL 模型进行的客户分层如图 8-7 所示。

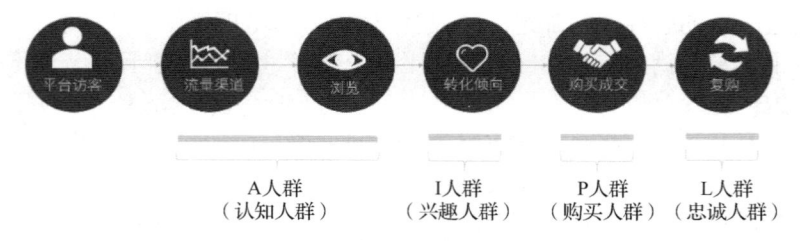

图 8-7　按照 AIPL 模型进行的客户分层

（1）A（Awareness）人群：认知人群，主要包括店铺广告曝光、页面浏览、品类词搜索可以触达到的人群。

（2）I（Interest）人群：兴趣人群，主要包括点击产品、浏览店铺主页、参与店铺互动、

浏览产品详情页、进行关键词搜索、订阅/关注/入会、加购和收藏的人群。

（3）P（Purchase）人群：购买人群，即在店铺下单的人群。

（4）L（Loyalty）人群：忠诚人群，即复购、评论、分享的人群。

对于处于链路中不同位置的人群，商家可以采用相应的沟通内容和渠道，积累人群资产，并实现链路高效流转，如让 A 人群转化为 I 人群，以此类推。

在进行策略优化时，针对链路中从 I 人群到 P 人群流转率太低的问题，商家可以根据标签把 I 人群分成不同的群组。对于对促销折扣敏感的人群，商家可以向其推送折扣信息来促进其转化；对于通过内容营销引流来的人群，商家可以通过对产品进行专业展示来吸引其购买。

五、按照客户的价值进行客户分层

商家利用客户通可以方便地按照客户的价值进行客户分层，如把客户分为 A 类客户、B 类客户、C 类客户、其他客户（如 D 类客户等），这类客户分层在客户通中可以被应用到客群管理中，如图 8-8 所示。

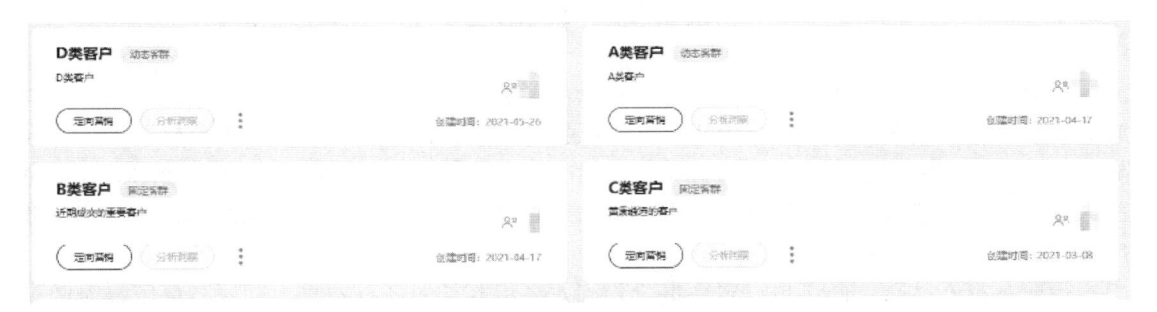

图 8-8　按照客户的价值进行的客户分层

1）A 类客户

A 类客户即 VIP 客户，属于优质客户。这类客户是商家的奠基人，享有优先处理及优先服务的福利。A 类客户按月度下单，每个月有固定的订单数量和订单金额，返单率高且均是优质的精准老客户，购买力强，忠诚度高。A 类客户中的一部分人还介绍自己的朋友、合作伙伴购买商家的产品，他们是一种优质资源。A 类客户不需要商家花太大的精力和太多的资源去维护，因为他们已经稳定，商家只需要维护好感情，抓住他们的依赖点和诉求点。A 类客户可以为商家创造出 55%～80% 的利润，但是人数只占客户总数的 5%～10%，需要精准的专人来跟进。

2）B 类客户

B 类客户属于重点客户，其订单金额较大、自身质量较高。B 类客户按季度或月度下单，其订单数量和订单金额都达到一定的数值。商家需要重点维护 B 类客户，根据客户的采购时间对其进行专门跟进。例如，部分客户会按照季度批量采购，他们的采购是有特定时间的。B 类客户拥有一定的忠诚度，并且相信商家的品质，不轻易更换合作商家。

3）C 类客户

C 类客户为一次性客户。这类客户的订单金额小、订单数量少、下单时间长。这类客户不一定属于专业性客户，耗费商家的资源多，但最终带来的收益小。有些 C 类客户会成为普通客户或劣质客户,甚至一小部分 C 类客户有可能影响到商家的声誉。针对这类客户,商家只需要尽力做好自己的本职工作,并表明立场,精准舍弃,不再继续浪费精力和资源。

4)其他客户(询盘客户和样单客户)

除了 A 类、B 类、C 类客户,还有其他客户,即询盘客户和样单客户。商家必须重视这些客户,对其进行科学管理,并进行星级管理。询盘客户可以分为 4 个星级:3 星客户是在 7 周之内可以付款的客户,这类客户是有需求及购买力的,商家要及时跟进,询问其购买意向及时间;2 星客户是在 1 个月内可以付款的客户,这类客户有可能在这个时间段内询价并进行产品设计确认后付款,在这个过程中,谁能提供客户想要的设计,客户在谁家下单的概率就比较大,这类客户通常会选择物美价廉的供应商;1 星客户是在 3 个月内会尝试购买的客户;0 星客户是购买意向超过 3 个月的客户。样单客户也可以分为 4 个星级:3 星客户是大客户,这类客户会先购买样品进行测试,在测试通过后会大批量订购(也就是试单),他们会寻找合适并能满足他们要求的商家;2 星客户是需求量一般、购买力一般的客户;1 星客户是订单数量少、订单金额小的客户;0 星客户是类似 C 类客户的客户。

第三节 客群管理

客群管理在阿里巴巴国际站是一个有层次的差异化场景客户运营模式,也是客户数据与产品信息化相匹配的产物。阿里巴巴国际站根据商家的需求进行有针对性的目标营销,并根据商家运营的实际情况来设置客群标签,如某一品类偏好客群、重点国家/地区客群、订单金额大于或小于某个金额的客群等。商家可以自行选择标签的设置条件,以此来筛选客户,形成客群。

按照客群的状态,商家可以将客群分为固定客群和动态客群两种。固定客群中只有商家选择的客户,客户数量不会随意增减,而动态客群中的客户可以自动加入和退出。

一、固定客群

固定客群是商家从客户通的公共客户池中自主选择的客户,客户数量和规模不会随意增减,客户不会随着客群条件的变化而更新。

固定客群的数量和结构一般不会在短期内有较大变化,也就是说,客群的稳定性较好。固定客群一般具有以下特点:客户资源较高端;双方合作的时效性和信任度较高;交易量较大;合作周期长;合作形式固定。固定客群要求商家所匹配的业务员对客户信息的把握及时且准确。尤其是对于长期合作的固定客户,商家更要注重资源的合理匹配和倾斜,还要注重对客户交易过程的记录,尽可能为其提供一对一、有针对性的服务。

例如,商家应定期进行客户回访,记录客户在交易中的感受和意见,并对客户提出的问题及时给予回复,同时分享沟通信息。双向来往是商家与客户长期保持稳定关系的关键。

服务固定客群的客服团队应规范,尤其是服务较高端客群的客服团队,其基本素质和业务熟练度都应该是非常优秀的。商家应制定个性化的客群管理规范并提供专项服务,让固定客群感受到自己接受了更好的服务。

固定客群的分类变量如下。

(1)客单价和成交量。客单价是指每个客户平均购买产品的金额,也就是平均交易金额。

成交量是指商家与客户进行交易后产品成交的数量。在固定客群中,成交量这个指标一般应保持稳步增长。

例如,商家根据客户过去一年的交易行为,计算出上年度的平均客单价,以某一数值为标准,划分出不同客单价的客群,这样分类简单明了,清楚地界定和区分了高价值客户和一般价值客户。商家还可以依据客户通中对客户大数据的分析,根据客户购买频次和订单金额再进行细分,以此来区分忠诚客户和活跃客户。

(2)年龄和地区。商家可以依据年龄和地区对客户进行分类。一般来说,产品受众的年龄决定了客群中的人员构成。客群所在地区也可以作为客户通中客群管理的重要指标。

二、动态客群

商家需要在客户通的公共客户池中自行设置条件、标签,从而对所有客户进行有目的的筛选。按照设置好的条件,客户通会根据公共客户池中的客户标签变化来每天实时更新符合商家要求的客户信息,并匹配至商家的客群中。

如果商家需要对客群进行分析洞察,那么此客群内的客户数量至少要达到50个。商家可以在客户管理界面,选择"分析洞察"选项,对选取的客群内的某类客户进行跟踪,如可以重点分析复购客户两次访问店铺的间隔时间、两次成交的产品类别是否相同或有关联;也可以任意分析某客群内全部客户的来源和搜索偏好,以便更加快捷、高效地对此类客户有针对性地营销一些成交率高的产品。

案例分享

借助现有客群实行再营销与新客引流

独立站除采用传统的搜索引擎优化(Search Engine Optimization,SEO)、付费推广等形式外,还能借用原有的客群实现较低成本的引流吗?如何实现再营销?

某跨境电商企业主营的是手机配件类产品,从平台运营到B2B独立站,再到B2C独立站,尝试了很多种销售模式和渠道。该跨境电商企业在做跨境产品运营的前两年主要在阿里巴巴国际站上进行,那时候竞争不太激烈,基本上上传产品、完善一下信息,就会有一些小订单。该跨境电商企业是从2015年引流到独立站开始运营的,其很多同行也在向独立站转型。

该跨境电商企业是从B2B开始做的,因为一开始没有太多推广成本,所以以自学SEO为主。做SEO需要有一个积累期,成功转化需要时间。因此,在初期,平台流量对独立站的引流非常重要,于是该跨境电商企业开始对以往的客户进行EDM,以提高产品的复购率。

老客户的复购帮该跨境电商企业度过了SEO的积累期,经过后续持续的优化,其流量陆续增加。在B2B稳定的3年后,该跨境电商企业开始考虑另外一个转化更快、更直接的渠道——B2C。

B2C与B2B不同,它除了需要SEO的指定动作,还需要一些付费推广来引流。付费推广离不开社交平台的粉丝营销,相对而言,其营销成本会比B2B的高一些,因此它并不是长远之计。如何在推广中形成一个成本较低、转化率高的营销形式?该跨境电商企业思考了许久,最终从它一开始做的B2B复购、再营销中找了一条新的思路。

首先，要有一个信任的购买环境。一切复购、再营销的开端都离不开购买环境，但它容易被忽略。退换货条款、详细的产品介绍、定时的产品回访和售后服务等对后期客户再营销非常重要。老客户是否愿意把产品推荐给朋友，主要取决于他对产品是否满意。

　　其次，要转变客户的营销观念。提到老客户群，在 B2B 阶段，该跨境电商企业更注重老客户群内个体的复购。但是，复购始终都是有限的，老客户的推荐才是无限的。因此，该跨境电商企业对老客户群的营销方式从引导他们继续购买产品转变成让他们推荐新客户过来购买产品。

　　再次，灵活使用网站的特性。从 B2B 到 B2C，最大的改变就是能在线支付，这也给该跨境电商企业提供了一个方便的再营销平台。该跨境电商企业利用客户通中的优惠券这个工具，吸引老客户为其推荐新客户。老客户推荐的新客户越多，获得的优惠券金额就越大，优惠券也可以增加老客户复购的机会。

　　最后，利用客户的资源做推广。除了自身在社交平台进行推广，利用客户特定的社交圈子也是一个新的方向。例如，在视频活跃的大环境下，比起自己拍视频上传来吸引客户，买家秀的视频模式会更有效。该跨境电商企业曾经有个老客户除了私下把该跨境电商企业的配件推荐给朋友，还将其拍成视频上传到视频平台，做了一个视频形式的买家秀。

　　上述案例一直提到的老客户群属于哪类客群？对该跨境电商企业而言，老客户群可以为其开拓市场提供哪些帮助？

第四节　客户营销

一、EDM

1. EDM 的流程

EDM 的流程包括配置 EDM、建立客群、设计营销模板、创建营销活动 4 个步骤，如图 8-9 所示。

配置EDM	→	建立域名—阿里云实名认证—电子邮件推送配置—输入发件人的账号、密码、电子邮箱
建立客群	→	进行条件设置—定位目标客户—建立客群
设计营销模板	→	设置客群中的客户兴趣点—设计营销模板
创建营销活动	→	设置客户生效邮件的内容、发送时间及客户回复模板—发布营销活动

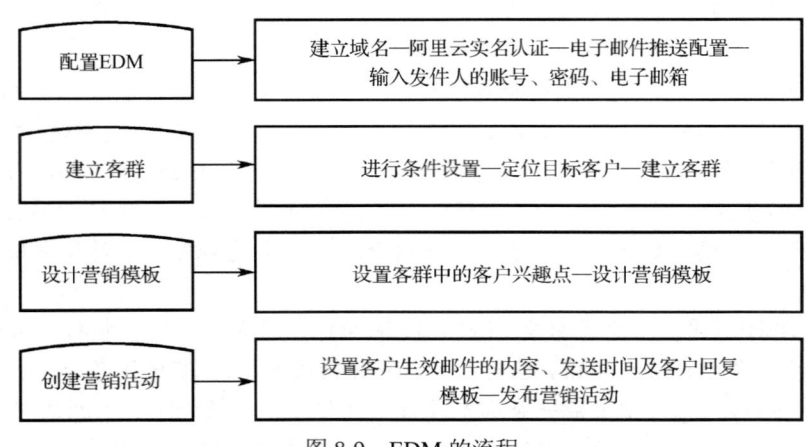

图 8-9　EDM 的流程

（1）配置 EDM。商家需要拥有域名，并且经过阿里云实名认证，并在电子邮箱中进行电子邮件推送配置，输入发件人的账号、密码、电子邮箱。此操作在客户通的客户管理中的 EDM 配置中进行即可。

（2）建立客群。商家需要进行条件设置，定位好目标客户，建立一个客群。商家可以在客户通的客户管理中的客群管理中设置客群条件，进行客户筛选，以确定客群中的客户。

（3）设计营销模板。在建立客群后，商家需要设置客群中客户的兴趣点，依据兴趣点设计营销模板。

（4）创建营销活动。在建立了客群、设计好营销模板后，商家需要设置客户生效邮件的内容、发送时间及客户回复模板，发布营销活动。

2．EDM 的规则

一个阿里巴巴账号每天最多可以发送 2000 封电子邮件（前 200 封电子邮件是免费的），阿里巴巴国际站内的单个账号每天最多可以对 20 个客户展开营销。客户通的营销运营界面会以数据展现的形式对每个账号每日的营销状况进行实时更新，还会对近 30 天内采用 EDM 方式的客户数进行分析，如图 8-10 所示。

图 8-10　客户通的营销运营界面

二、名片营销

名片是商家与客户建立联系的一种重要的手段。交换名片可以在 RFQ、询盘、客户列表等沟通场景中进行。

1．粉丝名片交换

客户通中的店铺粉丝客群属于系统推荐的动态客群，该客群中包括关注店铺的客户。针对粉丝的营销模式会因粉丝的类型不同而有所区别。对于粉丝列表中的客户，商家可以通过关注时间、采购品类、建档状态、店内足迹、买家分层、交换状态等信息对其资料进行了解，进而确立更为精确的营销方案。粉丝的名片交换是粉丝营销的一个重要内容，单击待交换名片，即可筛选未交换名片的客户，如图 8-11 所示。

图 8-11　粉丝名片交换

2. 通过名片营销添加客户

商家在客户通的客户列表中找到"待添加客户"列表，单击"客户来源"下拉按钮，在弹出的下拉列表中选择"名片"选项（见图 8-12），即可筛选出所有收到名片但还未在客户通中建档的客户，并快速将此类客户添加到自己的客户列表中。

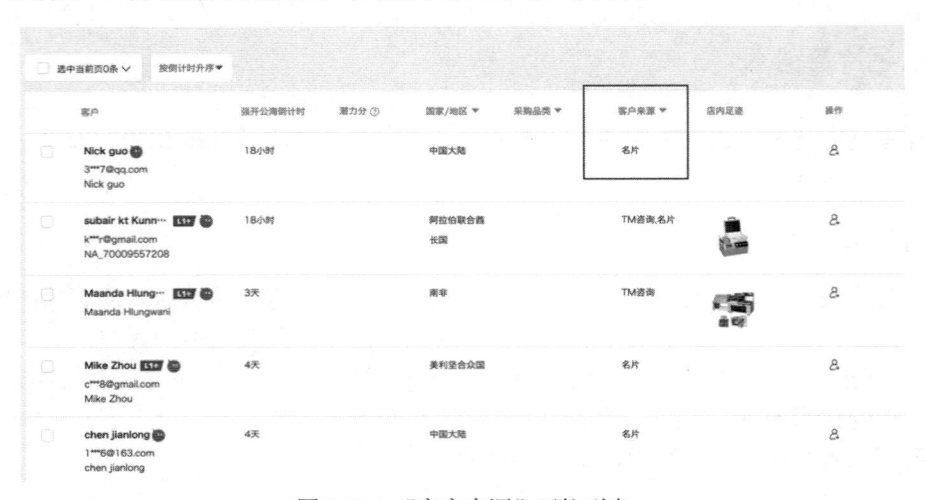

图 8-12　"客户来源"下拉列表

本 章 小 结

本章主要介绍了客户管理的内容：第一节对客户管理进行了概述，介绍了客户管理工具、客户建档的方法，为客户管理打下基础；第二节介绍了客户分层，不同的客户分层方法适用于不同的场景；第三节介绍了客群管理，对固定客群和动态客群的特点及创建方法做了说明；第四节介绍了客户营销的方法。

本 章 练 习

一、选择题

1．跨境电商企业可以通过客户通的（　　）功能判断店铺成交客户的流失倾向。

A．公海客户

B．流失预警

C．流失召回

D．高潜复购

2．按照客户生命周期对客户进行分类，便于商家有针对性地运营客户。对于成交客户，商家应重点关注（　　）。

A．提高成交客户的访问频率

B．减少客户纠纷

C．找到最近要复购的客户

D．挽回客户

3．跨境电商企业对客户进行差异化运营的前提是（　　）。

A．客户建档

B．客群管理

C．客户跟进

D．客户营销

4．商家需要在客户通管理美国和欧洲信任程度高、交易量大、合作稳定的客户，适用的客群类型是（　　）。

A．动态客群

B．静态客群

C．固定客群

D．流动客群

二、简答题

按照客户的价值进行客户分层，可以将客户分为哪几个层次？各个层次客户的特点是什么？

三、实训题

请你应用客群管理的动态客群设置规则，创建某跨境电商平台某品牌蓝牙耳机的动态客群。

第九章 交易管理

商场如战场，分秒必争，交易管理可以加速完成履约过程。

> **导入案例**
>
> **跨境供应链服务：为外贸企业提供"一站式"解决方案**
>
> 新外贸是一种依托于新技术的跨境电商平台，它利用大数据和贸易综合服务，形成跨境贸易中的信息互通、服务共享、信用透明，搭建"全球买、全球卖"贸易大生态的全新外贸模式。在这个全新的外贸模式中，买卖双方不仅可以在线查询信息，还可以通过跨境电商平台完成支付、物流、通关等一系列流程，并能够实时了解订单的进度。不同于传统外贸模式，全新的外贸模式更多地基于数字化手段，通过大数据精准匹配全球供需，以解决"订单荒"问题，以及通过"一站式"跨境供应链服务体系解决"履约难"问题。
>
> 阿里巴巴国际站是全球领先的数智化跨境供应链服务平台，构建了全球支付结算金融、数字化关务、数智化物流等全链路数字化跨境供应链体系。
>
> 上海凤凰自行车有限公司是一家传统外贸公司，于20世纪六七十年代开启海外业务，在海外市场积累了一定的品牌声誉。该公司在2018年入驻阿里巴巴国际站，开启了阿里巴巴国际站业务。2020年，该公司加大在阿里巴巴国际站上的投入，将阿里巴巴国际站作为其获客的重要渠道。该公司还通过阿里巴巴国际站的供应链服务解决了在最不发达国家市场的买家支付问题，以及由于自行车体积大而产生的高物流成本问题。2020年6月，该公司的单月销量直线上升，相当于2019年全年的线下出口总量。该公司的总经理认为，随着支付、物流等海外电商基础设施的不断完善，线上出口将迎来高速发展的新机遇。

第一节 出口产品成本核算

出口产品成本核算是跨境电商业务的关键环节，也是出口报价的重要基础。

一、出口产品成本的构成

出口产品成本是价格的核心，包括出口企业为出口其产品进行生产、加工或采购所产生的生产成本、加工成本或采购成本。对出口企业而言，出口产品成本核算就是核算出口企业从工厂采购的出口产品的实际成本。

1．生产成本

生产成本是指生产企业生产某一产品所投入的成本。

2．加工成本

加工成本是指加工企业对成品或半成品进行加工、装配所投入的成本。

3．采购成本

采购成本又称进货价格，是指出口企业从生产企业、加工企业处采购出口产品而支付的款项。采购成本由两个部分组成：一是供货商的产品不含税价格；二是增值税，即供货商根据国家税法对产品的增值部分按照规定的税率所缴纳的税金。一般来讲，供货商的报价含增值税，即采购成本包含增值税，这类采购成本也称含税成本。相关计算公式如下：

产品不含税价格=采购成本/（1+增值税税率）
采购成本=产品不含税价格+增值税税额
增值税税额=产品不含税价格×增值税税率
采购成本=产品不含税价格×（1+增值税税率）

4．实际成本

实际成本又称实际采购成本，是在实施出口退税制度的情况下，核算出口产品价格时，将含税采购成本中的税收部分根据出口退税率进行扣除后得出的。出口产品的实际成本低于采购成本。相关计算公式如下：

实际成本=采购成本-出口退税额
出口退税额=产品不含税价格×出口退税率
=采购成本×出口退税率/（1+增值税税率）
实际成本=产品不含税价格×（1+增值税税率）-产品不含税价格×出口退税率
=产品不含税价格×（1+增值税税率-出口退税率）

5．采购成本与实际成本的换算

相关计算公式如下：

采购成本=实际成本×（1+增值税税率）/（1+增值税税率-出口退税率）
实际成本=采购成本×（1+增值税税率-出口退税率）/（1+增值税税率）

二、跨境电商全流程成本项解析

出口产品总成本是出口企业为出口产品所支付的国内总成本，包括进货成本和国内费用。其计算公式如下：

出口产品总成本（退税后）=出口产品的采购成本+国内费用-出口退税额

国内费用通常包括包装费、仓储费、国内运费、认证费、商检费、报关费、港杂费、税费、经营管理费、垫款利息及银行费用，如表 9-1 所示。

表 9-1 常见的国内费用

名称	含义
包装费	因客户对产品包装有特殊要求而产生的费用
仓储费	因产品在出口发运前需要另外存仓而产生的费用
国内运费	在产品出口装运前发生的国内运输费用
认证费	为取得各种认证、许可证、产地证等所产生的费用
商检费	出口产品检验机构根据国家有关规定或出口企业的请求对产品进行检验所产生的费用
报关费	向海关办理产品、物品或运输工具出境手续及相关海关事务所产生的费用
港杂费	在产品进入港口装船时，港口收取的装货费及各种杂费
税费	产品出口所缴纳的出口税或其他税费
经营管理费	出口企业在经营中发生的有关费用，如通信费、交通费等
垫款利息	在出口企业自国内采购至收到国外进口企业所付款项期间，因生产或购买出口产品而垫付资金所产生的利息
银行费用	出口企业委托银行向国外客户收取货款、进行资信调查等所产生的费用

国内费用的计算方法有两种：一是将各种费用相加；二是用出口产品的采购成本乘以定额费用率，定额费用率通常为 3%～10%，具体数值需要企业根据实际经验自行核定。

三、成本核算案例

【例 9-1】 采购成本核算。某产品的货价（不含税价格）是每单位 20 元，适用的增值税税率是 13%。请计算该产品的采购成本（含税成本）。

解：采购成本=20×（1+13%）=22.6（元）

【例 9-2】 出口退税核算。某产品的海关编码是 95030010（踏板车），根据从国家税务总局查询到的增值税税率和从海关总署查询到的进出口产品税率，结合《中华人民共和国进出口税则》可知其适用的增值税税率为 13%、出口退税率为 13%。该产品的采购成本为每个 5 元（含增值税）。请计算 6000 个该产品的出口退税额。

解：出口退税额=采购成本×出口退税率/（1+增值税税率）
=5×6000×13%/（1+13%）
≈3451.33（元）

【例 9-3】 实际成本核算。某产品的采购成本是每单位 32 元（含增值税，增值税税率为 13%），该产品适用的出口退税率为 13%。请计算该产品每单位的实际成本。

解：实际成本=采购成本×（1+增值税税率-出口退税率）/（1+增值税税率）
=32×（1+13%-13%）/（1+13%）
≈28.32（元）

【例 9-4】 国内费用核算。某产品的包装为"每箱 5 打，每打 12 只"，即每箱可装 60 只，每箱的体积为 0.166 米^3，国内运费为 100 元/米^3，报检费为 120 元，报关费为 150 元，核销费为 100 元，公司综合业务费为 3000 元，快递费为 100 元。请计算报价数量为 6000 只的该产品的国内费用。

解： 每箱可装产品数量=5×12=60（只）
出口产品的总体积=报价数量/每箱可装产品数量×每箱体积
=6000/60×0.166
=16.6（米^3）
国内运费=16.6×100=1660（元）
国内费用=国内运费+报检费+报关费+核销费+公司综合业务费+快递费
=1660+120+150+100+3000+100
=5130（元）

第二节　定价与报价

在跨境业务实践中，合理运用价格制定方法，选用有利的计价货币，采用与价格有关的佣金和折扣，正确制定出口产品价格，对做好业务和提高经济效益意义重大。

一、产品定价

1．出口价格的构成

出口价格由产品成本、出口费用和预期利润 3 个部分构成。其计算公式如下：

$$出口价格=产品成本+出口费用+预期利润$$

产品成本即前文所述的生产成本、加工成本、采购成本。

出口费用通常由国内费用、国外费用两个部分组成。国内费用包括包装费、仓储费、国内运费、认证费、商检费、报关费、港杂费、税费、经营管理费、垫款利息及银行费用等。国外费用包括海外运费、保险费、佣金等。这些费用与产品类型、采用的贸易术语等有关，并非在每笔交易中都会产生。

预期利润可由出口企业根据具体情况自行确定，可以以出口产品总成本为基数或以出口产品报价为基数乘以一定比例的利润率来核算。

2．产品定价方法

产品定价方法是企业营销组合战略的重要组成部分。在错综复杂的国际市场环境下，企业需要根据其内部与外部环境，适时地调整其产品定价方法。

1）成本加成定价法

成本加成定价法是指按产品单位成本加上一定比例的预期利润来制定产品价格的一种方法，是最基本的定价方法。在采用成本加成定价法时，确定合理的成本利润率是关键问题。成本利润率的确定必须考虑市场环境、行业特点等多种因素。当某一行业的某一产品在特定市场以相同的价格出售时，成本低的企业能够获得较高的利润率，并且在进行价格竞争时可以拥有更大的回旋空间。成本加成定价法的计算公式如下：

$$产品价格=单位成本+单位成本×成本利润率$$
$$=单位成本×（1+成本利润率）$$

2）认知价值定价法

认知价值定价法是指企业根据消费者对产品的认知价值来制定产品价格的一种方法，即利用消费者对产品价值的认知和理解程度来确定产品价格。消费者对产品价值的认知和理解程度不同，会形成不同的定价上限。如果产品价格刚好定在这个区间内，就既能让消费者顺利购买，又能让企业获得最大的利润。

3）目标收益定价法

目标收益定价法又称投资收益率定价法，是指在产品成本的基础上，按照目标收益率的高低来制定产品价格的一种方法。对需求比较稳定的大型制造业、供不应求且价格弹性小的产品、市场占有率高且具有垄断性的产品，以及大型的公用事业、劳务工程和服务项目等来说，在科学预测价格、销量、成本和利润四要素的基础上，目标收益定价法是一种有效的定价方法。目标收益定价法的计算公式如下：

价格=（总成本+目标总利润）/总销量

4）反向定价法

反向定价法是指企业根据消费者能够接受的最终销售价格来计算其经营的产品的成本和利润后，逆向推算出产品价格的一种方法。这种定价方法不以实际成本为主要依据，而是以市场需求为定价出发点，力求产品价格被消费者接受。

5）竞争定价法

竞争定价法是指企业根据自身产品的实际情况及与竞争产品的差异情况，以高于、低于或等于竞争产品的价格来确定产品价格的一种方法。为了避免同行业企业之间产生恶性价格竞争，本书不建议使用竞争定价法。

在跨境业务实践中，企业的定价目标一般与企业的战略目标、市场定位和产品特性相关。在进行产品定价时，企业需要运用多种定价方法进行综合考量和决策，而不应仅强调价格。产品的最低价格取决于产品的成本费用，而其最高价格则取决于产品的市场需求状况。各国的文化背景、自然环境、经济条件等因素不同，决定了各国消费者对相同产品的消费偏好不尽相同，因此企业在不同的国外市场应采用的定价方法不同。本书建议使用认知价值定价法，即关注消费者，让消费者树立品牌意识，对产品进行精准定价。

二、国际贸易术语

国际贸易术语是在长期的国际贸易实践中产生的，用来表示成交价格的构成和交货条件，以确定买卖双方的风险、责任、费用划分等问题的专门用语。

1. 有关国际贸易术语的国际贸易惯例

国际贸易惯例是指在国际贸易的长期实践中逐渐形成的一些有较为明确和固定内容的贸易习惯及一般做法，是由国际性的组织或商业团体制定的有关国际贸易的成文的通则、准则和规则。有关国际贸易术语的国际贸易惯例主要有 3 个：国际法协会制定的《1932 年华沙-牛津规则》(*Warsaw-Oxford Rules*)、美国商业团体制定的《美国对外贸易定义 1941 年修正本》(*Revised American Foreign Trade Definitions* 1941)、国际商会制定的《国际贸易术语解释通则》(*International Rules for the Interpretation of Trade Terms*)。

2. 《国际贸易术语解释通则》

《国际贸易术语解释通则》由国际商会于 1936 年起草，经多次修订，目前已更新至 2020 年版本（自 2020 年 1 月 1 日起生效）。《2020 年国际贸易术语解释通则》（以下简称《INCOTERMS 2020》）将国际贸易术语分成 2 类、4 组、11 种。2 类：适用于所有运输方式及多式联运（EXW、FCA、CPT、CIP、DPU、DAP、DDP）；仅适用于海洋、内河水运（FAS、FOB、CFR、CIF）。4 组：E 组、F 组、C 组、D 组。11 种贸易术语：EXW、FCA、FAS、FOB、CFR、CIF、CPT、CIP、DPU、DAP、DDP。

3. 跨境电商常用的国际贸易术语详解

《INCOTERMS 2020》的 11 种国际贸易术语如表 9-2 所示。

表 9-2 《INCOTERMS 2020》的 11 种国际贸易术语

分组	国际贸易术语	交货地点	风险转移界限	出口清关责任费用承担者	进口清关责任费用承担者	适用的运输方式	标价注明
E 组	EXW：Ex Works，工厂交货	货物产地或所在地	卖方所在地，货交买方处置时	买方	买方	任何方式	指定地点
F 组	FCA：Free Carrier，货交承运人	出口国内地或港口	货交承运人监管时	卖方	买方	任何方式	指定地点
	FAS：Free Alongside Ship，船边交货	装运港口	装运港船边	卖方	买方	水上运输	装运港
	FOB：Free on Board，装运港船上交货	装运港口	装运港货物装运上船	卖方	买方	水上运输	装运港
C 组	CFR：Cost and Freight，成本加运费	装运港口	装运港货物装运上船	卖方	买方	水上运输	目的港
	CIF：Cost, Insurance and Freight，成本、保险费加运费	装运港口	装运港货物装运上船	卖方	买方	水上运输	目的港
	CPT：Carriage Paid to，运费付至	出口国内地或港口	货交承运人监管时	卖方	买方	任何方式	目的港
	CIP：Carriage and Insurance Paid to，运费、保险费付至	出口国内地或港口	货交承运人监管时	卖方	买方	任何方式	目的港
D 组	DPU：Delivered at Place Unloaded，运输终端交货	目的港或目的地任何地方	货交买方处置时	卖方	买方	任何方式	目的地
	DAP：Delivered at Place，目的地交货	进口国目的地	货交买方处置时	卖方	买方	任何方式	目的地
	DDP：Delivered Duty Paid，完税后交货	进口国目的地	货交买方处置时	卖方	卖方	任何方式	目的地

下面介绍几种最常用的国际贸易术语。

1）FOB

FOB 即装运港船上交货。在 FOB 条件下，卖方必须在合同规定的日期或期限内，将货物运到合同规定的装运港口，并交到买方指派的船上，才算完成其交货义务。

卖方的主要义务：负责在合同规定的日期或期限内，将符合合同规定的货物交至买方指派的船上，并及时通知买方；负责取得出口许可证或其他官方批准的证件，并办理货物出口所需的一切海关手续；负担货物从装运港到交至买方所指派船上之前的一切费用和风险；负责提供商业发票和证明货物已交至买方所指派船上的通常单据（已装船海运提单）。

买方的主要义务：根据买卖合同的规定受领货物并支付货款；负责租船或定舱、支付运费，并将船名、装船地点和交货时间及时通知卖方；自负风险和费用，取得进口许可证或其他官方批准的证件，并负责办理货物进口所需的一切海关手续；负担货物在卖方将其交至自己所指派船上之后的一切费用和风险。

FOB 价是跨境电商 B2B 业务中最常用、最基础的报价。其计算公式如下：

FOB 价=产品含税成本-出口退税+国内费用+预期利润

2）CFR

CFR 即成本加运费。在 CFR 条件下，卖方应在合同规定的装运港和规定的期限内，将货物装上船，并及时通知买方。货物装上船以后发生的灭失或损害的风险，以及因货物交付后发生的事件所引起的任何额外费用，自交付之日起即由卖方转移给买方。

卖方的主要义务：负责在合同规定的时间和装运港，将约定的货物装上船，运往指定目的港，并及时通知买方；负责办理货物出口手续，取得出口许可证或其他官方批准的证件；负责租船或订舱，并支付至目的港的正常运费；负担货物从装运港到交至自己安排的船上之前的一切费用和风险；负责提供符合合同规定的货物和商业发票，或者具有同等效力的电子数据交换信息，以及合同规定的运输单据和其他相关凭证。

买方的主要义务：负责按合同规定支付价款；自负风险和费用，办理货物进口手续，取得进口许可证或其他官方批准的证件；负担货物从装运港到交至卖方安排的船上之后的一切费用和风险；按合同规定接收货物和运输单据。

CFR 价的计算公式如下：

CFR 价=产品含税成本-出口退税+国内费用+预期利润+海运费
　　　=FOB 价+海运费

3）CIF

CIF 即成本、保险费加运费。在 CIF 条件下，卖方在装运港将货物装上船即完成其交货义务。

卖方的主要义务：在合同规定的期限内，在装运港将符合合同规定的货物交至运往指定目的港的船上，并给予买方装船通知；负责办理货物出口手续，取得出口许可证或其他官方批准的证件；负责租船或订舱，并支付到目的港的海运费；负责办理货物运输保险，支付保险费；负责货物在装运港越过船舷为止的一切费用和风险；负责提供货物运往指定目的港的通常运输单据、商业发票和保险单，或者具有同等效力的电子信息。

买方的主要义务：负责办理进口手续，取得进口许可证或其他官方批准的证件；负担货物在装运港越过船舷后的一切费用和风险；收取卖方按合同规定交付的货物，接收与合同相符的单据。

CIF 价的计算公式如下：

CIF 价=产品含税成本-出口退税+国内费用+预期利润+海运费+海运保险费
　　　=FOB 价+海运费+海运保险费
　　　=CFR 价+海运保险费

三、报价

1. 报价前的准备工作

（1）调研市场的真实需求。以 RFQ 为例，在查看优质 RFQ 时，卖方应通过以下 4 个方面来了解所经营类目的真实市场需求：①探究买方的搜索偏好，挖掘买方的采购行为；②读懂买方的品类偏好，了解买方的潜在需求；③洞察热卖产品的趋势，及时捕捉市场脉搏；④明晰买方的画像，精准服务买方。

（2）了解买方的真实意愿。卖方应通过调研查找买方的详细信息，推断出买方的背景；认真分析买方的购买意愿，了解买方的真实需求，对订单和成交量进行预测。

（3）运用报价策略。买方往往会收到多条报价，并不是报价越低越好，卖方应结合自身优势给予买方合适的报价，以避免发生价格战。

2. 常用国际贸易术语的报价

（1）FOB 的报价。相关计算公式如下：

$$FOB=\frac{实际成本+国内费用之和}{1-预期利润率}$$

$$FOBC（含佣价）=\frac{实际成本+国内费用之和}{1-预期利润率-佣金率}$$

（2）CFR 的报价。相关计算公式如下：

$$CFR=\frac{实际成本+国内费用之和+国外运费}{1-预期利润率}$$

$$CFRC（含佣价）=\frac{实际成本+国内费用之和+国外运费}{1-预期利润率-佣金率}$$

（3）CIF 的报价。相关计算公式如下：

$$CIF=\frac{实际成本+国内费用之和+国外运费}{1-预期利润率-(1+投保加成率)\times 保险费率}$$

$$CIFC（含佣价）=\frac{实际成本+国内费用之和+国外运费}{1-预期利润率-(1+投保加成率)\times 保险费率-佣金率}$$

【例 9-5】 出口 1 个标准集装箱（以下简称标箱）（20 英尺）的内衣。内衣用 65 厘米×60 厘米×59 厘米的纸板箱装，每箱装 20 套内衣。该内衣的国内供货价为 52 元/套（含 13%的增值税，出口退税率为 7%）。每只纸板箱的出口包装费为 15 元。20 英尺标箱的国内各种税费约为 1950 元，国外运费约为 1200 美元。我方按 CIF 成交金额的 110%投保，费率为 5‰。现假设 6.82 元人民币兑换 1 美元，我方欲获得 10%的利润（按成交金额计算），试计算该批货的 FOB 价、CFR 价、CIF 价。

解：先计算一标箱（20 英尺）能装多少套内衣：

1 米=100 厘米≈3.281 英尺

65 厘米≈2.13 英尺（0.65×3.281）≈2.2 英尺

60 厘米≈1.97 英尺（0.6×3.281）≈2 英尺
59 厘米≈1.94 英尺（0.59×3.281）≈2 英尺
1 个标箱=8×8×20（英尺^3）
可装纸箱个数=（2×4）×（2×4）×（2.2×9）≈8×8×20
1 个标箱可装 144 只（4×4×9）纸板箱，即 2880 套（144×20）内衣。

$$FOB = \frac{52 \times \frac{1-7\%}{1+17\%} + \frac{15}{20} + \frac{1950}{2880}}{(1-10\%) \times 6.82} \approx 6.967（美元/套）$$

$$CFR = FOB + F = 6.967 + \frac{1200}{2880} = 7.384（美元/套）$$

$$CIF = \frac{52 \times \frac{1-7\%}{1+17\%} + \frac{15}{20} + \frac{1950}{2880} + 1200 \times \frac{6.82}{2880}}{[1-(1+10\%) \times 5‰ - 10\%] \times 6.82} = 7.476（美元/套）$$

3．出口单价的构成要素

出口单价一般由计价货币、单位价格金额、计量单位、贸易术语构成。

【例 9-6】 USD 4.58/PC FOB Tianjin Port.
离岸价天津装运港船上交货，单价 4.58 美元/支。

【例 9-7】 USD 4.58/PC CFR Tianjin Port.
成本加运费天津装运港船上交货，单价 4.58 美元/支。

【例 9-8】 USD 4.58/PC CIF New York Port.
成本加运费加保险费纽约装运港船上交货，单价 4.58 美元/支。

4．出口报价单的内容

一份完整的出口报价单包括以下核心内容。

（1）抬头：报价单标题（Quotation/Quotation Form/Price List）、参考编号（Reference No.）、报价日期（Date）。

（2）买方信息：名称、地址、联系人、联系方式。

（3）卖方信息：名称、地址、联系人、联系方式。

（4）产品信息：名称、单价、数量、总价、合计。

（5）支付信息：支付时间、支付方式。

（6）质量信息：产品质量检验信息。

（7）交货信息：交货期。

（8）报价有效期：必须有详细的有效期，尤其是价格变动大的行业。

（9）其他备注：装运信息、品牌信息等。

出口报价单的样式如表 9-3 所示。

表 9-3 出口报价单的样式

××× Co., Ltd.			
Tel:	Fax:		E-mail:
QUOTATION			
Customer:			From:
To:			Date:
Tel:			Reference No.:
Thank you for your inquiry and we submit our quotation as follow:			

No.	Category	Picture	Specs Details (Technology)	Color	Material	Packing	MOQ(PCS)	Price

Remark:			
1. Payment Terms:			
2. MOQ:			
3. Port of Shipment:			
4. Lead Time			
5. Validity:			
Maker:	Approval:		Clients Sign Back:
Date:	Date:		Date:

第三节 交易确认

一、用形式发票确认交易

1. 形式发票的定义

形式发票（Proforma Invoice，PI）是出口企业应进口企业要求开具的一种非正式发票，包含准备出口产品的名称、规格、数量、单价、估计总值等，以供进口企业向其所在国金融或外贸管理当局申领进口许可证和核批外汇之用。形式发票不是一种正式单据，不能作为买卖双方的记账依据，也不能用于托收议付，对买卖双方更无最终约束力。买卖双方在正式成交和履行合同时，仍须按照有关规定内容另开正式发票。

2. 形式发票的作用

在跨境电商业务中，形式发票通常具有以下作用。
（1）用于替代报价单。许多卖方直接用形式发票向买方报价。
（2）用于确认订单。在买方下单后，卖方填写形式发票给买方，起到确认订单的作用。
（3）作为买方申请相关业务的凭据，如申请外汇许可证、进口许可证、银行信用证等。
提示：一般小额贸易很少签订正式销售合同，部分卖方将形式发票加盖公章后代替销售合同。这种方式存在风险，因为当出现争议时，形式发票不能作为法律依据。

3．形式发票的基本内容

（1）抬头：卖方的英文名、地址、电话号码、传真、电子邮箱等。

（2）买卖双方的信息：买卖双方的基本信息，包括企业的英文名、地址、电话号码、联系人、日期等。

（3）产品信息：根据产品特性增减内容，一般包括产品的名称、型号、描述、数量、单价、总价等。

（4）其他订单信息：如交货期、付款方式、银行信息等。

形式发票的样式如表9-4所示。

表9-4 形式发票的样式

××× Co., Ltd.									
Address:									
Tel:		Fax:					E-mail:		
PROFORMA INVOICE									
To:						From:		Date:	
Address:						E-mail:			
Tel:						Skype:			
Attn:						WeChat:			
E-mail:						Mobile/WhatsApp:			
No.	Item	Ref.Pic	Description	Product Size	Color	Unit Price	QTY（PCS）	Amount	Remark
Total									
	××% deposit								
1.Payment Terms:									
2.Shipping Terms:									
3.Port of Loading:									
4. Port of Discharging:									
5.PI Number:									
Maker:		Approval:				Clients Sign Back:			
Date:		Date:				Date:			

二、通过签署外贸合同确认交易

1．外贸合同的定义

外贸合同是买卖双方经过反复交易磋商，对产品的价格、数量、规格、交货期、付款方式、交货方式、交货地点、保险等条款达成一致后形成的书面合同。外贸合同对买卖双方的责任、权利、义务、费用和风险等进行了明确的划分,具有法律效力。

2．外贸合同的作用

外贸合同是买卖双方开展进出口买卖活动依据的法律文件,买方根据外贸合同申请开立信用证或支付预付款,卖方根据外贸合同安排生产、安排发货等。外贸合同是审查信用证及制单结汇的参考依据。

3．外贸合同的基本内容

(1)约首部分,即外贸合同的首部,通常包括外贸合同的名称、编号、签订日期和签订地点,买卖双方当事人的名称和地址等。

(2)基本条款,即外贸合同的主体部分,一般以条款的形式具体列明交易的各项条件,以规定买卖双方的权利和义务。它一般包括下列条款:品名条款、品质条款、数量条款、包装条款、价格条款、支付条款、装运条款、保险条款等。此外,买卖双方当事人通常还在一般交易条件或备注栏中列明有关预防及处理争议的条款。

(3)约尾部分,即外贸合同的尾部,主要说明外贸合同的份数、附件及其效力,外贸合同使用的文字,外贸合同生效的时间,外贸合同适用的法律,以及买卖双方当事人(法人代表或其授权人)的签字。

4．外贸合同的基本条款

1)品名条款

品名条款应准确、详尽地列明买卖双方同意买卖的产品名称,尽可能使用国际通用的名称,符合国际惯例,同时考虑 HS 编码的要求。

2)品质条款

品质问题是买卖双方产生争议的主要原因,因此品质条款是外贸合同中的主要条款之一。在国际贸易中,通常以实物和文字说明两种方法表示产品的品质。

3)数量条款

数量条款主要包括成交数量和计量单位(重量单位、数量单位、长度单位、面积单位、体积单位、容量单位)。常用的数量单位如表 9-5 所示。按重量计算的产品,还应明确计量方法。当产品数量允许有机动幅度时,可用约量(About、Approximate,不超过 10%的增减幅度)或溢短装(More or Less,一般为 3%~5%)的方法来表示。溢短装条款是指在合同的数量条款中明确规定交货数量可以增加或减少,但增减的幅度以不超过规定的百分比为限的条款。

表 9-5 常用的数量单位

重量	数量	长度	面积	体积	容积
公吨、长吨、短吨、磅、盎司、千克、克	件、套、打、罗、令、卷	米、英尺、码	平方米、平方英尺、平方码	立方米、立方英尺、立方码、立方英寸	升、加仑、蒲式耳

4)包装条款

运输包装按包装方式可被分为单件运输包装和集合运输包装。单件运输包装有箱

（Cases）、桶（Drums）、袋（Bags）、包（Bales）、捆（Bunds）、篓（Baskets）、罐（Cans）等；集合运输包装是由若干单件运输包装组合成的一个大包装，如集装袋（Flexible Container）、托盘（Pallet）和集装箱（Container）。

5）价格条款

价格条款包括产品的单价和总值这两项基本内容。单价一般由计量单位、单价、计价货币、价格术语、港口名组成；总值是单价与产品数量的乘积。价格术语应准确、完整，佣金、折扣、包装费的应用应合理。

6）支付条款

支付条款一般包括关于支付工具、支付方式、支付日期、支付地点的规定。

支付工具有汇票（Bill of Exchange or Draft）、本票（Promissory Notes）、支票（Cheque）。

支付方式有信用证（Letter of Credit）、汇付[电汇（T/T）、信汇（M/T）、票汇（D/D）]、托收[（付款交单（D/P）、承兑交单（D/A）]。

7）装运条款

装运条款主要规定装运时间、装运港或发货地、目的港或目的地、分批装运和转运、转运通知、装卸时间、装卸率、滞期费、速遣费等。

8）保险条款

保险条款因采用的国际贸易术语不同而有所区别。采用 FOB、CFR、FCA、CPT 术语的，保险条款可订为"保险由买方办理"。采用 CIF、CIP 术语的，保险条款应明确由卖方为买方代办保险，应规定保险金额（一般按 CIF 价或发票金额的 110%计算）、险别（基本险和附加险的名称）、保险适用条款及保险条款的生效日期。

9）商检条款

商检条款是买卖双方解决贸易争执、处理索赔的重要依据。商检条款主要包括检验时间和地点、检验机构、检验证书，以及产品与外贸合同不符时买方的索赔期限和检验费用的支付问题等内容。

10）索赔条款

国际贸易中的索赔主要分为贸易索赔、运输索赔和保险索赔。进出口产品买卖合同一般只规定异议和索赔条款，主要是针对买方交货的品质、规格、数量、包装不符合合同规定或卖方装运不当而订立的，内容除明确规定"一方如违约，另一方有权提出索赔"外，还包括索赔依据、索赔期限、索赔金额及赔偿损失的办法等。买卖大宗产品和机械设备的合同还要规定违约金条款，该条款一般适用于卖方延期交货、买方延迟开立信用证或延期接货等情况。

11）不可抗力条款

不可抗力条款主要包括以下内容：不可抗力事故的范围、对不可抗力事故的处理原则和方法、不可抗力事故发生后通知对方的期限和方法、出具证明文件的机构等。

12）仲裁条款

仲裁条款一般对提请仲裁的争议范围、仲裁地点、仲裁机构、仲裁程序、仲裁规则、仲裁裁决的效力等方面做出明确规定。为明确仲裁的效力，仲裁条款应明确规定"仲裁裁决是终局性的，对买卖双方当事人都有约束力"。

提示：在阿里巴巴国际站中，如果买方有意愿直接下单，或者希望卖方发送一个完整的包括报价、物流、支付方式等信息的意向合同，那么阿里巴巴国际站会建议买方直接单击"起草意向合同"按钮,以提升订单达成速度。

产品出口合同样本(中英文)如图 9-1 所示。

编号(No.):
签约地点(Signed at):
日期(Date):

买方(Buyer):   卖方(Seller):
地址(Address):   地址(Address):
电话号码(Tel):   传真(Fax):   电话号码(Tel):   传真(Fax):
电子邮箱(E-mail):   电子邮箱(E-mail):

买卖双方经协商同意按下列条款成交:
The undersigned Seller and Buyer have agreed to close the following transactions according to the terms and conditions set forth as below:

(1)产品名称、规格和质量(Name, Specifications and Quality of Commodity):
(2)数量(Quantity):
(3)单价及价格条款(Unit Price and Terms of Delivery):
(4)总价(Total Amount):
(5)允许溢短装(More or Less):_____%。
(6)装运期限(Time of Shipment):
(7)付款条件(Terms of Payment):
(8)包装(Packing):
(9)保险(Insurance):
(10)品质/数量异议(Quality/Quantity Discrepancy):
(11)不可抗力(Force Majeure):
(12)仲裁(Arbitration):
(13)通知(Notices):
(14)本合同为中文、英文两种文本,两种文本具有同等效力。本合同一式 _____ 份。自买卖双方签字(盖章)之日起生效。
This Contract is executed in two counterparts each in Chinese and English, each of which shall be deemed equally authentic.This Contract is in _____ copies effective since being signed/sealed by both parties.
The Buyer: The Seller:
买方签字: 卖方签字:

图 9-1　产品出口合同样本(中英文)

三、通过在线起草订单确认交易

随着信用保障订单规模的持续增长,平台上的买家与卖家之间逐渐建立信任,返单交易日渐频繁。信用保障订单对平台保障服务的诉求降低,卖家更看重资金周转及在线交易效率,e 收汇订单则可进一步促使卖家交易实现数据化。

1. 通过起草 e 收汇订单确认交易

e 收汇订单是阿里巴巴国际站为在平台上处于一般贸易监管方式下且已与买家建立交易

信任的卖家提供的一种订单服务模式，旨在提供更简单的订单交易模式及资金收款服务，打造更优质的服务体验。其资金周转效率高、成本低。

e 收汇订单基于买卖双方已建立的信任关系，不依赖平台保障。卖家提现不再受信用保障额度的限制，只要买家确认订单付款信息且卖家的资金货物比合理，即可操作关联提现。因此，e 收汇订单的资金周转速度快，无额度限制，收货速度快，成本更低。但平台不参与售后保障环节，如发生纠纷，平台只提供线上纠纷退款入口，由买卖双方自行协商解决。平台不介入仲裁，也不提供垫赔服务。

e 收汇订单的操作流程如图 9-2 所示。

图 9-2　e 收汇订单的操作流程

（1）登录准入页面，申请开通。

入口 1：My Alibaba 后台→"交易管理"→"订单管理"→"起草 e 收汇订单"。

入口 2：My Alibaba 后台→"交易管理"→"交易服务中心"。

（2）起草订单并确认。

选择"起草 e 收汇订单"选项（只能由卖家起草，并且暂限在 PC 端起草），填写订单信息并完成提交。在提交订单后，卖家将付款提示邮件发送给买家。买家选择"系统通知邮件"→"订单列表"→"订单详情"命令，进行订单付款信息确认。

（3）买家支付，卖家提现。

买家在获取汇款账号信息后，通过线下柜台或网上银行完成汇款。卖家通过外汇关联入口（My Alibaba 后台→"资金管理"→"外汇关联申报"，或者 My Alibaba 后台→"交易管理"→"订单列表"→"关联外汇"或"订单详情页"→"关联外汇"）关联外汇，结汇并提现。

（4）履约发货。

卖家选择发货产品，若为自营出口，则需要提交物流和报关信息；若为一达通出口，则需要起草或关联一达通出口单。

发货入口：My Alibaba 后台→"交易管理"→"所有订单"或"订单详情页"。

信用保障可以帮助卖家不断积累交易数据且在多场景中进行应用，以彰显卖家的实力。

2．通过起草信用保障订单确认交易

信用保障服务是全球第一个跨境 B2B 中立的第三方交易担保服务。阿里巴巴根据每个卖家在阿里巴巴国际站上的基本信息和贸易交易额等其他信息，对其进行综合评定并给予一定的信用保障额度，这是帮助卖家向买家提供跨境贸易安全保障的一种服务。可以将信用保障服务简单理解为阿里巴巴国际站上的一种交易方式，这种交易方式可以给买卖双方带来更多保障。若卖家已经申请并开通信用保障服务，没有因为违规等被暂停、停止使用信用保障服务，则在卖家的旺铺页面、前台搜索页面、产品详情页、买家端询盘页面都会有信用保障服务标志。

1）信用保障服务的作用

信用保障服务可以起到彰显信用、促进交易、积累信用的作用。

卖家利用信用保障服务可以获取信用保障额度且不断累积（最高 100 万美元），平台会为卖家展示专属标志及信用保障额度。买家可以通过专属标志与信用保障额度直观地看到卖家的信用。

信用保障服务是阿里巴巴国际站替卖家向买家提供的第三方保证，可以使卖家更快地获得买家的信任，以便更快地达成交易。信用保障服务对于提高卖家星等级中交易力和保障力的分数有很大的作用。相比之下，使用信用保障服务的卖家比不使用信用保障服务的卖家的曝光、点击、询盘的数量均提高了 2～3 倍。从出货周期来看，不使用信用保障服务的卖家需要 90 天左右，使用信用保障服务的卖家只需要 21 天左右，全球批发（Ready to Ship，RTS）订单在一周左右就能到达。

基于信用保障服务，卖家的走单量将不断增加，信用额度将不断积累，从而更好地向买家彰显卖家的实力。同时，卖家走单量的增加，对提升卖家在平台上的表现与其产品排名也有一定的帮助。

2）信用保障服务的交易流程

买家可以在阿里巴巴国际站首页（Order）、PC 端产品页（Start Order）、移动端产品页的右下角（Start Order）3 个入口发起信用保障订单。另外，卖家也可以直接起草信用保障订单。信用保障订单的交易流程如图 9-3 所示。

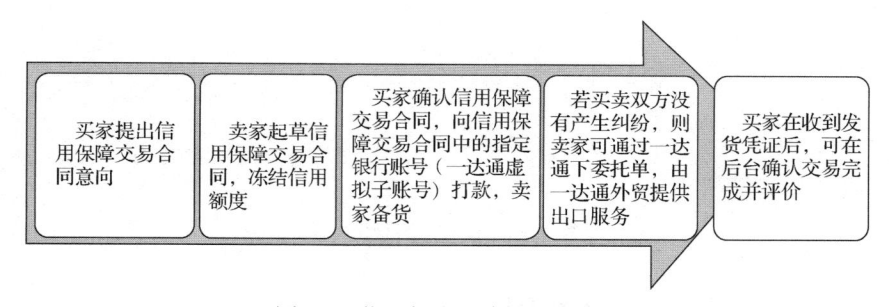

买家提出信用保障交易合同意向 → 卖家起草信用保障交易合同，冻结信用额度 → 买家确认信用保障交易合同，向信用保障交易合同中的指定银行账号（一达通虚拟子账号）打款，卖家备货 → 若买卖双方没有产生纠纷，则卖家可通过一达通下委托单，由一达通外贸提供出口服务 → 买家在收到发货凭证后，可在后台确认交易完成并评价

图 9-3　信用保障订单的交易流程

3）信用保障额度

信用保障额度是阿里巴巴国际站根据卖家在阿里巴巴国际站上的基本信息和贸易交易额等其他信息综合评定并给予的额度，用于帮助卖家向买家提供跨境贸易安全保障。由于大额跨境贸易的押款会严重影响资金周转，为了让中国优质卖家更好地走向世界、更好地获得买家信任，并解决其资金周转难的问题，阿里巴巴国际站会根据卖家的企业资质及真实贸易数据为其评估一个信用保障额度，在信用保障额度范围内，阿里巴巴国际站可以提前放款。信用保障额度的评估最主要的参考因素是阿里巴巴可验证的卖家的经营能力和资信状况。信用保障额度的提升是一个循序渐进的过程。

信用保障额度的影响因素如下。

（1）卖家的基本情况，如工商认证信息、企业诚信等级、入驻阿里巴巴国际站的年限、平台操作表现等。

（2）卖家的经营能力，可参考贸易流水来评估（考察过往 180 天的贸易流水）。

（3）卖家的资信状况，可参考在阿里巴巴国际站中的违规处罚、累计扣分等情况（扣分会导致信用保障额度降低；扣分超过一定额度或有其他重大违规行为，卖家就无法使用信用保障服务）。

（4）其他信息，如企业和法人代表的征信情况、纠纷处理情况等。

4）起草信用保障订单

卖家可进入 My Alibaba 后台，选择"交易管理"→"起草信用保障订单"选项，或者选择"信用保障服务"→"起草信用保障订单"选项，起草信用保障订单。

卖家要在信用保障订单中体现相关订单明细，如价格、数量、交期等，并按照规定的格式填写相关内容。同时，卖家要完善保障条款，如填写买家信息、产品信息等。信用保障订单起草如图 9-4 所示。

图 9-4　信用保障订单起草

第四节　订单管理

一、订单交易状态

订单流程是指整个订单从生成到完成的整个流转过程。在不同的订单流程中，订单会处于不同的交易状态。阿里巴巴国际站的订单交易状态有待确认、待支付、待发货、待收货、售后/退款、已完成/已关闭，如图 9-5 所示。

图 9-5　阿里巴巴国际站的订单交易状态

1. 待确认订单

待确认订单有两种：第一种是买家主动起草的订单，这种订单需要卖家在订单界面进行确认（卖家可在订单列表界面找到该订单进行操作），才能继续进行；第二种是买家通过"支持买家直接下单"产品下的信用保障订单，若买家所在地区通过运费模板无法计算出运费，则需要卖家在后台补充运费后确认订单。

2. 待支付订单

买家下单之后，并不一定会立即付款，在未完成付款前，订单就处于待支付状态，卖家是无法处理的。

在订单支付过程中，买家需要选择支付方式并进行支付操作。订单支付在支付层面涉及的方面比较多，如默认支付渠道、支付渠道的路由等，买家可能需要跳转到第三方支付平台进行支付。当订单处于待支付状态时，卖家需要主动联系买家，督促买家付款，帮助买家解决问题。例如，速卖通支持买家在下单后 20 天内付款，因此卖家应充分把握时机，促进订单成交。

3. 待发货订单

在买家完成订单支付后，订单就处于待发货状态。

对于待发货订单，卖家可以准备发货。卖家可以选线上发货或线下发货方式，线上发货方式由平台指定的物流商收货，线下发货方式则需要卖家自行联系物流商。在发货时，卖家需要对订单进行审核，仓库需要对产品进行打单、拣货、包装并联系物流商进行配送。

4. 待收货订单

在卖家填写了运单号之后，订单就处于待收货状态，此时订单系统会显示物流信息，包括物流商、物流状态等。此时，卖家需要做好物流追踪，以免遇到特殊情况，造成交货体验不佳，影响后续的交易流程。

在买家收到货后，卖家可以根据物流商反馈的签到结果，提醒买家确认收货。

5. 售后/退款订单

确认、支付、发货、收货是订单的常规正向流程，但有时也会出现订单逆向流转的情况，如订单修改、订单取消、退货退款等。

如果买家在收到货后由于一些原因需要退货、换货或申请售后服务，就会提起纠纷或申请售后服务。此时，卖家需要及时处理，并给出满意的解决方案。

6. 已完成/已关闭订单

在买家确认收货后，订单会处于已完成/已关闭状态。订单完成后的工作涉及提醒买家对订单进行评价，可能还涉及处理订单的售后问题。

二、订单处理

订单处理是跨境电商的核心业务流程之一，是指由订单管理部门对买家的需求信息进行及时的处理。在买家进行产品浏览、下单的过程中，卖家可以在后台看到订单处于何种状态，处于不同状态的订单需要卖家做出不同的处理。

例如，在阿里巴巴国际站，在线交易订单有待确认、待支付、待发货、待收货、售后/退款等几种状态，卖家可以在后台的"交易管理"中查询订单状态，根据订单状态做出适当的处理。订单处理包括订单创建、订单发货、订单退款、订单退换货、订单评价，如图9-6所示。

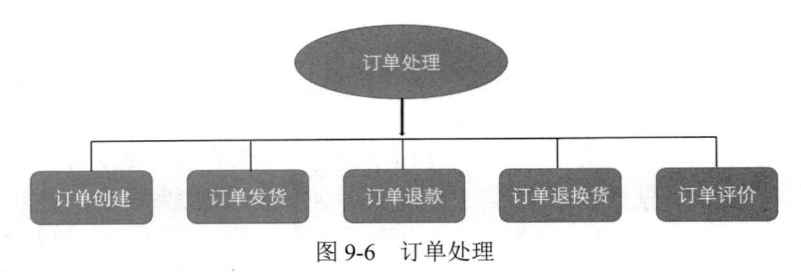

图 9-6 订单处理

1. 订单创建

订单创建是订单管理的开始。买家在购物车或产品详情页选择产品后，需要填写订单信息，包括收货地址、支付方式、配送方式等。在买家下单后，系统会引导买家进行订单确认，这时，买家需要检查订单信息是否正确。如果有错误，买家就需要及时更正，也可以取消订单。此时，系统会获取买家预下单的产品信息，同时判断产品是否涉及优惠信息。这些优惠信息包括促销活动、优惠券、积分抵扣等。若产品不参与优惠促销，则无此环节。

2. 订单发货

订单发货是卖家发出货物并在跨境电商平台上填写运单号的过程。在发货时，卖家需要按照卖家要求的物流渠道进行发货，如快递、邮政或专线物流等。在发货后，卖家需要在跨境电商平台上填写运单号，这样买家就可以实时追踪到货物的运输状态。物流渠道的选择会影响到运输时效、成本和买家的购物满意度。

3. 订单退款

订单创建完成后的订单履行过程并不总是一帆风顺的，有时会遇到订单退款的情况。例如，在买家下单后，卖家未及时发货，那么买家可以提出退款申请；买家在收到产品后，发现产品有瑕疵、与描述不符或产品质量不符合要求，可以向卖家要求退款，但是可能需要提供相关证据，如发票、产品检验报告、质量检测报告等，以证明产品存在质量问题；买家对收到的产品不满意，可以向卖家要求部分退款，如果买家与卖家协商一致，卖家就有义务向买家退还部分货款。

4. 订单退换货

买家在收到货物后，因为一些原因会提出退换货的要求。订单退换货的一般流程如下。第一步，卖家同意退换货。买家在收到货物后说明原因，申请退换货，卖家在收到买家的退换货申请后，根据订单的实际情况同意或拒绝，并在订单详情界面完成操作。第二步，买家发货。在卖家同意退换货后，买家应按照要求，将货物完整地退还给卖家，并将运单号提供给卖家。第三步，卖家收货并退款。卖家在收到买家退回的货物并确认无误后，即可确认收货，系统会根据卖家设置的退款方式向买家退款。

5. 订单评价

订单评价反映卖家的交易数量与质量，是买家下单时的重要参考因素。好评率越高，买家下单的概率越大，产品排名越靠前。反之，好评率越低，产品排名越靠后、曝光机会越少，买家下单的概率越小。因此，订单评价对卖家而言相当重要。卖家要尽可能提高好评率，一旦出现好评率降低或出现差评等情况，卖家就要及时与买家沟通，找到原因并及时更正。

1）订单评价的内容

阿里巴巴国际站的订单评价内容包括卖家评价和产品评价。

卖家评价是处在交易周期不同阶段的买家对卖家就沟通能力、生产与定制能力（支持买家评价但暂时不在买家端展示）、发货效率中的1~3种指标进行的评价。评价均分为5个星级（1星、2星、3星、4星和5星）。

产品评价是仅完成在线交易、确认收货的买家才有权做出的评价。产品评价由产品质量评分和评论内容组成，评论内容包括文字评论和图片评论等。买家对交易产品进行评分，系统默认维度为"产品质量"，评价均分为5个星级（1星、2星、3星、4星和5星）。买家在支付后、未确认收货之前，也可以对产品做出评价，但不能打分。不同的买家交易行为对应的打分维度不同。

整体而言，最近180天和卖家进行了多轮沟通的高星级买家在沟通完成后仅可对沟通能力进行打分；买家在支付完成后但未确认收货前可以对卖家的沟通能力、生产与定制能力进行打分；买家在确认收货后可以对卖家的沟通能力、生产与定制能力、发货效率、产品质量进行打分。

最近180天和卖家进行了多轮沟通的高星级买家在一次完整的交易周期中有3次评价机会，分别在沟通完成后、支付完成但未确认收货前、确认收货后；其他买家在一次完整的交易周期中有2次评价机会，分别在支付完成但未确认收货前、确认收货后。

2）订单评分的提升方法

卖家要想提升订单评分，就要提升订单评价的3个计分变量，即服务质量、发货效率和产品质量。卖家的订单评分会在多个页面显示，如搜索列表页、产品信息详情页、产品信息详情页面→Buyer Reviews、Reviews List、店铺→Profile→Company Overview、店铺→Profile→Business Performance→Ratings & Reviews。

当交易完成时，卖家需要及时查看买家评价，卖家可通过My Alibaba后台→交易管理→评价管理进行评价管理和回复买家评价。卖家要尽量避免出现中差评，当出现评分降低的时候，要迅速分析原因，找出有问题的计分变量，并及时和买家沟通。如果是误会，卖家就要及时澄清；如果是产品、发货或服务出现了问题，卖家就要做好解释工作，争取得到买家的谅解，甚至可以让利给买家，请买家修改评价内容。找出评分低的原因是在为下一步的改善提供参考依据和方向。

另外，卖家还要留意"待评价"和"未评价"订单，虽然买家不评价并不影响卖家的评分，但会导致卖家失去提升评分的机会。因此，在交易完成后，卖家要和买家保持沟通，督促其及时给出好评。

进行线上交易的买卖双方需要一个自由、开放、诚信、安全的交易环境，因此每个平台都会制定自己的订单评价规则，以规范评价行为，促进买卖双方在诚实守信的基础上进行交易。综合来看，各大平台的订单评价规则大同小异。需要注意的是，订单评价规则并不是一成不变的,平台会根据业务发展的需要不断优化和调整评价维度、评价指标、评价标准等。因此,买卖双方要留意订单评价规则的变化。

三、纠纷的类型及处理方法

1. 纠纷的类型

1)未收到货物的纠纷类型

在跨境电商运营过程中,常见的未收到货物的纠纷有延迟交货、海关扣关、货物丢失或被退回等,如表9-6所示。

表9-6 未收到货物的纠纷类型及其原因

纠纷类型	原因
延迟交货	产品不能按时生产
	卖家发货延迟
	卖家填写运单号不及时
海关扣关	产品不合规
	需支付关税
	海关所需的通关证明文件缺少或错乱
货物丢失或被退回	地址原因导致货物不能投递
	被海关退回
	其他原因,如因意外或不可抗力等

2)收到货物的纠纷类型

收到货物的纠纷主要包括货不对版、货物破损、货物短装等,如表9-7所示。

表9-7 收到货物的纠纷类型及其原因

纠纷类型	原因
货不对版	尺寸不符:货物尺寸与产品详情页的描述不符
	颜色不符:所收到的货物与产品详情页的描述存在色差
	材质不符:所收到的货物与产品详情页描述的材质不符
	品牌不符:所收到的货物与产品详情页描述的品牌不符,或者为假冒品牌
	型号/款式不符:产品的型号与选择的内容不符
	货物质量问题
货物破损	货物包装问题导致货物破损
	货物本身破损
	物流商运输不当,导致货物破损
货物短装	卖家漏发产品
	空包裹
	货物中途丢失

2. 纠纷的处理方法

买家一旦提起纠纷，平台会就对产品进行搜索降权，这会影响产品的曝光。若纠纷提起率累计达到一定程度，则会导致产品刊登权限被关闭。因此，卖家一方面需要积极地与买家沟通，以降低纠纷提起率；另一方面需要采取积极的态度来解决纠纷，降低纠纷给自己带来的不良影响。

在处理纠纷的过程中，卖家需要采用不同的方式和技巧（包括及时沟通、态度专业、保持礼貌、换位思考、保留证据等），让买家感受到卖家的诚意。出现纠纷并不意味着店铺或产品一定有问题，但纠纷过多会影响店铺的正常经营，会对卖家的利益产生不利的影响。因此，面对纠纷，卖家需要采用积极的方式进行处理，学会倾听、跟踪服务、登记备案。

本 章 小 结

本章主要介绍了交易管理的内容：第一节介绍了出口产品成本核算的内容；第二节介绍了定价与报价的内容；第三节介绍了交易确认的3种形式，分别是形式发票、签署外贸合同、在线起草订单；第四节介绍了订单管理的内容，包括订单交易状态、订单处理、纠纷的类型及处理方法。通过学习本章，读者应能掌握出口产品成本的构成和核算方法；能灵活运用出口定价方法和报价策略；能通过形式发票、外贸合同确认交易，并能签署e收汇订单、信用保障订单，合规处理交易。

本 章 练 习

一、选择题

1．出口产品成本价格包括（　　）。
A．国内费用和国外费用
B．进货成本和国外费用
C．进货成本
D．进货成本和国内费用

2．在使用FOB/CIF术语时，国际货运保险应由（　　）办理。
A．买方/卖方
B．卖方/买方
C．买方/买方
D．卖方/卖方

3．中国公司出口一批鞋到西班牙，西方支付保险与国际运输费，中方办理出口报关，西方办理进口报关。下列产品报价中，正确的是（　　）。
A．CNY 86.26/pair CIF Shanghai
B．CNY 86.26/pair FOB Shanghai
C．CNY 86.26/pair CIP ESBCN
D．CNY 86.26/pair FOB ESBCN

4. 根据《INCOTERMS 2020》，下列对 EXW 的描述中，正确的是（   ）。

A．在供应商工厂交货

B．卖方办理出口租船订舱业务且支付相关费用

C．买方提交商业单据且办理出口业务

D．买方办理出口租船订舱业务

5. 买卖双方为了快速回笼资金，选择在阿里巴巴国际站签订（   ）订单，主要原因在于该订单支持跨境贸易下单及收汇，不占用额度，助力资金快速周转，贸易纠纷由买卖双方自行协商解决。

A．信用保障交易

B．海外仓交易

C．RTS 交易

D．e 收汇交易

二、计算题

某公司从工厂购进 5000 只玩具熊，含税采购价格为每只 15 元。该产品适用的增值税税率为 13%，退税率为 16%。该批产品出口的业务综合费用为采购成本的 3%，银行汇率为 6.735 元人民币/美元，利润率为报价的 20%。试计算单位产品的 FOB 价格。

三、实训题

客户 Lily（电子邮箱：Lily@gmail.com）打算购买单价为 12 美元的帆布鞋 300 双，预付款为总价的 30%。卖家在预付款到账后 21 个自然日采用海运方式进行线下发货，买家要求卖家在指定的装运港将货物交至买家指定的船上，并承担货物越过船舷之前的一切费用和风险。承运商为 FedEx，海运单号为 EH1263874900JP，采用货运港船上交货方式。货物发往美国，将产生 200 美元的运费和 20 美元的物流保险费。产品质量要求：帆布鞋出厂前已完成质量检验。

请你根据以上信息完成起草信用保障订单的操作，包括从起草订单、买家付款、卖家发货到订单完成的全流程。

要求：

（1）买家信息：根据买家的信息填写。

（2）产品信息：根据买家要求通过已发布的产品添加。

（3）运输条款：根据买家的要求填写。

（4）产品要求：根据买家的要求填写。

（5）提交订单并复制到浏览器中打开，完成买家付款。

（6）卖家选择线下发货方式，并上传海运提单。

（7）查看详情，复制链接到浏览器中打开，完成买家收货。

第十章　履约服务

再完美的合同，没有履约，也是空谈。

> **导入案例**
>
> **9810 方式助力跨境电商业务全球化拓展**
>
> 　　近日，XYZ 公司成功完成了其首个跨境电商 B2B 出口订单，该订单采用 9810 方式顺利通关。这标志着该公司在跨境电商领域取得了新的突破。
>
> 　　这批货物在跨境电商综合试验区园区内完成了所有出口前的准备工作。在港区，这批货物经过严格的检查与审核，成功登上快船，踏上了前往美国洛杉矶港的旅程，最终将被运送至设在美国的海外仓。
>
> 　　9810 是海关监管代码，9810 方式是专属于跨境电商 B2B 出口的一种报关方式。它允许境内企业先将货物通过跨境物流出口至海外仓，在通过跨境电商平台实现交易后，再将货物从海外仓送达境外买家手中。相较于传统模式，海外仓前置备货的方式能够显著地提高配送时效。据估算，这种方式可使配送时效提高 70% 以上。
>
> 　　XYZ 公司此次采用 9810 方式，不仅提升了货物的配送效率，还降低了物流成本，提升了客户体验。XYZ 公司的负责人表示，此次通关成功为 XYZ 公司未来的跨境电商出口业务带来了信心，XYZ 公司未来将继续加大在跨境电商领域的投入，探索更多创新运营模式，以推动 XYZ 公司业务快速发展。
>
> 　　为了确保此次通关的顺利进行，商务局、海关高度重视，多次召开跨境电商业务专题会议，指导跨境电商企业完善跨境货物出口业务申报及规范化建设。
>
> 　　随着跨境电商的不断发展，未来将有更多企业采用 9810 方式，推动中国产品更快、更好地走向世界。

第一节　外贸单证的办理与缮制

　　外贸单证是外贸服务的载体。跨境电商 B2B 业务涉及诸多外贸单证，其中既包括装箱单、汇票、商业发票、产地证、信用证等贸易类单证，又包括物流委托单、报关单、提单等货运类单证。外贸单证的办理与缮制是合同履行的必要手段。

一、制作装箱单

1. 装箱单的定义

装箱单（Packing List）是记载或描述货物包装情况的单据，通常由跨境贸易的出口商签发，不显示货物的单价和总价。它既是商业发票的附属单据，又是重要的货运单据。除此之外，装箱单还是银行结汇的单据之一，以及出口报检、报关的附属单据。进口商在进口报关时需要提供装箱单。

2. 装箱单的主要内容

装箱单是由出口商签发，载明所售货物数量及包装情况的说明文件。装箱单一般具有与商业发票一一对应的关系。装箱单并无固定统一的格式，其内容可以根据信用证或合同的要求和货物的特点由出口商自行设计。装箱单示例如图 10-1 所示。

Issuer:

PACKING LIST

To:

Invoice No: _____
Date: _____
Contract No: _____

Marks	Description	(CTN)	(KGS)	(KGS)	(CBM)

图 10-1 装箱单示例

装箱单的主要内容如下。

（1）签发人（Issuer）名称。签发人为企业的，须填写企业的中文和英文名称。有的企业在印刷空白装箱单或用计算机制单时，会将企业的中文和英文名称预先印上去。

（2）文件名。装箱单的文件名为"PACKING LIST"，应用粗体大号字在单据的醒目位置标出。

（3）装箱单收单人（To）。装箱单收单人即收货人。在使用信用证付款时，装箱单收单人应填写信用证申请人的名称和地址。在使用托收、电汇方式付款时，装箱单收单人应填写合同买方的名称和地址。

（4）装箱单号码（No.）。装箱单号码同发票号。出口商有权自行编制装箱单号码。

（5）装箱单日期（Date）。装箱单日期同发票日期。

（6）信用证号码（L/C No.）。只有当信用证条款明确要求填写信用证号码时才填写。

（7）开证日期（L/C Date）。只有当信用证条款明确要求填写开证日期时才填写。

（8）唛头及件号（Marks and Numbers）。唛头及件号同发票唛头及件号。

（9）货物内容（Description of Goods）。货物内容包括货物的名称（可以简写）、规格、数量（成交数量等于计价数量）。

（10）货物的包装数量（Number and Kind of Packages）。订舱委托书、场站收据、提单等单据需要以货物的包装数量为依据进行缮制。

（11）单位货物体积（CBM）、单位货物净重（Net Weight）、毛重（Gross Weight）。有时，出口商需要工厂生产线或成品库人员提供单位货物体积、单位货物净重、毛重信息。

（12）总体积（M3）、总净重（KGS）、总毛重（KGS）。总体积、总净重、总毛重由单个数值乘以运输包装数量得出。

（13）包装形式描述（Packing）。例如，packing in cartons、packing in iron drums、packing in wooden cases 等。

（14）签发人签字或盖章（Signature）。签发人签字或盖章即出口商签字或盖章，应根据需要由签发人签字或盖章。装箱单的签署，除非信用证有明确规定，否则无须盖章。

3．装箱单的缮制

缮制装箱单时的注意事项：装箱单上的特殊条款要参照信用证 46A 款关于装箱单的要求和 47A 款的特殊条款来缮制。装箱单的要素及制单依据如表 10-1 所示。

表 10-1　装箱单的要素及制单依据

序号	装箱单的要素	制单依据
1	装箱单号	同发票号
2	文件名称	信用证 46A 款
3	开票人名称	信用证 59 款中受益人的名称
4	抬头人名称与地址	信用证 50 款中申请人的名称与地址
5	装箱单日期	同发票日期
6	装运唛头	同发票
7	运输包装种类	同发票
8	运输包装件数	同发票
9	计价数量	同发票
10	品名及规格	同发票，或者写统称
11	包装情况	同发票
12	单个包装净重	由工厂提供
13	单个包装毛重	由工厂提供
14	总净重	计算得出
15	总毛重	计算得出
16	单个包装尺码	由工厂提供
17	总尺码	计算得出
18	特殊条款	参考信用证 46A 款、47A 款

二、制作汇票

1. 汇票的定义

根据《中华人民共和国票据法》的规定，汇票（Bill of Exchange）是出票人签发的，委托付款人在见票时或在指定日期无条件支付确定的金额给收款人或持票人的票据。

汇票是一种可以代替现金的支付工具，一般有两张正本（First Exchange 和 Second Exchange），它们具有同等的效力。付款人只需支付一次，先到先付，后到无效。

2. 汇票的种类

1）银行汇票和商业汇票

按出票人划分，可将汇票分为银行汇票（Banker's Draft）和商业汇票（Commercial Draft）。银行汇票的出票人和付款人都是银行。银行汇票由银行签发后，交给汇款人，由汇款人将其寄交国外收款人并向付款行取款。此种汇款方式称为票汇，又称顺汇法或汇付法。

商业汇票的出票人是工商企业或个人，也可以是银行。在国际贸易结算中，出口商在用逆汇法向国外进口商收取货款时签发的汇票即属商业汇票。

2）即期汇票和远期汇票

按付款期限划分，可将汇票分为即期汇票（Sight Draft，Demand Draft）和远期汇票（Time Draft，Usance Draft）。即期汇票是在交单或见票时立即付款的汇票。远期汇票是在一定期限或特定日期付款的汇票。

3）光票和跟单汇票

按有无附属单据划分，可将汇票分为光票（Clean Draft）和跟单汇票（Documentary Draft）。光票是不附带货运单据的汇票。银行汇票多是光票。跟单汇票是附带货运单据的汇票。跟单汇票除有当事人的信用外，还有物的保证。商业汇票一般多为跟单汇票。

4）银行承兑汇票和商业承兑汇票

按承兑人划分，可将汇票分为银行承兑汇票（Banker's Acceptance Draft）和商业承兑汇票（Commercial Acceptance Draft）。银行承兑汇票属银行信用，是由银行承兑的远期汇票。商业承兑汇票是由企业或个人承兑的远期汇票，商业承兑汇票属商业信用。因此，银行承兑汇票的信用程度高于商业承兑汇票。

3. 汇票的必备内容

根据《中华人民共和国票据法》的规定，汇票必须记载下列事项。

（1）表明"汇票"的字样。
（2）无条件支付的委托。
（3）确定的金额。
（4）付款人名称。
（5）收款人名称。
（6）出票日期。
（7）出票人签章。

汇票上未记载上述规定事项之一的，汇票无效。在实际业务中，汇票上记载付款日期、付款地和出票地等事项的，一定要清楚、明确。

汇票上未记载付款日期的，为见票即付。

汇票上未记载付款地的，付款人的营业场所、住所或经常居住地为付款地。

汇票上未记载出票地的，出票人的营业场所、住所或经常居住地为出票地。

汇票示例如图 10-2 所示。

汇 票 BILL OF EXCHANGE									
凭 Drawn Under	SHINHAN BANK, SEOUL, KOREA				不可撤销信用证号码 Irrevocable L/C No.				M4323102NU00876	
日期 Dated	APR. 25, 2020			支取 Payable with interest	@	%	按	息	付款	
号码 No.	TJ20-3002	汇票金额 Exchange for		USD79,200.00			天津 Tianjin	MAY 15, 2020		
见票 at	60 DAYS AFTER			日后（本汇票之副本未付）付交 sight of this FIRST of Exchange (Second of Exchange being unpaid)　Pay to the Order of							
BANK OF CHINA TIANJIN BRANCH										
金额 The sum of	SAY US DOLLARS SEVENTY NINE THOUSAND TWO HUNDRED ONLY								
此致 To	SHINHAN BANK, SEOUL, KOREA								
								TIANJIN ZHIXUE TRADING CO., LTD.		
								(Authorized Signature)		

图 10-2　汇票示例

4．汇票的缮制

1）出票根据（Drawn Under）

在信用证支付条件下，开证行是提供银行信用的一方，开证行开出的信用证会最终伴随所要求的单据成为凭以向买方（付款人）收款的书面证据。本栏要求根据信用证写出开证行的全称。

2）信用证号码（L/C No.）及开证日期（Date）

信用证号码参见 SWIFT（Society for Worldwide Interbank Financial Telecommunication，全球银行金融电讯协会）信用证中的 20 款。开证日期参见 SWIFT 信用证中的 31C 款。常见的错误是把出具汇票的日期填写在这一栏。年息（Payable with interest @% per annum）一栏由结汇银行填写，用于清算企业与银行间的利息费用。

3）汇票小写金额（Exchange for）

汇票小写金额先填写币制的 3 个英文字母 USD，再填写阿拉伯数字金额，小数点后保留两位数字，如 USD1440.80。汇票金额一般不超过信用证规定的金额。

4）汇票大写金额（The sum of）

大写金额由小写金额翻译而成，要求顶格，不留任何空隙，以防有人故意在汇票金额上

做手脚。大写金额也由两个部分构成：一是货币名称；二是货币金额。大写金额位于 The sum of 之后，习惯上句首加 SAY，意为"计"；句尾加 ONLY，意为"整"，小数点用 POINT 或 SENTS 表示。例如，USD1440.80 的大写为 SAY US DOLLARS ONE THOUSAND FOUR HUNDRED AND FOURTY POINT EIGHT ONLY。通常，汇票金额与发票金额一致，如果信用证规定汇票按发票价值的 95%或以贷记通知单（Credit Note）中的方法扣除佣金，那么应将从发票中扣除上述金额后的余额作为汇票的金额。汇票金额不得超过信用证金额，除非在信用证中另有规定。

5）号码（No.）

这一栏应填写制作本交易单据中发票的号码。它本来的用意是核对发票与汇票中相同和相关的内容，如金额、信用证号码等。一旦在一套单据中这一栏内容出现错误或需要修改，只要查出与发票号码相同的汇票，就能确定它们是同一笔交易的单据，从而给核对和纠正错误带来便利。在实务工作中，制单人员往往将这一栏称作汇票号码，因此汇票号码一般与发票号码一致。

6）付款期限（At...sight/Tenor）

汇票付款期限有即期和远期之分。

（1）即期汇票表明在汇票的出票人按要求向银行提交单据和汇票时，银行应立即付款。即期汇票的付款期限的填写较简单，只需使用"×××""---""***"等符号或直接将 AT SIGHT 字样填入即可。但该栏不能空白不填。

（2）远期汇票表明银行在出票一定期限后或特定日期付款。根据远期起算时间的不同，可将远期汇票分为不同的类型，如出票后若干天付款的远期汇票、定日付款的远期汇票等。

例如，信用证规定见票后 90 天付款（"Available against your drafts drawn on us at 90 days after sight"），在 at 与 sight 之间填入 90 days after，意思是从承兑日后的第 90 天为付款期。又如，信用证规定出票后 80 天付款（"Available against presentation of the documents detailed herein and of your drafts at 80 days after date of the draft"），则在 at 后填入 80 days after date，将汇票上的 sight 划掉，意思是在汇票出票日后 80 天付款。再如，信用证规定提单日后 70 天付款（Available by beneficiary's drafts at 70 days after on board B/L date），则在 at 后填入 70 days after on board B/L date，划掉 sight，意思是提单日后的第 70 天为付款期。

还有一种远期汇票，即信用证汇票条款中规定的远期汇票。例如，"Available by your drafts at 80 days after sight on us..."。在特殊条款中又规定受益人可即期收款。例如，"The negotiating bank is authorized to negotiate the insurance drafts on sight bases, as acceptance commission, discount charges and interest are for account by buyer."。这种情况仍按远期（80 days after）填制，但可向议付行即期收款，其贴息由开征人负担。

7）受款人（Pay to the order of/Payee）

应从信用证的角度来理解这一栏的要求。信用证由银行提供货款，整个信用证的执行都处在银行的监督、控制下，同时开证行不会跟受益人直接往来，而是通过另一家银行与受益人接触。因此，当开证行按信用证规定把货款交给受益人时，也应通过一家银行，这家银行应成为信用证履行中第一个接受货款的一方，为此，该家银行被称为受款人。因此，在信用证支付的条件下，汇票中的受款人这一栏应填写银行的名称和地址，一般是议付行的名称和地址。究竟将哪家银行作为受款人，要看信用证中是否有具体的规定，即规定是公开议付还是限制议付。

8）汇票的交单日期

汇票的交单日期是指受益人把汇票交给议付行的日期。这一栏由银行填写，而银行在填写此日期时应注意交单日期不能超过信用证的有效期。

9）付款人（Drawee）

信用证项下汇票的付款人和合同的付款人不完全相同。从信用证的角度来看，汇票的付款人应是提供这笔交易信用的一方，即开证行或其指定的付款人。但从合同的出发点来看，信用证只是一种支付方式，是为买卖合同服务的。买卖交易中的最终付款人是买方，通常是信用证的开证申请人。根据国际商会制定的《跟单信用证统一惯例》的相关规定，信用证不应凭以申请人为付款人的汇票支付。但如果是信用证要求以申请人为付款人的汇票，那么银行应将视此种汇票为额外的单据。因此，汇票的填写应严格按照信用证的规定进行。

10）出票人（Drawer）

虽然汇票上没有出票人这一栏，但习惯上会把出票人的名称填写在汇票的右下角，以与付款人对应。出票人即出具汇票的人，在贸易结汇使用汇票的情况下，一般由出口商填写，主要包括出口商的全称和经办人的名字。

汇票在没有特殊规定时，一式两份。汇票一般在醒目的位置印上1、2字样，或者original、copy字样，表示第一联和第二联。汇票的第一联和第二联在法律上无区别。第一联生效则第二联自动作废（Second of exchange being unpaid），第二联生效则第一联自动作废（First of exchange being unpaid）。

汇票的要素及制单依据如表10-2所示。

表10-2 汇票的要素及制单依据

序号	汇票的要素	制单依据
1	文件名称	汇票（BILL OF EXCHANGE）（预先印就）
2	凭	信用证上51A款开证申请人的银行
3	信用证号码	信用证上20款跟单信用证号码
4	日期	信用证上31C款开证日期
5	汇票号码	同发票号
6	金额小写	信用证上32B款跟单信用证的货币及金额
7	汇票日期	同提单日期
8	见票	即期打****，远期直接写××days
9	凭××银行指令付款	交单银行的英文名称
10	金额大写	英文数字描述
11	此致	信用证上42D款付款银行英文名称
12	出票人签字	受益人的名称加签章

三、制作其他单据

1．商业发票

1）商业发票的定义

商业发票（Commercial Invoice）是出口商向进口商开立的发货价目清单，它既是买卖双方记账的依据,又是进出口报关交税的总说明。商业发票是对一项业务的全面反映,内容包括货物的名称、规格、价格、数量、金额、包装等。商业发票是进口商办理进口报关不可缺少的文件。因此,商业发票是全套出口单据的核心,其余单据均需参照商业发票来缮制。

2）商业发票的作用

（1）商业发票是交易的合法证明文件,是货运单据的中心,也是装运货物的总说明。
（2）商业发票是买卖双方收付货物和记账的依据。
（3）商业发票是买卖双方办理报关纳税的计算依据。
（4）在信用证不要求提供汇票的情况下,商业发票可以代替汇票作为付款的依据。
（5）商业发票是出口商缮制其他出口单据的依据。

3）商业发票的内容

（1）出票人的名称与地址（Exporter's Name and Address）,即开票人。
（2）发票名称（Name of Document）。
（3）发票号（No.）。
（4）发票日期（Date）。
（5）信用证号码（L/C No.）或（Documentary Credit No.）。
（6）合同号（Contract No.）。
（7）收货人（Consignee）。进口方又称抬头人,即发票开给的一方。
（8）航线（From...to...）。
（9）唛头及件号（Marks and Number）。
（10）货物描述（Description of Goods）。
（11）单价及价格术语（Unit Price and Trade Terms）。
（12）总值（Total Amount）。
（13）声明文句及其他内容（Declaration and Other Contents）。
（14）出票人签章（Signature of Drawer）。

商业发票示例如图 10-3 所示。

1. 出口商 Exporter		4. 发票日期和发票号 Invoice Date and No.		
		5. 合同号 Contract No.	6. 信用证号码 L/C No.	
2. 进口商 Importer		7. 原产地国 Country/region of origin		
		8. 贸易方式 Trade Mode		
3. 运输事项 Transport Details		9. 交货和付款条款 Terms of Delivery and Payment		
10. 运输标志 Shipping Marks	11. 包装类型及件数；货物描述 Number and Kind of Packages; Commodity	12. 数量 Quantity	13. 单价 Unit Price	14. 金额 Amount
	15. 出口商签章 Exporter Stamp and Signature			

图 10-3 商业发票示例

商业发票的要素及制单依据如表 10-3 所示。

表 10-3　商业发票的要素及制单依据

序号	商业发票的要素	制单依据
1	发票号	受益人自行编制，可含有字母、数字等
2	文件名称	信用证 46A 款（Commercial Invoice）
3	开票人名称、地址	信用证 59 款受益人的名称、地址
4	抬头人名称、地址	信用证 50 款申请人的名称、地址
5	发票日期	开发票的日期，通常在开证日后 2~3 天内
6	运输方式	按照合同约定或贸易惯例
7	从（装货港）	信用证 44E 款
8	到（卸货港）	信用证 44F 款
9	装运唛头	按照合同约定或由工厂提供
10	运输包装种类	信用证 45A 款或按照合同约定或由工厂提供
11	运输包装件数	信用证 45A 款或按照合同约定或由工厂提供
12	计价数量	信用证 45A 款或按照合同约定或由工厂提供
13	品名及规格	信用证 45A 款
14	单价	信用证 45A 款，包括币制、单件金额、贸易术语
15	总金额	信用证 32B 款，包括币制、总额
16	包装情况	按照合同约定或由工厂提供
17	特殊条款	信用证号码、开证日期、原产地声明等

2．提单

1）提单的定义

《中华人民共和国海商法》第七十一条对提单（Bill of Lading，B/L）的定义如下："提单，是指用以证明海上货物运输合同和货物已经由承运人接收或者装船，以及承运人保证据以交付货物的单证。提单中载明的向记名人交付货物，或者按照指示人的指示交付货物，或者向提单持有人交付货物的条款，构成承运人据以交付货物的保证。"

2）提单的功能

（1）提单可以作为海上运输合同成立的证明。

（2）提单可以作为货物已由承运人接管或已装船的收据。

（3）提单可以作为承运人保证凭以交付货物的物权凭证。

3）提单的内容

提单包括下列内容：货物的品名、标志、包数或件数、重量或体积，以及运输危险货物时对危险性质的说明；承运人的名称和主营业场所；船舶名称；托运人的名称；收货人的名称；装货港和在装货港接收货物的日期；卸货港；多式联运提单增列接收货物地点和交付货物地点；提单的签发日期、地点和份数；运费的支付；承运人或其代表的签字。提单示例如图 10-4 所示。带有详细内容的海运委托书、场站收据及客户传来的提单草稿均可成为提单样本。制单人员在制单后需要将其传给托运人确认。托运人在核对无误后，进行签字回传。此单成为"OK 件"，制单人员凭此"OK 件"打印、签发提单。提单的要素及制单依据如表 10-4 所示。

图 10-4 提单示例

表 10-4　提单的要素及制单依据

序号	提单的要素	制单依据
1	提单号	场站收据/下货纸编号
2	文件名称	提单（BILL OF LADING）（预先印就）
3	托运人	摘自委托书/场站收据/信用证 59 款
4	收货人	摘自委托书/场站收据/To Order/信用证 46A 款
5	通知人	摘自委托书/场站收据/信用证 50 款
6	船名航次	场站收据/订舱回执
7	装货港	摘自委托书/场站收据/信用证 44E 款
8	卸货港	摘自委托书/场站收据/信用证 44F 款
9	集装箱号	场站收据/CLP 装箱单
10	铅封号与唛头	场站收据/CLP 装箱单
11	运输包装件数	摘自委托书/场站收据/装箱单
12	货物描述	摘自委托书/场站收据/信用证 45A 款
13	总毛重	摘自委托书/场站收据/装箱单
14	总尺码	摘自委托书/场站收据/装箱单
15	海运费支付方式	摘自委托书/场站收据/信用证 46A 款
16	运输包装件数大写	摘自委托书/场站收据，格式为 Total…only
17	签单地点、日期	装运港口所在城市、装船完毕日期
18	正本提单份数	摘自委托书/场站收据
19	签提单人	船公司/船长/船代理
20	承运人	见提单右上角（预先印就）

第二节　生产备货

在跨境电商出口合同的履行中，货（备货）、证（催证、审证和改证）、船（租船、订舱）、款（制单结汇）4 个环节的工作最为重要。其中，备货是指按订单、合同或信用证的要求，按时、按质、按量地准备好出口货物。备货是履行合同的基础。备货的基本要求如下：货物的品质、包装必须符合合同的规定和法律的要求；货物的数量必须符合合同的规定；货物备妥时间应与合同和信用证规定的装运期限相适应；卖方对出售的货物应当拥有完全的所有权。生产备货特别要做好非规格品定制与委托生产、供应商选择与产品采购、产品质检等工作。

一、非规格品定制与委托生产

卖方根据买方的要求，在标准产品的基础上，生产、改造或定做的产品为非规格品。对于标准产品，卖方可采用批量生产的方式。对于非规格品的定制，委托方与加工方会订立委托加工合同书或购销合同（见图 10-5）。委托加工合同书或购销合同务必与合同、信用证、形式发票或正式商业发票的细节一致，保证交货期，尽量留够时间余量。同时，委托方会明确在物料采购、生产、过程管控、产品质量控制、物流运输等环节进行检查和监督，并定期检查生产情况和产品质量。

购 销 合 同

甲方：　　　　　　　　　　　　　　　　　　　　　合同编号：

乙方：　　　　　　　　　　　　　　　　　　　　　签订地点：

　　　　　　　　　　　　　　　　　　　　　　　　签订日期：

一、产品型号、数量、金额：

No.	型号	图片	颜色	尺寸/厘米	包装	单价（出厂不含税价格）	数量/个	总额/元
		纸箱要印制唛头						

以上价格包含包装费用，乙方付费装箱，预付款总计：　　　　　，交货期：　　　　　天。

二、产品质量要求：

（一）根据甲方要求进行包装，出口精包装。

（二）产品表面必须保持清洁，无污点，光滑，无划痕，无锈。

三、产品质量检验方法：

在生产过程中，甲方派人不定时进行产品质量监督，乙方应配合，并在发现问题时及时解决。在产品包装前，乙方应通知甲方进行包装前抽检。在成品包装完好后，甲方进行 5%的产品抽检，若发现不合格品，则再抽检 10%，若仍有不合格品，则进行 100%检验。产品检验合格后准备装柜。

四、时间：

　　　年　　月　　日，乙方必须完成产品的生产和包装，准备装柜。

五、权责关系：

出口产品因质量发生索赔、迟交造成收汇等风险，责任由乙方承担。迟交货一周赔付 1%，迟交货两周赔付 3%，迟交货 3 周赔付 6%。

六、结算方式：

装柜日付清货款。

七、合同争议的解决方式：

本合同在履行过程中发生的争议，由双方当事人协商解决；也可由有关部门调解；协商或调解不成的，提交仲裁。

甲方名称（章）：

代理人：　　　　　　　　　　　　　　　　　　　　代理人：

电话号码：　　　　　　　　　　　　　　　　　　　电话号码：

图 10-5　购销合同

二、供应商选择与产品采购

1．供应商选择

供应商在跨境供应链中扮演着重要的角色，不同行业对供应商的要求千差万别，因此出口商要结合自身条件及所在行业的具体要求来进行供应商选择。影响供应商选择的主要因素如下。

（1）产品质量。质量是供应链的生存之本，产品的使用价值是以产品质量为基础的，产品质量影响着产品的市场竞争力和占有率。因此，产品质量是影响供应商选择的一个重要因素。

（2）产品价格。价格低，意味着出口商可以降低其生产经营的成本，对出口商增强竞争力和增加利润有着明显的作用。因此，产品价格是影响供应商选择的重要因素。但是，产品价格最低的供应商不一定就是最合适的，出口商还需要考虑产品质量、交货期等诸多因素。

（3）交货期。供应商能否按约定时间和地点准时交货，直接影响出口商生产和供应活动的连续性，也会影响各级供应链的库存水平，继而影响出口商对市场的反应速度。

（4）产品柔性。在全球市场的背景下，消费者更注重产品的个性化、多样化，而产品的多样化以供应商的产品柔性为基础。产品柔性决定了产品的种类。

（5）其他因素。其他因素包括供应商的产品设计能力、特殊工艺能力、整体服务水平、项目管理能力等。

出口商在选择供应商时，应本着质量、成本、交付和服务并重的原则。其中，质量因素是最重要的，所以出口商在选择供应商时要确认供应商是否建立了一套稳定、有效的质量保障体系，是否具有生产所需特定产品的设备和工艺能力。在成本与价格方面，出口商要对所涉及的产品进行成本分析，并通过双赢的价格谈判实现成本节约。在交付方面，出口商要确定供应商是否拥有足够的生产能力、是否拥有充足的人力资源、是否具有扩大产能的潜力。此外，供应商的售前、售后服务也是出口商在选择供应商时应考虑的因素。

2．产品采购

在选定供应商后，出口商便要进行产品采购作业。在这个过程中，出口商应做好采购管理工作，以节约人力、财力成本，控制备货数量，避免压货或缺货的情况发生。出口商应定期与供应商进行沟通，保持良好的供应伙伴关系，保证产品采购和入库的顺利进行。从整个供应链总成本的角度看，在保持合理库存的情况下，出口商应尽量降低采购成本，充分利用集中采购或供应商管理库存的模式。比起从多家供货商分散购买，不如集中从一家供货商采购，采购量大优惠就多，也能节省运费。采购单示例如图10-6所示。

三、产品质检

1．产品质检概述

在备货过程中，出口商要及时跟踪产品的生产及交付情况，把控产品质量，在发现问题后应及时解决。对于产品的品质、规格，出口商应按合同的要求进行核实，在必要时应进行加工整理，以保证产品的品质、规格与合同的规定一致。出口商应确保产品的数量满足合同或信用证对产品数量的要求。备货的数量应适当留有余地，以备装运时可能发生的调换和适应舱容之用。出口商应对产品的包装和唛头进行认真检查和核实，使之符合合同或信用证的规定。产品的包装应做到保护产品和方便运输。若有包装不良或破损情况，则出口商应及时进行修理或换装。唛头应按合同规定的式样印刷。

工厂在生产过程中，应定期把产品送到有关部门进行检验，以保证产品的品质、规格符合合同的规定。出口商应把产品的唛头告诉工厂，以便工厂及时印刷唛头。产品质检表示例如图10-7所示。

×××贸易有限公司

采购单

To		联系人	
TEL		FAX	
地址			
部门		申请人		申请日期	
形式发票号		采购单号			
序号	品名及规格	数量	单价	金额	备注
1					
小计					
订单要求					
交货时间					
送货地址					
付款方式					

供应商：　　　　　　　　　　　　　采购方：
签字或盖章：　　　　　　　　　　　签字或盖章：

图 10-6　采购单示例

×××贸易有限公司

产品质检表

检查项目		检查结果						改正措施
箱子唛头	主要	□						
	侧唛	□						
产品数量	总数	类型1	类型2	类型3	类型4	类型5		
	□	□	□	□	□	□		
包装尺寸	长						□	
	宽						□	
	高						□	
	其他						□	
产品尺寸	长						□	
	宽						□	
	高						□	
	其他						□	
产品照片							□	
安装说明书							□	
配件与安装说明书对应							□	
组装							□	
特别注意事项								
备注								

检验人 1：　　　　　　　　检验人 2：　　　　　　　　检验日期：

图 10-7　产品质检表示例

2. 验货服务

为了降低交易风险并把控产品的质量，阿里巴巴联合国际知名第三方专业检验检测公司（如必维集团、中国检验认证有限公司、瑞士通用公证行等）提供专业、全面的验货服务。在产品生产及包装完成待交运前，第三方验货人员上门对产品的数量、工艺、功能、颜色、规格和包装等细节进行检查，并出具验货报告。验货服务范围以消费品行业为主，主要覆盖城市区域，阿里巴巴国际站全行业基本上都在验货服务范围内。验货服务的内容如表 10-5 所示。

表 10-5 验货服务的内容

检验水平	Level S-3	Level G-Ⅰ	Level G-Ⅱ
服务商	BV CCIC	SGS BV	CCIC SGS
价格	118 美元 826 元	178 美元 1246 元	188～218 美元 1316～1526 元
外观工艺抽查	≤50 件	≤500 件	≤500 件
功能性抽查	1 件	3 件	3 件
按合同要求抽查	3 件	3 件	10 件
一致性抽查	3 件	3 件	3 件
清点数量	全部	全部	全部

第三节 跨境物流

跨境物流是把货物从一个国家或地区通过海运、空运或陆运方式，运到另外一个国家或地区的物流方式。其实质是按国际分工协作的原则，依照国际惯例和标准，利用国际化的物流网络、物流设施和物流技术，实现货物在不同国家或地区之间的流动与交换，以促进区域经济的协调发展和世界资源的优化配置。跨境物流是跨境电商的核心环节，也是货物交易的必要环节，对买家的收货体验、卖家的物流成本控制及最终的销售额都会产生直接影响。跨境物流系统的高效率、高质量、低成本运作是促进跨境电商发展的保障。

一、跨境物流的类型

1. 批量货物运输方式

批量货物运输方式主要有海洋运输、铁路运输、航空运输、公路运输等，不同的运输方式有各自的优点和缺点，如表 10-6 所示。

表 10-6 批量货物运输方式的优点和缺点

运输方式	优点	缺点
海洋运输	运量大，通过能力强，运费低	速度慢，受自然条件的影响较大，航期不准，风险高
铁路运输	运量较大，可靠性高，比海洋运输的速度快，运费低	受车厢容积、载重限制，机动性差

续表

运输方式	优点	缺点
航空运输	速度快，货运质量高，不受地面限制	运量小，运费高，运输的货物种类受限制
公路运输	机动灵活，速度快，方便，能实现"门到门"运输	运量有限，运输成本高，易造成货损事故

2．零散货物运输方式

零散货物运输方式种类繁多，大体上可分为邮政物流、国际快递、专线物流、海外仓等类型。不同零散货物运输方式，其费用、清关能力、成本、交货期、安全性等各不相同。

1）邮政物流

邮政物流是指卖家通过中国邮政的物流网络，将本地货物送交国外买家的运输体系。从广义上讲，邮政物流可分为国内物流、国际物流、电商物流。在本节中，邮政物流特指跨境电商背景下的物流体系。当前，邮政物流包括邮政小包、e特快、e包裹、e邮宝、e速宝。邮政物流系统的覆盖面特别广，基本上全世界的国家都加入了万国邮政联盟（Universal Postal Union，UPU），并且该联盟的成员均承诺提供基础服务且只收取较为低廉的费用。其中，通邮范围最广的是邮政小包，它是指包裹重量在2千克以内，外包装的长、宽、高之和小于90厘米，并且最长边小于60厘米，通过邮政空邮服务寄往国外的小邮包。

邮政小包的优势主要是其覆盖面比其他任何运输方式的覆盖面都要广，可寄达范围广，而且邮政渠道多为国营性质，依托邮政系统，清关能力强，价格低。其劣势是有尺寸和重量限制，一般要求重量在2千克以内，尺寸要求单边长度小于60厘米、三边长度之和小于90厘米，因此只适合重量轻、体积小的货物。另外，它虽然价格低，但时效差。邮政小包平邮的价格最低，时效最差，运送无轨迹跟踪，丢件无赔偿，适合运输价值不高且无时效要求的货物。挂号小包的运费比平邮的高，时效比平邮的好且稳定，能跟踪货物轨迹至妥投，丢件有赔偿，适合运输略贵重且时效要求不高的轻小件货物。e邮宝是为跨境电商量身定制的物流方式，运费介于挂号小包和平邮之间，时效类似挂号小包，货物轨迹跟踪详尽，带妥投信息，丢件无赔偿。

2）国际快递

国际快递是指在两个及两个以上国家或地区之间所进行的快递、物流业务。五大国际快递公司——DHL、UPS、FedEx、TNT和EMS，通过自有的团队和本地化派送服务，为买家和卖家提供良好的服务体验。与优质的服务体验相应的是高昂的运费成本。国际快递公司占据了中国国际快递业务绝大部分的市场份额，虽然国内的顺丰速运、申通等也开始慢慢布局海外市场，但其差距明显。商业快递业务具有速度快、服务好、丢包率低的特点。但是，国际商业快递的价格高，除运费外还有燃油费、偏远费等附加费，资费变动也比较大，清关能力较邮政物流差。它通常只是在寄送一些价值较高、时效性要求较高的货物时才会被采用，如寄送样品等。

3）专线物流

专线物流是指针对特定国家或地区推出的跨境专用物流服务。按照服务对象划分，可将专线物流分为跨境电商平台企业专线物流和国际物流企业专线物流。其中，跨境电商平台企业专线物流是大型跨境电商平台专门为跨境电商平台内销售产品的中小型卖家开发的物流项目，它通过在国内设立仓库，实现提供简单易行且成本较低的物流服务的目的。跨境电商物流专线主要包括航空专线、港口专线、铁路专线、大陆桥专线、海运专线及固定多式联运专线。

专线物流与传统物流（包括邮政物流和国际快递）的不同之处在于一个"专"字，前者一般通过航空包舱的方式将货物运输到国外，再通过合作的物流商进行目的国国内派送。专线物流通过规模效应来降低物流成本，其总体时效比邮政物流的好、比国际快递的差。专线物流的价格会随着时间的推移而发生变化，具体价格以发货时的报价为准。不同的物流商和不同的物流专线或多或少都有价格差异，卖家要根据实际需求，选择合适的专线物流方案。例如，中美海派专线是阿里巴巴国际站为卖家推出的经济型线路，它采用海运+末端 UPS/FedEx 派送的方式，由泛远国际物流承运，提供仓到门服务，但仅支持从美国发货。

4）海外仓

顾名思义，海外仓是建立在海外的仓储设施。在跨境贸易中，国内的卖家将产品通过大宗运输的形式运往目标市场国家或地区，在当地建立仓库，储存产品，并根据销售订单，第一时间做出响应，及时从当地仓库中对产品进行分拣、包装和配送。在大物流时代，很多物流商开始大规模建立海外仓。例如，阿里物流的美西洛杉矶海外仓、美东新泽西海外仓。它们所提供的服务包括：入库、仓储、出库等基础仓库服务；快速、可追溯的货物派送的末端配送服务；贴标、换标、重新包装等增值服务；物流派送失败后的退货服务；支持线下渠道及其他跨境电商平台的订单发货的平台支持服务等。

二、物流方式的选择

物流方式的种类繁多，卖家在选择物流方案时，一般应从产品与物流匹配、买家需求与物流匹配、物流绩效与卖家的经营水平匹配几个方面出发。

1. 产品与物流匹配

物流方式的选择和产品的性质关系密切，产品的属性、重量、价值都会影响卖家对物流方式的选择。卖家在进行选品时应考虑到产品配送的难易程度，以便为买家带来较好的物流服务体验。

产品属性是卖家在选择物流方式时需要考虑的第一维度。对于一般产品，卖家可以采用适合产品价值的任何物流方式。具有特殊属性的产品有其特定的物流方式，常见的具有特殊属性的产品有电池、化妆品、酒精等。

产品重量是卖家在选择物流方式时需要考虑的第二维度。80%的跨境电商包裹的重量在 2 千克之内，符合跨境电商小而散的特征，可以使用邮政物流。重量大于 2 千克的包裹则需要考虑国际快递和专线物流，运费相对较高。另外，卖家还需要考虑产品包装后的体积重量。如果产品包装后的体积重量大于产品实际重量，计体积重量的物流方式的运费会相对较高，卖家就需要考虑海运等方式。

产品价值是卖家在选择物流方式时需要考虑的第三维度。一般来说，高价值产品必须选择有全程跟踪信息的物流方式，最好是快速类物流；一般产品可以选择标准类物流的普通挂号小包；低价值产品可以选择非挂号小包。

2. 买家需求与物流匹配

买家对物流的需求一般可以从地域范围、配送时效、价格水平 3 个方面进行考量。

1）地域范围

考虑地域-物流匹配是指要从买家的区域分布出发，考虑物流方式的区域优势和全球覆盖范围。大部分国家的邮政物流是全球性的服务，只是在不同的区域有着费用和时长的区别。卖家一方面需要整合能为主要的客户群体提供服务的优势物流渠道，增强竞争力；另一方面需要兼顾物流的覆盖性，以及世界其他国家或地区的零散购物需求。

此外，不同的物流方式在不同地域有不同的价格与服务水平，如发往东南亚地区的包裹可以使用东南亚专线，其价格低、速度快。

2）配送时效

对客户进行深刻洞察是物流方案设计的前提。不同的跨境消费场景有不同的物流时长需求，卖家首先要识别买家的消费需求对物流时长的要求和物流价格的承受程度，然后基于对物流资源的整合和渠道的综合分析，为不同国家或地区的买家提供最优的解决方案。

一般来说，就配送时效而言，商业快递比专线物流好，专线物流比邮政物流好。若卖家对配送时效的要求很高，并且要求配送时效具有稳定性，则可以考虑使用海外仓。另外，物流方式的清关能力也会影响配送时效。例如，对于对配送时效要求不高的买家，卖家可以考虑使用邮政小包，以节省成本。

3）价格水平

大件产品、定制化产品或高价值产品对物流运输的要求非常高，运输成本自然较高。对于这类产品，选择专业的服务商提前进行规划，可以有效地降低物流成本，从而增强价格竞争力。

此外，不同的产品价格一般适配不同的物流方式，高价值产品适配商业快递或挂号小包，而低价值产品适配不挂号小包。

3. 物流绩效与卖家的经营水平匹配

1）卖家的物流成本

物流成本是跨境电商运营成本中的重要组成部分，降低物流成本可以为卖家增加利润或降低产品价格，使产品更具价格优势。卖家在选择物流方式时，可以从物流系统的总成本角度进行考虑。物流的总成本包括库存费用、运输费用、采购费用、买家管理费用等。

2）平台的物流能力评价

在平台对卖家的经营进行评价的标准体系中，物流能力是一项重要的标准。以速卖通为例，物流能力得分由 DSR（Detailed Seller Ratings，卖家服务评级系统）物流服务分、平均发货时长、未收到货纠纷提起率、海外仓产品覆盖率和 7 天上网率 5 项指标构成。卖家要想提升物流能力得分，就需要从物流方式方面进行考量。如果发货时间过长，影响买家的购物体验，卖家就会被平台判定为服务质量不合格，其综合评分会被降低。与物流相关的提升复购率的因素主要有发货速度、售后效率，二者都与卖家所选择的物流商和线路有关。

因此，卖家要清楚各种物流方式都能提供何种服务，如是否提供仓储服务、是否提供打包服务、是否提供系统软件服务等。以仓储服务为例，卖家需要清楚各种物流方式提供的仓储在何处、仓储条件如何等。例如，亚马逊对 FBA 物流的支持不仅可以提升配送时效，还可以提升产品的曝光率和排名、减少物流纠纷等。此外，卖家还需要考虑物流信息是否可追踪、丢包率、破损率等因素。

4. 物流方案的综合设计

在选好合适的物流方式后，卖家就可以综合设计物流方案了。物流方案的综合设计主要包括渠道适配、运费计算和模板设置。

卖家在了解了不同物流方式的优势和特点后，就要着手进行渠道适配了。卖家可以从产品特点、物流价格、配送时效、物流服务等方面进行综合考虑，设置不同的物流线路，以适配不同的地理区域。

不同物流方式的计费标准不同。卖家需要区分不同物流方式的计费标准，并根据产品属性整理出影响运费的计费因子（如线路、重量、体积等），分门别类地计算所涉及的各项物流费用。

在做完渠道适配、计算好运费之后，卖家还需要在后台设置运费模板才可以正式进行发货。卖家在选择好运费设置方式后，即可根据自己的情况填写运费模板中的发货地址、到货地区、物流速度、运费等信息。

三、运费模板管理

运费模板是用来设置产品运输详情的，包括承运商、运输时长、运费及目的地。卖家在发布产品时关联运费模板，可以让买家在下单时看到不同的快递服务对应的不同时长和运费。支持买家直接下单的规格化产品需要配置运费模板，其他类型的规格化产品无须配置运费模板。

运费模板的设置方法如下。

（1）进入 My Alibaba 后台，选择"物流服务"→"运费模板"选项，进入"运费模板"界面。

（2）单击"新建运费模板"按钮，进入"运费模板设置"界面。在该界面填写模板名称，默认发货地为"中国大陆"，输入发货地的邮政编码。

（3）选择物流服务类型。根据产品所属类目选择合适的物流服务类型，一个运费模板可同时选择多个物流服务类型。

（4）选择国家和地区，可以选择全部国家或地区适用，也可以选择特定的国家或地区适用。

（5）填写运费详情，即运费的类型、调价率、预计物流时间。默认选择"阿里物流价格"选项，可以根据产品和运费可能产生的偏差设置调价率。如果选择自有物流，那么建议按重量或按数量设置，这样会较为精准。

① 阿里物流价格：选择此类型，即可自动读取平台快递价格，价格为平台与各物流商的协议价。

② 调价率：在选择"阿里物流价格"选项后，会出现"调价率"选项；若选择包邮、协商等其他方式，则无"调价率"选项；若使用阿里物流发货，则可基于整体商业考量，通过调价率来控制运费，一般建议上调至110%～120%。

③ 交易服务费：交易金额大于5000美元的订单必须通过一达通出口，无交易服务费；交易金额在5000美元（含5000美元）以下的订单不通过一达通出口；规格化产品交易订单

则根据物流方式按不同比例（阿里物流为1%，自有物流为2%）交纳交易服务费。

（6）在设置完以上信息后，单击"保存运费模板"按钮即可提交，提交后可以对运费模板进行修改。

运费类型如表10-7所示。

表10-7 运费类型

运费类型	解释	调价率	买家支付运费	说明
阿里物流价格	选择此类型，即自动读取平台快递价格，价格为平台与各物流商的协议价。在选择此类型后，买家可在产品页面查看具体运费	可小于、等于、大于100%	阿里物流价格×调价率	例如，耳机使用阿里物流价格，运费金额是10USD/PC，调价率为110%，在产品页面展示给买家的运费为11USD/PC
卖家包邮	选择此类型，产品页面向买家展示 Free Shipping	N/A、无	0	将运费成本加进产品价格中
协商物流	选择此类型，产品页面提示买家联系卖家确认运费，买家必须在卖家确认并补充运费信息后才能付款	N/A、无	买卖双方协商后，由卖家修改确定	在卖家确认的过程中易流失买家，因此卖家应谨慎选择此类型
按数量设置	选择此类型，最低采购量为首重采购量，产品页面会根据卖家的设置显示运费	N/A、无	根据配置	根据物流价格进行配置
按重量设置	选择此类型，一般以每0.5千克为一个计费总量单位，第一个0.5千克为首重，单位产品页面会根据卖家的设置显示运费	N/A、无	根据配置	根据物流价格进行配置

四、阿里巴巴国际站物流服务

1．线上发货与线下发货

线上发货是由跨境电商平台联合多家优质第三方物流商打造的物流服务体系，卖家使用线上发货可直接在跨境电商平台在线选择物流方案，物流商上门揽收（或卖家自寄至物流商的仓库），发货到境外。线上发货具有可享受卖家保护政策、运费较低、支付方便、渠道稳定、时效较好等优点。线下发货是相对于线上发货而言的，除线上的物流方式外，卖家用任何非线上物流方式发运订单均称为线下发货。线下发货是跨境电商的传统发货方式，可以通过前述的五大国际快递公司来发货，但更多的还是选择和货运代理公司合作。中小型卖家由于日常订单量不大，不足以和五大国际快递公司谈到一个合适的折扣，因此需要借助货运代理公司拿到优势折扣价。卖家直接跟物流商对接，货物的操作要符合物流商的要求，如此一来，在货物出现问题时的相关处理就会更简单一些，如卖家无须重新打印地址标签与报关单等，直接把货物收回再发出即可，而且可以直接跟物流商结账。物流商对线下发货的积极性较高，也会提供多种物流方式供卖家选择。

2．数智化跨境供应链物流服务

阿里巴巴国际站携手生态合作伙伴，打造数智化跨境供应链物流服务，提供透明、便捷、低价的物流方案。数智化跨境供应链物流服务链通全球，为客户提供走得通、走得好、走得省、可智选、可视化、可服务的物流方案，可以解决全球中小型跨境贸易企业出口物流协同难、费用乱、不透明等难题，还可以提供国际海运、国际空运、国际快递和国际陆运等服务。数智化跨境供应链物流服务的流程如图 10-8 所示。

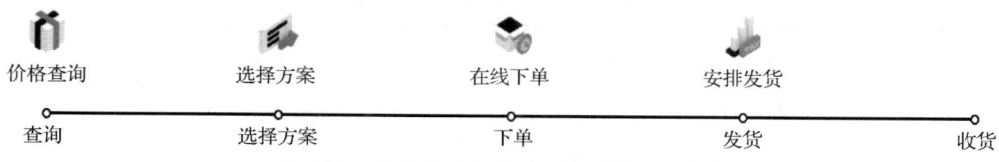

图 10-8　数智化跨境供应链物流服务的流程

1）国际海运服务

阿里巴巴国际站联合各大物流商，为客户提供海运整柜、拼箱服务、船东直采、货代 SaaS（Software as a Service，软件运营服务）等服务，支持在线进行查询船期、订舱等操作，费用透明，真实有效。同时，阿里巴巴国际站提供拖车、报关服务，对于散货，还提供从目的港送货到门等增值服务。

2）国际空运服务

阿里巴巴国际站与全球优质空运服务商合作，提供在线查看空运运费、在线比价、在线下单等服务，支持货物从北京、上海、杭州、广州、深圳多个城市起运，航线覆盖约 170 个目的国和地区，更有拖车、报关等服务。

3）国际快递服务

阿里巴巴国际站与国际知名快递公司合作，在客户完成线上下单支付后，提供快递公司上门取件服务。国际快递服务的运费低至 1.1 折，在北美地区平均 3 个工作日可完成投递，支持全国 36 个城市上门取件，航线覆盖 200 多个目的国或地区。

4）国际陆运服务

阿里巴巴国际站所提供的国际陆运服务，覆盖全国 7 个大区、28 个港口、近 26 000 条线路。国际陆运服务目前有 3 种：中港运输、集港拖车及中俄欧服务。

（1）中港运输：提供从珠三角地区出口至我国香港的送货到门服务，并可承接各地送货至深圳仓库，再集中发货到我国香港的业务；提供在线查询、下单和支付服务，并能使客户及时监控货物流转状态；价格、时效真实有效，拼车低至 0.5 元/千克，当天入仓当天派送；货物状态在线实时更新，货物零风险（赠送最高 10 万元的货运一切险，零免赔额）。

（2）集港拖车：依托阿里巴巴一达通外贸出口的综合服务优势，提供有运力保障的集装箱拖车服务。

（3）中俄欧服务：可实现全国至俄罗斯的"门到门"服务，具有节省时间、通关安全、价格透明的优点。

第四节　跨境电商通关

一、跨境电商监管方式

跨境电商企业的产品进出中国关境必须向中国海关申报。在跨境电商企业履行各项法规规定的义务，办理完海关申报、查验、征税、放行等手续后，其产品才能被放行。

随着跨境电商业务的发展，衍生出不同的跨境电商监管方式。目前，跨境电商监管方式代码有 9610、9710、9810 等，如表 10-8 所示。

表 10-8 跨境电商监管方式

监管方式	进口	出口	依据	交易模式	报关形式	产品范围	海关政策	税收政策	收汇政策
9610	是		海关总署公告 2018 年第 194 号	线上 B2C 平台交易进出口	清单+订单+支付单+物流单	正面清单，单次 5000 元以下	简化申报	无票，免征出口退税	报关单收汇，可凭电子交易单个人收汇
9710	否	是	海关总署公告 2023 年第 75 号	线上 B2B 平台交易出口	报关单/清单+订单	无限额	简化申报，优先查验	有票退税	报关单收汇，电子交易单收汇，外综服代理收汇
9810	否	是	海关总署公告 2020 年第 75 号	先出口海外仓，后线上交易出口	报关单/清单+订单	无限额	简化申报，优先查验	有票退税	报关单收汇，电子交易单收汇，外综服代理收汇

二、9610 方式

2014 年，海关总署发布第 12 号公告，增列代码为 9610 的海关监管方式。9610 方式是指跨境贸易电子商务，适用于境内个人或电商企业通过跨境电商平台实现交易，并采用"清单核放、汇总申报"方式办理通关手续的电商零售进出口产品（通过海关特殊监管区域或保税监管场所一线的电商零售进出口产品除外）。简单而言，9610 方式是线上 B2C 平台交易进出口方式。

9610 方式主要针对的是小包裹的集货模式。跨境电商企业需要"三单"齐全（"三单"指订单、运单、支付单），并把"三单"推送到单一窗口，由中国海关核实。跨境电商企业需要定期汇总申报退税。申报退税的要点如下。

1）企业登记

凡是参与跨境电商零售出口业务的企业，包括跨境电商企业、物流商等，如需办理报关业务，都应当向所在地海关办理信息登记。

2）数据传输

在跨境电商零售出口产品申报前，跨境电商企业或其出口代理商、物流商应当分别通过国际贸易单一窗口或跨境电商通关服务平台向海关传输交易、收款、物流等电子信息，并对数据真实性承担相应法律责任。

3）报关手续

在跨境电商零售产品出口时，跨境电商企业或其出口代理商应提交申报清单，采取"清单核放、汇总申报"方式办理报关手续。

4）清单核放，汇总申报

在跨境电商零售产品出口后，跨境电商企业或其出口代理商应当于每月 15 日前（当月 15 日是法定节假日或法定休息日的，顺延至其后的第一个工作日），对上月结关的申报清单，依据清单表头同一收发货人、同一运输方式、同一生产销售单位、同一运抵国、同一出境关别，以及清单表体同一最终目的国、同一 10 位海关商品编码、同一币制的规则进行归并，汇总形成《中华人民共和国海关出口货物报关单》并向海关申报。

三、9710 方式

9710 方式是指跨境电商企业对企业直接出口。该监管方式适用于跨境电商 B2B 直接出口的产品。它具体是指境内企业通过跨境物流将产品运送至境外企业，并通过跨境电商平台完成交易的贸易形式，其交易流程图 10-9 所示。

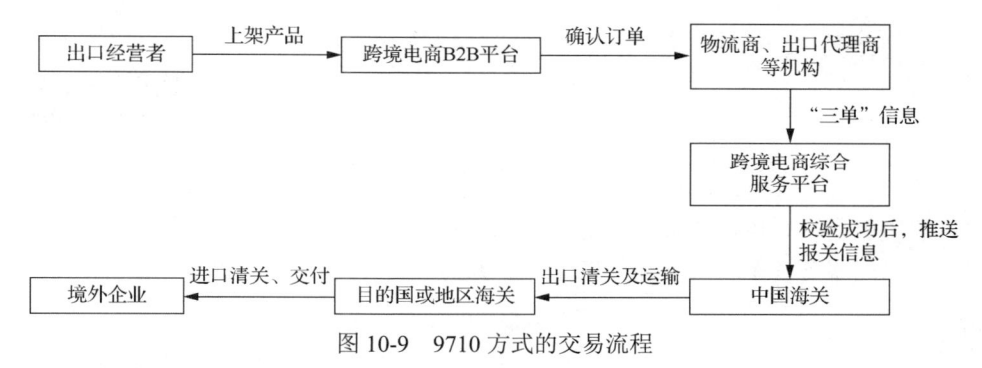

图 10-9　9710 方式的交易流程

9710 方式主要针对的是跨境电商平台已经发生交易的 B2B 模式，要求上传平台生成交易的截图信息，更适用于阿里巴巴国际站、敦煌网等 B2B 平台上的卖家。

在 9710 方式下，跨境电商企业报关前需上传交易平台生成的在线订单截图等交易电子信息，并填写收货人名称、产品名称、产品件数、产品毛重等在线订单的关键信息。在 9710 方式下，海关会优先查验报关产品，系统实时验放，并且跨境电商企业可以按照 6 位 HS 编码进行简化申报，跨境电商销售款项可以合法地从第三方支付平台进入跨境电商企业对公账号。跨境电商报关业务流程如图 10-10 所示。

其中，针对单票金额超过 5000 元人民币、涉证、涉检、涉税的跨境电商 B2B 出口产品，跨境电商企业应通过 H2018 通关管理系统办理通关手续；针对单票金额在 5000 元（含）以内，且不涉证、不涉检、不涉税的跨境电商 B2B 出口产品，跨境电商企业可以通过 H2018 通关管理系统或跨境电商出口统一版系统办理通关手续。

在通过 H2018 通关管理系统办理通关手续时，跨境电商企业或跨境电商平台应向海关传输交易订单信息，并进行报关单校验；若通过校验，则向 H2018 通关管理系统发送申报报关单。

在通过跨境电商出口统一版系统办理通关手续时，首先，跨境电商企业、物流商应分别向海关传输交易订单、物流信息；其次，跨境电商企业或其出口代理商应向海关申报清单，由跨境电商出口统一版系统对跨境电商企业的资质及申报内容进行校验，若通过校验，则向跨境电商出口统一版系统发送清单，清单无须汇总报关单。

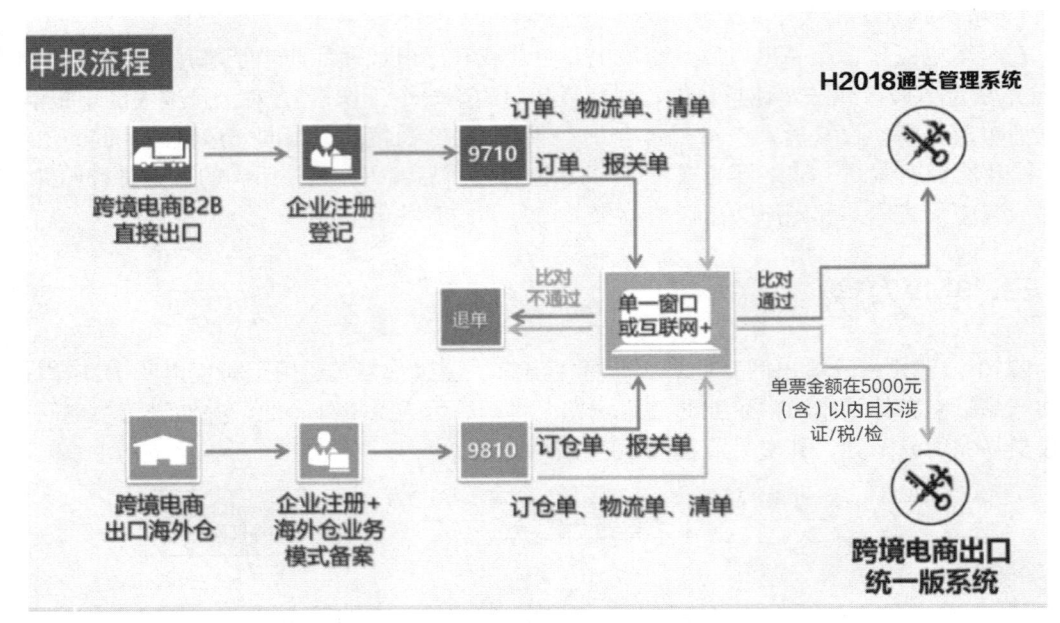

图 10-10　跨境电商报关业务流程

通过跨境电商平台可以便捷地进行订单信息提交和申请代理出口服务。以阿里巴巴国际站为例，其出口服务订单管理界面如图 10-11 所示。

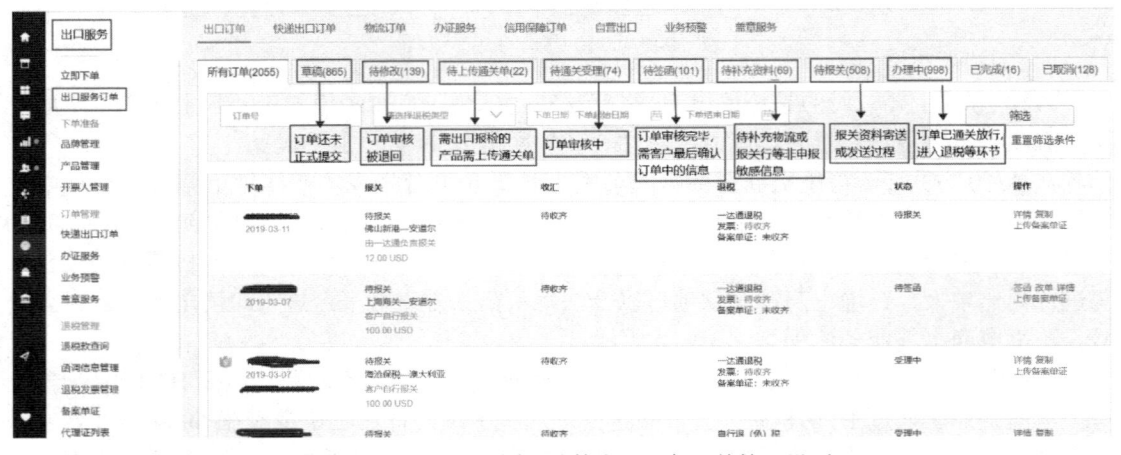

图 10-11　阿里巴巴国际站的出口服务订单管理界面

四、9810 方式

海外仓模式是国内企业将需要销售的产品先出口到目标市场的海外仓，通过跨境电商平台与海外客户达成交易后，再从海外仓发货给海外客户的模式。随着时代的发展，物流基础设施的完善，海外仓的覆盖面不断增加，海关总署在 9710 方式的基础上新增了 9810 方式。9810 方式是指跨境电商出口海外仓的方式，适用于跨境电商出口海外仓的产品。

第五节 跨境支付与结算

在跨境电商 B2B 业务中,支付与结算关系到买卖双方尤其是卖方的利益,并且往往成为买卖双方在交易磋商时争论的焦点,还会在合同中被明确规定。跨境支付与结算主要涉及跨境支付、跨境电商结汇、出口退税等内容。

一、跨境支付

跨境支付是指在国际经济活动中的当事人以一定的支付方式偿还债务的行为。常见的跨境支付方式主要有汇付、托收和信用证 3 种。

1. 汇付

汇付(Remittance)又称汇款,是最简单的跨境支付方式,是指汇款人通过银行或其他途径,主动将款项交给收款人的一种支付方式。

汇付涉及汇款人(债务人)、收款人(债权人)、汇出行、汇入行 4 个当事人。

汇付分为电汇、信汇和票汇 3 种。

1)电汇

电汇(Telegraphic Transfer,T/T)是指汇出行应汇款人的申请,拍发加押电报或电传给另一个国家或地区的分行或代理行(汇入行),指示解付一定金额给收款人的一种汇付方式。电汇速度快,收款人可以迅速收到款项,但是电汇费用较高。目前,电汇是使用最多的一种汇付方式。

2)信汇

信汇(Mail Transfer,M/T)是指汇出行应汇款人的申请,用航空信函的方式将信汇委托书寄给汇入行,授权其解付一定金额给收款人的一种汇付方式。信汇的成本比较低,但是收款人收到款项的速度比较慢。

3)票汇

票汇(Remittance by Banker's Demand Draft,D/D)是汇出行应汇款人的申请,代汇款人开立以其分行或代理行为解付行的即期汇票,以支付一定金额给收款人的一种汇付方式。票汇与信汇、电汇的不同之处是,票汇无须通知收款人取款,由收款人持票登门取款。在这种方式下,汇票经收款人背书,可以转让。

汇付的手续比较简便,银行只收取手续费,费用相对较低,但汇付的风险高,资金负担不平衡。若是货到付款,则卖方的资金负担比较重;若是预付款项,则买方的资金负担比较重。对彼此极其信任的买卖双方来说,汇付是比较理想的结算方式。

2. 托收

托收(Collection)是指在跨境业务中,卖方(债权人)开具汇票,委托银行向买方(债务人)收取货款的一种支付方式。

托收涉及委托人、付款人、托收行和代收行 4 个当事人。

托收方式依据汇票是否随附装运单据可分为光票托收与跟单托收。

1）光票托收

光票托收（Clean Collection）是指卖方在收取货款时，仅凭汇票，不随附任何装运单据的托收方式。这种方式一般用于收取信用证项下余额的结算、代垫费用、佣金及样品费等小额结算。

2）跟单托收

跟单托收（Documentary Collection）是指委托人向托收行交付附有商业单据的金融单据或仅向托收行交付商业单据的托收方式。在跨境业务中，当事人在采用托收方式时，大多采用跟单托收方式。根据委托人向托收行交单条件的不同，可将跟单托收分为付款交单和承兑交单两种。

（1）付款交单（Documents against Payment，D/P）是指代收行在买方付清货款后，才可以将商业单据交给买方的一种结算方式。付款交单作为托收业务的一种类型，又分为两种基本的交易类型——即期付款交单和远期付款交单。

（2）承兑交单（Documents against Acceptance，D/A）是指卖方的交单以买方的承兑为条件，即买方承兑汇票后即可领取货运单据，待汇票到期时再付款的一种结算方式。

托收的优点是手续简便、收款迅速、费用较低，但对卖方来说，收汇有一定的风险。因为托收虽然是通过银行办理的，但是银行只按照买方的指示办事，不承担付款的责任。能否收回货款，完全取决于买方的信用。这种支付方式极有可能发生货物到达后，买方迟迟不去银行付款赎单，拒绝付款给卖方的情况。

3．信用证

信用证（Letter of Credit，L/C）是开证行应申请人的申请，或者以自身的名义向受益人开立的，承诺在一定期限内凭规定的单据支付一定金额的书面保证。信用证属于银行信用。

信用证涉及开证申请人、开证行、通知行、受益人、议付行、付款行、保兑行、偿付行等当事人，其中保兑行和偿付行很少涉及。信用证的使用程序如图10-12所示。

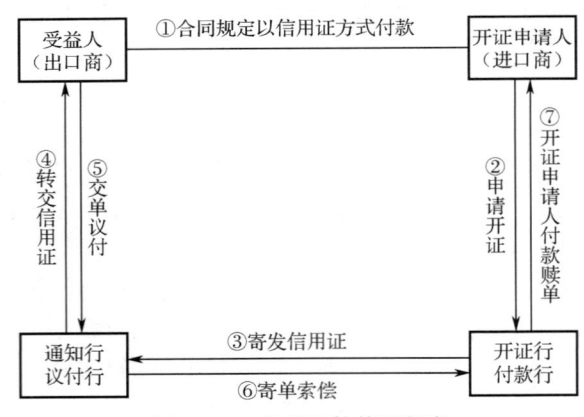

图10-12　信用证的使用程序

根据不同的方式，可将信用证划分为多种类型。

1）跟单信用证和光票信用证

（1）跟单信用证（Documentary L/C）是指开证行凭跟单汇票或仅凭单据付款的信用证。

（2）光票信用证（Clean L/C）是指开证行仅凭不随附单据的汇票（光票）付款的信用证。

2）即期付款信用证和延期付款信用证

（1）即期付款信用证（Sight Payment L/C）是指开证行或付款行在收到符合信用证规定的单据后，立即履行付款义务的信用证。

（2）延期付款信用证（Deferred Payment L/C）是指不用受益人开具汇票，开证行保证在货物装船后或收单后若干天内付款的信用证。

3）承兑信用证和议付信用证

（1）承兑信用证（Acceptance L/C）是指以开证行作为远期汇票付款人的信用证。

（2）议付信用证（Negotiation L/C）是指由某一银行议付或任何银行都可以议付的信用证。

4）不可撤销信用证和可撤销信用证

（1）不可撤销信用证（Irrevocable L/C）是指信用证一经开出，在有效期内，未经受益人及有关当事人的同意，开证行不得片面修改或撤销，只要受益人提交的单据符合信用证的规定，开证行就必须履行付款义务的信用证。

（2）可撤销信用证（Revocable L/C）是指开证行对所开立的信用证不必征得受益人或有关当事人的同意，有权随时撤销的信用证。

信用证付款是一种银行信用，是独立于合同之外的契约，相关银行只按信用证的规定行事。信用证业务是一种纯粹的单据业务。在信用证支付方式下，银行信用不可能完全取代商业信用，也不可能完全避免商业风险，因此买卖双方必须注意对信用证风险的防范，要善于辨别单证真伪，如发现单证有疑点，要仔细调查。

二、跨境电商结汇

结汇（Settlement of Exchange）一般是指出口商在收到进口商支付的货款后，按收汇当天的外汇汇率将外币货款结算"出售"给当地银行，兑换成本地货币，并办理相关手续的行为。

1. 外汇结汇政策

为促进外贸提质增效，加快跨境电商等贸易新业态的发展，提高贸易外汇收支便利化水平，《国家外汇管理局关于支持贸易新业态发展的通知》（汇发〔2020〕11号）、《国家外汇管理局关于规范货物贸易外汇收支电子单证审核的通知》（汇发〔2016〕25号）等文件对跨境电商外汇管理政策进行了规定。

跨境电商企业，有纸质交易单证的，凭出口和进口报关单等交易单证，按照货物贸易相关要求在银行办理收结汇和购付汇；无纸质交易单证的，可凭交易电子信息在具有业务资质的银行或支付机构进行办理，如通过中信银行"信银致汇"产品和PayPal、连连等可以开展外汇支付业务的支付机构进行结算。

从事跨境电子商务的境内个人，可通过个人外汇账户办理跨境电子商务外汇结算。境内个人办理跨境电子商务项下结售汇，提供有交易额的证明材料或电子交易信息的，不占用个人年度便利化额度。

2. B2B平台结汇

在跨境电商交易的结汇环节中，一般有跨境电商平台结汇、跨境电商第三方支付平台结汇、汇付/信用证 3 种结汇方式。在大额跨境电商交易中，出口商主要使用汇付/信用证完成结汇。在小额跨境电商交易中，出口商可借助跨境电商平台或跨境电商第三方支付平台完成结汇。出口商在结汇时应充分考虑结汇的安全性和出口退税业务，根据实际业务的特点，选择合适的平台和结汇方式，以顺利完成结汇。

按照交易金额，可将跨境电商 B2B 平台的结汇分为大额交易结汇和小额交易结汇两种方式，小额交易结汇方式类似跨境电商 B2C 平台的结汇方式。

对于大额交易，出口商在选择结汇方式时需要考虑结汇的安全性和后续的出口退税业务，因此出口商多采用传统的电汇、信用证方式完成支付，汇付和信用证符合中华人民共和国国家外汇管理局的监管条件、符合出口退税要求。其中，汇付的费用较低，但存在一定的风险；信用证的信用较好，但不易操作且费用高。目前，阿里巴巴国际站除了可以完成线上汇付业务，还可以完成线下汇付业务。在外汇到账后，出口商需要做完贸易背景申报，之后，外汇即可入账到一达通出口账号，入账后，到对应结汇时间即可结汇。

阿里巴巴国际站的结汇分为即期结汇、自主结汇、提前结汇。即期结汇是指外汇到账后自动结汇，无须出口商手动操作结汇的结汇方式。一达通的结汇频率为法定工作日（不包括调休的工作日）的上午和下午各一次，在这个时间段内到的外汇按结汇时间点的中国银行即时挂牌现汇买入价汇率即时结汇。自主结汇是指在外汇到一达通出口账号后，不立即结汇，出口商根据自己的需求自主提交结汇申请，系统将根据申请时间，在对应结汇时间点结汇的结汇方式。提前结汇是指当外汇入账一达通账号，立即按提前结汇的金额（人民币）进行结汇的结汇方式。在正式汇率生效后，按照实际结汇金额（人民币）多退少补。

三、出口退税

出口退税是指针对已报关离境的货物，国家税务机关将其在出口前已缴纳的生产和流通环节的国内增值税、消费税等间接税款，在该批货物收汇以后按照一定比例退还给出口商的一项税收制度。其目的是避免出口国和进口国双重征税，降低出口商的成本，增强出口商的市场竞争力，扩大货物出口规模。

目前，出口退税已成为各国政府普遍采用的国际惯例。国家对通过一般贸易方式出口的货物可以按规定办理退（免）税，包括出口退税、无票免征、有票退税等。

跨境电商零售出口货物（海关监管方式代码为 9610），采用清单核放通关模式的，如需办理出口退税，应先生成汇总报关单，生产企业凭出口货物报关单，外贸企业凭出口货物报关单及购进出口货物取得的相应的增值税专用发票等凭证申报出口退税。外贸企业将汇总报关单清单明细与增值税专用发票销货清单进行对应，办理出口退税。

一般来说，企业购进货物用于出口，如无法取得合法有效进货凭证，会被视同内销征税。根据《关于跨境电子商务综合试验区零售出口货物税收政策的通知》（财税〔2018〕103 号）中规定的"无票免税"政策，在满足规定条件的情况下，跨境电商零售出口货物可以享受增值税、消费税免税政策。

9710 方式的退税可以参照适用一般贸易（海关监管方式代码为 0110）出口货物的相关政策进行办理。符合条件的跨境电商企业应在办理出口退税备案后，办理出口退税申报业务。申报出口退税与一般贸易无异，包括出口退（免）税备案、准备退税材料、单证备案、退税审核 4 个过程。

第六节　一达通服务

一、一达通服务的内容

1. 一达通简介

阿里巴巴的一达通是一个综合性的外贸服务平台，主要为中小型企业提供专业、低成本的通关、外汇、退税等服务。

一达通分为两种模式：一达通出口综合服务（3+N）和一达通出口代理服务（2+N）。采用一达通出口综合服务模式，企业需要同时使用一达通的通关、外汇、退税3项基础服务。采用一达通出口代理服务模式，企业需要同时使用一达通的通关、外汇两项基础服务。

一达通服务示意图如图10-13所示。

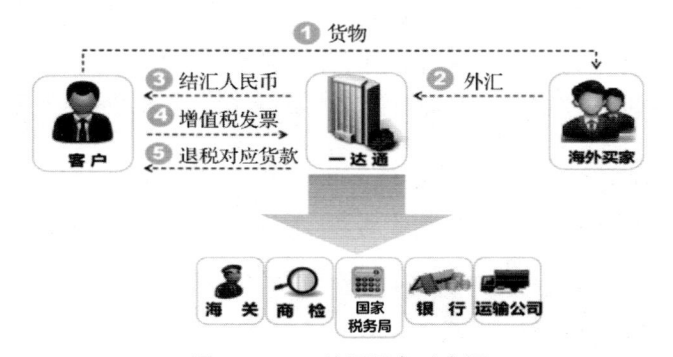

图10-13　一达通服务示意图

通关服务：①全程链路可视，覆盖300多个口岸；②智能高效，采用AI数智申报工具；③便捷通关，享受AEO（Authorized Economic Operator，经认证的经营者）认证企业口岸通关优惠待遇。

结汇服务：①高效率，有专属子账号来收款，提现资金即刻到账；②成本低，付款手续费为1本币（本地T/T），结算费为0元；③汇率，提供锁汇服务，可以避免汇率风险。

退税服务：①便捷退税，最快当天即可垫付退税款；②低融资成本，简化监管侧沟通，降低企业的用工成本。

阿里巴巴国际站物流：阿里巴巴国际站联合菜鸟网络科技有限公司主要以第三方合作形式为买方、卖方提供海、陆、空跨境货物运输及存储中转服务，涵盖国内头程、中间干线及海外落地配送三大环节，还提供"端到端"可视化的跨境物流服务。海运涵盖卖家整柜、拼箱、船东直采、货代SaaS，陆运覆盖全国7个大区、28个港口、近26 000条线路，空运覆盖约170个国家和地区。B2B 7天到达率可达80%～90%，10天到达率可达99%，在北美及欧洲地区提供"门到门""端到端"服务。阿里巴巴国际站物流的优势：①物流可视，货物全程轨迹可追踪，支持买方、卖方在线实时查询物流信息；②成本优势，阿里巴巴国际站为卖方提供低于市场价格的物流服务；③舱位保障，信用保障订单能够享受旺季舱位保障，优先发货；④服务保障，覆盖慢速及货物丢失险，平均3个工作日理赔到账；⑤采用综合服务方案，阿里巴巴国际站能为卖方提供"端到端"的整合物流服务，可解决普通货代企业的标准化路线中不覆盖头程与落地配送的问题。

支付结算：①境外买方通过本币进行支付；②跨境银行资金传递；③境内卖方汇兑其还原申报；④阿里巴巴国际站与 SWIFT、国内外银行合作搭建网络，将资金链可视化，支付网络覆盖 67 个主流贸易本地本币，本地 T/T 覆盖 67 个国家；⑤买卖双方通过平台搭建的资金板块即可完成支付或提现。支付结算的优势：①手续费低，通过银行间网络的搭建，将支付手续费降至最低；②时效性强，具有时效性偏好的卖方可以通过支付一定费用实现即刻提现；③承担汇率风险，阿里巴巴国际站为买卖双方提供锁汇服务，可在一定程度上为买卖双方规避汇率风险。

金融服务：阿里巴巴国际站向卖方提供超级信用证等金融产品，解决买卖双方的资金融通问题，帮助卖方缓解资金压力，加速资金周转，增加订单利润，同时为买方提供贷款期。

2．一达通服务的准入条件

（1）出口综合服务（3+N）的准入条件：可与一达通签约合作的企业类型为非境外、非港台地区、非个人或非出口综合服务尚未覆盖地区的企业；出口的产品在一达通可以出口的产品范围内；生产企业即开票人，为签约客户，已经完成备案，并且开票人的资质需要符合相关要求。

（2）出口代理服务（2+N）的准入条件：非境外、非港台地区的企业，或者非个人企业、非个体工商户、非福建莆田地区的企业；经过出口退（免）税资格认定；出口的产品非一达通出口代理服务禁止操作的产品。

二、一达通服务的开通与使用

1．客户准入

客户需要登录一达通，进行合作协议签署。需要提供的资料有客户的营业执照、法人（复印件或原件）及授权人身份证（原件）、税务登记证、公章、合同等。

2．产品预审和开票人预审

客户在进行产品预审和开票人预审后，再完成工厂与一达通备案，才能下单。

1）产品预审

登录一达通，选择"进入操作平台"选项，再选择"My Alibaba"→"一达通出口服务"→"产品管理"选项，进入"产品管理"界面。在该界面中单击"添加产品"按钮，根据产品品名或 HS 编码进行搜索。在上传完对应产品资料后，提交产品，进行审核。只有审核通过的产品才可以通过一达通发货。

2）开票人预审

选择"My Alibaba"→"一达通出口服务"→"开票人管理"选项，进入"开票人管理"界面。在该界面中单击"添加开票人"按钮，填写开票人的信息，上传开票人的税务登记证副本等证件信息。单击"添加产品"按钮，可以在预审通过的产品中选择产品，之后提交给开票人预审。开票人审核进度可以在"开票人管理"界面中查看。在审核通过后，客户即可使用一达通出口综合服务，办理出口退税业务。

3．使用一达通服务

（1）服务下单。登录一达通，选择"立即下单"→"选择订单类型"选项，在进入的界面中根据提示输入各项出口信息，单击"提交订单"按钮，等待一达通后台审核出口报关资料。

在审核通过后，选择"My Alibaba"→"信用保障交易管理"→"所有订单"选项，进入订单界面。在该界面中找到对应订单，先单击"查看订单"按钮，再单击"去发货"按钮：针对在线起草的信用保障订单，需要先选择本次发货产品，再起草一达通出口报关信息；针对上传PI（Personal Income，个人收入）起草的信用保障订单，无须选择发货产品，直接起草一达通出口报关信息即可。选择出口订单类型：选择综合出口订单（只能是工厂），由一达通办理退税；选择代理出口订单，自行办理退免税。

（2）通关服务。在报关时，客户可通过一达通报关或自行报关。在提交订单后，订单状态变为"待通关受理"；在审核完订单后，订单状态变为"待报关"，客户可以在后台下载报关资料，并提交报关申请。

（3）外汇服务。在收汇时，客户可付汇至一达通，由一达通结汇。

（4）开票服务。客户开立出口产品增值税发票给一达通。订单进程可以在"订单管理"界面中查询。在外汇进账后，系统自动关联订单。通关完毕，外汇收齐。在关联订单完成后，客户可在3个工作日内下载开票资料进行开票。

（5）垫付退税款。对于满足退税条件的客户，一达通垫可付退税款。在一达通收到发票并审核无误后，客户可在3个工作日付税款和补贴款。

（6）结算服务。在客户提出结算申请后，一达通将相应款项付至开票人账号。

本 章 小 结

本章主要介绍了履约服务的内容：第一节介绍了外贸单证的办理与缮制；第二节介绍了生产备货的相关内容，包括非规格品定制与委托生产、供应商选择与产品采购、产品质检；第三节介绍了跨境物流，包括跨境物流的类型、物流方式的选择、运费模板管理、阿里巴巴国际站物流服务；第四节介绍了跨境电商通关，包括跨境电商监管方式——9610方式、9710方式、9810方式的相关内容；第五节介绍了跨境支付与结算，包括跨境支付、跨境电商结汇、出口退税；第六节介绍了一达通服务，包括一达通服务的内容、开通与使用。通过学习本章，读者应能从贸易合同的货、证、船、款4个环节做好跨境电商的履约服务。

本 章 练 习

一、选择题

1．按照海关规定的格式对进出口货物的实际情况做出书面申明，以此要求海关对其货物按适用的海关制度办理通关手续的法律文书是（　　）。

A．商业发票

B. 商检单

C. 装箱单

D. 报关单

2. （　　）是卖方对出口货物的全面情况进行详细列述的一种货款价目清单，是出口贸易结算单据中最重要的单据之一。

A. 商业发票

B. 普惠制产地证书

C. 海运提单

D. 进口货物报关单

3. 在中国邮政推出的邮政物流产品中，通邮范围最广的是（　　）。

A. e邮宝

B. e包裹

C. 邮政小包

D. e速宝

4. 在阿里巴巴国际站，在采用信用保障订单进行的大额交易中，买方可以采用的付款方式是（　　）。

A. PayPal

B. AliPay

C. L/C

D. Google PayPal

5. 电汇的英文简称为（　　）。

A. T/T

B. M/T

C. D/D

D. L/C

二、实训题

请你从阿里巴巴国际站上选择一个产品，计算该产品在不同物流模式下的运费，设计适合该产品的物流方案，并在阿里巴巴国际站设置该产品的运费模板。

第十一章 店铺数据优化

企业运营决策最可靠的依据不再是经验,而是数据。

> **导入案例**
>
> **Suncorp-Metway 使用数据分析实现智慧营销**
>
> Suncorp-Metway 是澳大利亚一家提供普通保险、寿险和理财服务的多元化金融服务集团,旗下拥有 5 个业务部门,管理着 14 类产品。Suncorp-Metway 与 900 多万名客户有合作关系。
>
> Suncorp-Metway 在 10 年间通过合并与收购,使客户数量增长了 200%,这极大地增加了客户数据管理的复杂性。如果管理不好客户,Suncorp-Metway 的利润就会受到影响。为此,IBM 公司为 Suncorp-Metway 提供了一套解决方案。
>
> 在采用该方案后,Suncorp-Metway 在以下 3 项业务方面取得了显著成效。
> (1)显著增加了市场份额,但没有增加营销开支。
> (2)每年大约节省 1000 万美元的集成与相关成本。
> (3)避免向同一户家庭重复邮寄相同的信函并且消除了冗余系统,从而同时降低了直接邮寄与运营成本。
>
> 由此可见,Suncorp-Metway 通过该方案将此前多个孤立来源的数据集成起来,实现了智慧营销,对控制成本、增加利润起到了积极的作用。

第一节 数据分析的基础

企业在经营过程中产生的各种类型的数据是极有价值的资产,企业可以通过数据分析进行战略调整及营销部署。应用大数据正逐渐成为商业竞争的关键。

一、数据分析的概念、目的和作用

1. 数据分析的概念

数据分析是指用适当的统计分析方法对采集到的大量数据进行分析,将它们加以汇总、理解并消化,以求最大化地开发数据的功能,发挥数据的作用。简单来说,数据分析是为了提取有用信息和形成结论而对数据加以详细研究和概括总结的过程。

跨境电商数据分析是指对跨境电商企业经营过程中产生的数据进行分析，在研究大量数据的过程中寻找模式、相关性和其他有用的信息，从而帮助跨境电商企业更好地适应变化，做出更明智的决策。

2．数据分析的目的

数据分析的目的是把隐藏在一大批看来杂乱无章的数据中的信息提取出来，从而找出所研究对象的内在规律。在实际应用中，数据分析可以帮助人们做出判断，以便采取适当的行动。如果企业准备开拓一个新的市场，就需要充分了解竞争对手的市场状况、市场潜力及销售预测，从而为发现市场机会找到突破口。因此，数据分析在企业运营过程中具有极其重要的地位。

3．数据分析的作用

数据分析在企业的经营过程中，具有以下 3 个方面的作用。

（1）现状分析：帮助管理者了解企业现阶段的整体运营情况（其中包括各项经营指标的完成情况），企业各项业务的构成、发展及变动情况，以及企业的运行状况。现状分析一般通过日常通报来完成，如日报、周报、月报等。

（2）原因分析：根据企业的运营情况，针对某一现状进行原因分析。例如，本月店铺的销售额环比下降了 15%，是什么原因导致的？是店铺流量减少了，还是转化率出现了问题？店铺经营者应通过原因分析找到根源所在。原因分析一般通过专题分析来完成。

（3）预测分析：对企业未来的发展趋势进行预测，为企业制定运营目标及策略提供有效的依据，以保证企业的可持续健康发展。例如，店铺经营者一般会根据店铺近几个月销售额的变动趋势来预测下个月的销售额，并作为店铺的运营目标及对员工进行考核的依据。预测分析一般通过专题分析来完成。

二、数据分析的流程

数据分析的流程如图 11-1 所示。

明确分析目的与思路 → 数据采集 → 数据处理 → 对数据进行分析 → 数据优化 → 持续追踪

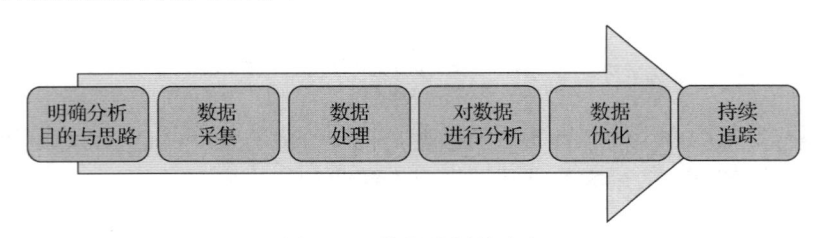

图 11-1　数据分析的流程

1．明确分析目的与思路

明确分析目的是确保数据分析有效进行的先决条件。分析目的可以是长期的，也可以是短期的，但一定是具体可实现的。

明确分析思路是指把分析目的分解成若干不同的分解要点，即明确如何展开数据分析、需要从哪几个角度进行分析、采用哪些指标进行分析。

2．数据采集

数据采集是按照确定的数据分析框架采集相关数据的过程。它可以为数据分析提供素材和依据。常用的数据采集工具有生意参谋、店侦探、八爪鱼、阿里巴巴的数据参谋。

3．数据处理

数据处理是指对采集到的数据进行加工整理，形成适合数据分析的形式。它是在进行数据分析前必不可少的工作。通过数据处理，企业可以将采集到的原始数据转换为可以分析的形式，并且保证数据的一致性和有效性。

4．对数据进行分析

通过建立数据监控体系，企业可以及时发现运营过程中的问题，并进行分析原因。通过对数据进行探索式分析，企业可以全面认识整个数据集，以便后续选择恰当的分析策略。

5．数据优化

企业在找到问题的原因后应及时解决问题，以优化数据。企业可以使用一些运营手段，如促销活动、购物送优惠券等来提高客户的活跃度。

6．持续追踪

在实施数据优化方案后，企业需要对方案的实施效果进行持续跟踪，用客户反馈来验证方案的正确性。

三、数据参谋

1．数据参谋简介

数据参谋是阿里巴巴国际站开发的一项全新功能，可以为商家提供店铺运营与生意决策的参考依据。数据参谋可以提供商家在阿里巴巴国际站上的操作及推广效果的数据。它通过多重数据统计分析，不仅可以让商家了解自身的推广状况，还能让商家针对薄弱点，有效提升推广效果。数据参谋分为行业版和基础版两种，行业版数据参谋适用于金品诚企会员或星等级达到超过2星的商家，基础版数据参谋适用于普通出口通商家。行业版数据参谋的功能更多，具有产品洞察、市场洞察、关键词指数、行业市场分析等专享功能。

2．数据参谋的优势

（1）数据参谋可以让商家实时查询自身推广效果与操作情况。
（2）数据参谋可以让商家知己知彼，随时掌控与同行的对比情况。
（3）数据参谋可以实时统计买家重点关注产品的信息，让商家轻松掌握买家的最新采购需求。

3．数据参谋使用介绍

进入 My Alibaba 后台，选择"数据参谋"选项，可以清楚地看到店铺的各类数据，如

图 11-2 所示。

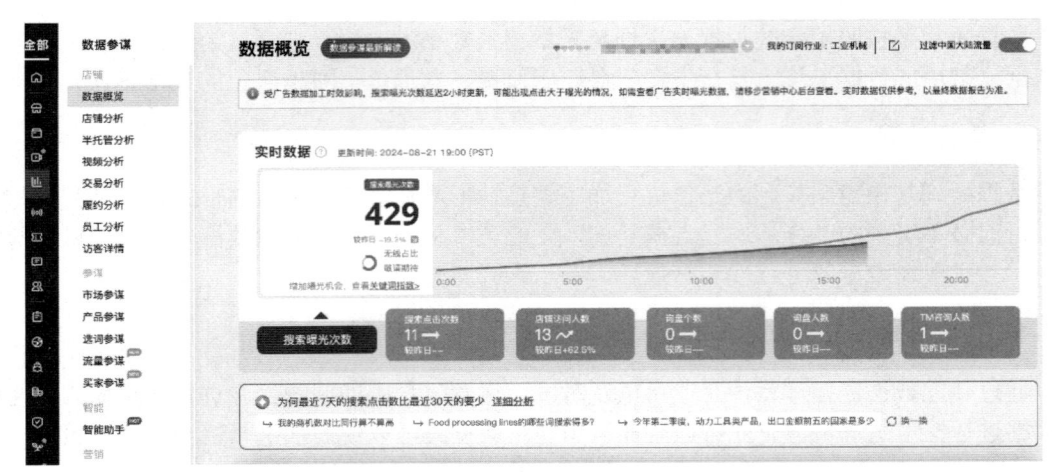

图 11-2 数据参谋

数据参谋目前由数据概览、店铺分析、半托管分析、视频分析、交易分析、履约分析、员工分析、访客详情、市场参谋、产品参谋、选词参谋、流量参谋、买家参谋等模块构成，下面介绍主要模块的功能。

（1）数据概览：在"数据概览"界面，商家可以查看实时数据、经营数据、流量分析、店铺产品、市场分析等概览数据，从而了解店铺整体经营情况。

（2）产品参谋：在"产品参谋"界面，商家可以查看产品分析、产品发现、款式分析等数据，以便进一步对店铺产品进行精细化运营。

（3）选词参谋：在"选词参谋"界面，商家可以查看引流关键词、关键词指数、我的词汇等数据。通过选词参谋，商家可以了解行业关键词的热度与本店铺关键词的情况。

（4）流量参谋：在"流量参谋"界面，商家可以查看流量来源、流量助手、流量承接及去向等数据，以便了解店铺流量转化情况。

（5）买家参谋：在"买家参谋"界面，商家可以查看本店买家、行业买家等数据，以便进一步了解买家特征，从而实现精准营销。

四、常见的数据指标

1．店铺数据

了解店铺数据，有助于提升运营效率和转化率。店铺数据可以从数据参谋的流量参谋模块中获取。店铺数据包括访客量、搜索曝光次数、搜索点击次数、访客榜、商机榜、蓝海榜等指标。

（1）访客量：访问了店铺和产品详情页的买家数量。

（2）搜索曝光次数：产品信息或企业信息在搜索结果列表页或类目浏览列表页等页面被买家看到的次数。

（3）搜索点击次数：产品信息或企业信息在搜索结果列表页或类目浏览列表页等页面被买家点击的次数。

（4）访客榜：在统计周期内，选定类目下，访客量排名前50的产品。

（5）商机榜：在统计周期内，选定类目下，商机量（TM咨询、询盘、订单等综合）排名前50的产品。

（6）蓝海榜：在统计周期内，选定类目下，产品蓝海度排名前50的产品。

2．市场数据

市场数据的主要功能是分析市场潜力，让商家把握市场机会。市场数据可以从规模、增速、缺口、转化方面帮商家分析市场潜力，洞察细分市场下的好品、好词、买家需求、同行供给，从而帮商家快速切入市场。市场数据可以从数据参谋的市场参谋模块中获取。市场数据主要包括搜索指数、卖家规模指数、供需规模对比、热品、飙升品、搜索涨跌幅等指标。

（1）搜索指数：买家搜索量的加权数据，数据量越大，搜索指数越高，代表需求越旺盛；可以帮助商家分析买家市场潜在需求整体水平。

（2）卖家规模指数：供应该品类下对应产品的商家数加权值。

（3）供需规模对比：在统计周期内，对该品类有采购意向（包括但不限于TM咨询、询盘、RFQ、发起订单）的买家数与发布该品类的商家数的比值。

（4）热品：采购意向买家数较多或销量较高的产品排行。

（5）飙升品：环比上一个统计周期，采购意向买家数或销量增长较多的产品排行。

（6）搜索涨跌幅：环比上一个统计周期的搜索涨跌幅度，可以帮助商家分析买家市场的需求变化。

3．产品数据

通过产品数据，商家可以了解行业产品情况、产品流量转化情况，根据数据优化产品信息，提高产品的曝光率和转化率。产品数据一般包括搜索点击率、询盘人数、询盘率、商机转化率、无效时长等指标。

（1）搜索点击率：在统计时间段内，由买家搜索关键词后是否产生点击行为得到的；该值越大，表示买家的行动意愿越大；一个买家产生多次点击行为，则记多次。

（2）询盘人数：在产品页面，向商家成功发起有效询盘的买家数量。

（3）询盘率：询盘率=询盘次数/有过（浏览产品详情页+TM咨询+询盘）行为的访问人数。

（4）商机转化率：访客产生的商机人数/店铺访问人数，商机人数是由询盘人数、TM咨询人数、订单人数当日去重、隔日累加得到的。

（5）无效时长：产品持续零效果的时长，以天为单位。

4．客户数据

通过客户数据，商家可以了解所有类型买家的特征与访客行为，对客户进行分群，从而进行精细化的客户运营。客户数据主要包括网站行为、旺铺行为、偏好关键词、停留时长、浏览次数、地域等指标。

（1）网站行为：在所选时间段内，访客在阿里巴巴国际站产生过的关键行为。

（2）旺铺行为：在所选时间段内，访客针对店铺或产品产生过的关键行为。

（3）偏好关键词：在最近30天内，访客在阿里巴巴国际站上搜索次数最多的前3个词。

（4）停留时长：访客在旺铺页面或产品详情页停留的时长，单位为秒。

（5）浏览次数：访客访问店铺或产品页面的次数，每打开一个页面就记录一次，同一访客多次打开同一页面，浏览次数累计。

（6）地域：在所选时间段内，访客登录或访问网站时 IP 地址所在的国家或地区。

第二节　店铺经营优化

一、店铺经营状况

店铺经营分析是从运营过程及最终的成效方面进行分析的，重点分析过程中相关服务的及时率和有效率，以及不同类型客户对服务需求的差异化表现。店铺运营是跨境电商运营的核心环节，商家必须充分了解自己店铺的经营数据，并利用数据分析店铺的运营情况，解决店铺的问题，从而有效地提升店铺业绩。

1. 数据总览

在"数据总览"界面中，商家可以直观地看到店铺运营数据的 6 个指标：店铺访问人数、店铺访问次数、搜索曝光次数、搜索点击次数、询盘人数、询盘个数，如图 11-3 所示。

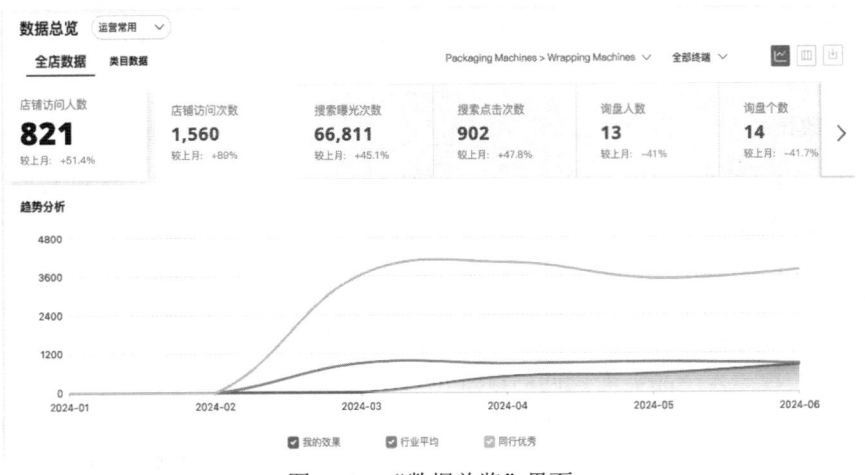

图 11-3　"数据总览"界面

（1）店铺访问人数。访问商家全球旺铺页面及产品详情页的买家均被记为访客，当日去重，隔日不去重。

（2）店铺访问次数。店铺访问次数即访问商家店铺页面及产品详情页的点击总数。

（3）搜索曝光次数。搜索曝光次数即产品信息或企业信息在搜索结果列表页或类目浏览列表页等页面被买家看到的次数。

（4）搜索点击次数。搜索点击次数即产品信息或企业信息在搜索结果列表页或类目浏览列表页等页面被买家点击的次数。

（5）询盘人数。询盘人数即店铺发起询盘的买家数量。

（6）询盘个数。询盘个数即在商家店铺页面及产品详情页中商家收到的询盘数，包括买家针对商家的产品信息和企业信息发送的所有有效询盘，不包括系统垃圾询盘、TM 咨询等。

2. 店铺经营趋势分析

趋势分析如图 11-3 所示，在 3 条趋势线中，蓝色线（从下往上数，第一条线）为店铺所呈现的数据趋势线，绿色线（从下往上数，第二条线）为行业平均所呈现的数据趋势线，橙色线（从下往上数，第三条线）为同行优秀的数据趋势线。

蓝色线作为店铺自身的数据趋势线，是商家直接关注的焦点。它反映了店铺在过去一段时间内的关键业务指标的变化，如销售额、访客量、转化率等。通过观察蓝色线的波动情况，商家可以迅速识别出店铺的增长点、瓶颈期及潜在的市场机会。例如，当蓝色线持续上升时，表明店铺业绩正稳步增长，商家可以进一步分析是哪些因素促成了这种增长，并考虑如何持续强化这些因素的影响；相反，若蓝色线出现下滑，商家则需要迅速诊断问题所在（如市场竞争加剧、产品竞争力下降、营销策略失效等），进而制定有效的应对措施。

绿色线代表了整个行业的平均水平，是商家评估自身竞争力的重要参照。通过对比蓝色线与绿色线，商家可以清晰地看到店铺在行业中的相对位置。如果蓝色线始终位于绿色线之上，就说明店铺的表现优于行业平均水平，具备较强的市场竞争力；如果蓝色线位于绿色线之下，就说明店铺存在提升空间。此外，绿色线的变化趋势还能为商家提供行业发展的宏观视角，帮助商家预测未来趋势，制定前瞻性的发展战略。

橙色线展示了行业内优秀同行的数据表现。将蓝色线与橙色线进行对比，商家可以明确自己在行业中的顶尖竞争对手是谁，以及这些竞争对手在哪些方面做得尤为出色。通过学习优秀同行的成功经验，商家可以借鉴其先进的运营模式、产品策略、营销手段等，为自己的店铺带来创新和提升。同时，商家还需保持敏锐的市场洞察力，关注橙色线的动态变化，以便及时调整自身策略，避免被竞争对手甩在身后。

综合 3 条趋势线的对比分析，商家可以对经营状况形成一个全面而深入的认知。在此基础上，商家可以制定更加精准、有效的经营策略。例如，针对蓝色线的下滑趋势，商家可以通过优化产品结构、提升服务质量、加强营销推广等方式来提振业绩；对于与绿色线、橙色线的差距，商家可以制订赶超计划，明确目标、细化措施、分步实施，逐步缩小与行业领先者的差距，实现店铺的持续成长和发展。

二、店铺经营漏斗模型

1. 消费者行为路径

优化店铺经营数据主要依据消费者行为路径理论。消费者行为是指消费者在购买产品和服务时所经历的决策过程、受到的影响及所采取的行动。在跨境电商场景中，消费者（买家）的行为包括支付前的一系列动作，如曝光、点击、浏览、加入购物车等。消费者行为路径指的是消费者的购物行为之间因为发生时间不同而产生先后顺序的行为序列。通过对消费者每一步行为的流向进行度量，商家可以全面地了解消费者行为，洞悉消费者行为的规律，获得精细化的洞察结论，更好地服务消费者。消费者行为路径如图 11-4 所示。

2. 店铺漏斗模型

店铺漏斗模型是一种用于分析店铺运营过程中买家行为路径和转化率的重要工具。它通常通过一系列的关键环节（如曝光、访问、询盘、支付等）来追踪买家从接触店铺信息到最终完成购买的全过程,并量化每个环节的转化率,从而帮助商家识别出运营中的瓶颈和机会点。店铺漏斗模型如图 11-5 所示。

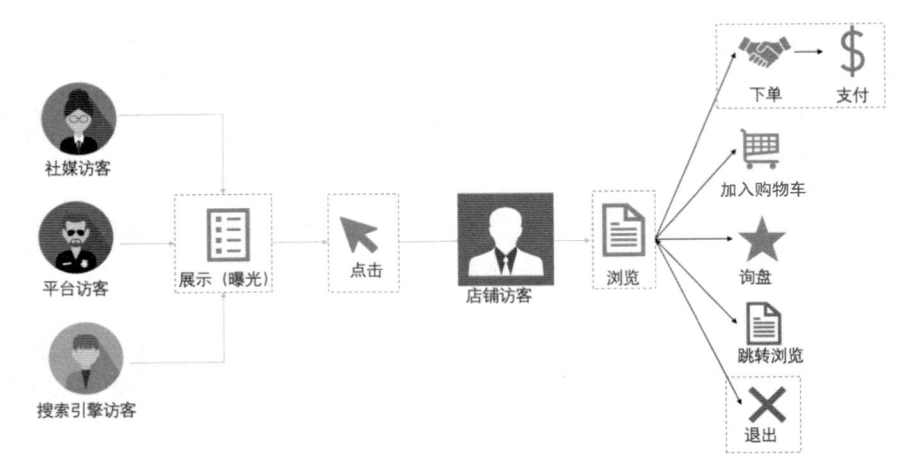

图 11-4　消费者行为路径

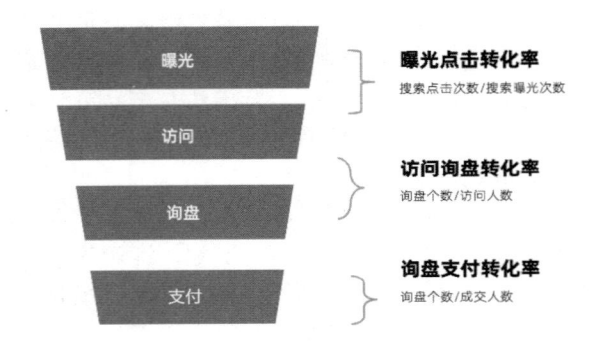

图 11-5　店铺漏斗模型

1）曝光点击转化率

曝光点击转化率是搜索点击次数与搜索曝光次数的比率。它反映了广告被展示(曝光)后,有多大比例的买家通过广告进入产品详情页或进一步了解信息。

曝光点击转化率是衡量广告效果的关键指标之一。它直接反映广告吸引买家注意力的能力,以及广告的内容、设计或展示位置与买家兴趣之间的匹配程度。高曝光点击转化率意味着广告能够有效地吸引目标买家,并促使他们进一步探索产品。流量是销售转化的基础,对于提升整体业绩至关重要。

2）访问询盘转化率

访问询盘转化率是衡量产品详情页质量和买家购买意愿的重要指标。它反映了买家在访问产品详情页后,对产品产生兴趣并主动发起询盘(如咨询、询价、留言等)的意愿和比例。

高访问询盘转化率通常意味着产品详情页的内容丰富、设计吸引人,并且能够有效地激发买家的购买欲望。

访问询盘转化率是连接买家兴趣和购买决策的桥梁。高访问询盘转化率意味着更多的潜在买家愿意与商家建立联系,以进一步了解产品,从而增加销售机会。

3）询盘支付转化率

询盘支付转化率是衡量销售转化效果的关键指标。它反映了买家在发起询盘后，最终完成支付的人数比例。高询盘支付转化率意味着商家在引导买家完成购买方面表现出色，能够有效地将潜在买家转化为购买者。

询盘支付转化率直接关系到商家的销售业绩和盈利能力。高询盘支付转化率意味着商家能够有效地利用营销资源，提高销售效率和利润率。

店铺漏斗模型通过量化曝光点击转化率、访问询盘转化率、询盘支付转化率，帮助商家全面了解买家行为路径和转化率情况，从而识别出运营中的瓶颈和机会点，并制定相应的优化策略，以提升店铺业绩。

三、店铺经营数据优化

1. 店铺诊断

店铺诊断一般包括转化率计算、标杆对比、自我对比、定向优化与策略调整 4 个步骤。

1）转化率计算

在进行店铺诊断时，商家需要获取店铺的各项基础数据，包括但不限于产品曝光量、点击量、访问量、询盘量及成交量等。这些数据是构建店铺转化率计算体系的基础。通过科学的计算方法，商家可以得出店铺的整体转化率及各环节的转化漏斗模型。这个过程不仅可以帮助商家直观地了解店铺的经营效率，还能为后续的优化工作提供数据支撑。

2）标杆对比

在得到店铺的转化漏斗模型后，商家便要与同行中的标杆进行对比。通过对比，商家可以清晰地看到自己的店铺在关键环节上与优秀同行的差距，并计算出同比增幅，以量化差距。同时，商家需要关注整个行业大盘的变化趋势，确认数据变化是否与行业大盘保持一致，从而排除外部因素对店铺经营的影响。在此基础上，商家还需要深入剖析自身原因，为后续的优化工作指明方向。

3）自我对比

若店铺数据与行业大盘同步变化，则表明当前经营策略在外部环境影响下保持了一定的稳定性，商家可以继续保持并持续优化。然而，若发现某个或多个关键指标显著低于同行优秀水平，则商家需要重点关注并深入分析原因。此时，商家可以通过观察该指标在过去连续 6 个月内的变化趋势，寻找拉开差距的具体时间点及可能的原因。这个过程有助于商家准确地定位问题，为后续的优化措施提供有力的依据。

4）定向优化与策略调整

通过上述连续的数据比对与趋势分析，商家可以逐步明确店铺经营中存在的问题及其根源。在此基础上，商家需要采取有针对性的优化措施，以提升店铺的整体转化率和经营效率。店铺诊断与优化是一个持续的过程，在此过程中，商家需要不断收集数据、分析趋势、定位问题并采取相应的优化措施，以便在激烈的市场竞争中保持领先地位并实现可持续发展。

2. 店铺经营数据优化策略

店铺存在多样性，在不同阶段、不同市场环境、不同产品周期所存在的问题不同。商家在进行店铺经营数据优化时，需要在符合店铺特性的前提下去做有针对性的分析，并根据具体问题采取有针对性的策略。通常，店铺存在的问题有曝光量不足、点击率不高、询盘率低等。商家需要针对具体问题分析问题产生的原因，并找到合适的解决方案。

（1）曝光量不足。曝光量不足的原因及解决方案如表 11-1 所示。

表 11-1　曝光量不足的原因及解决方案

原因	解决方案
关键词的覆盖面不够广	优化产品，扩大关键词的覆盖面
关键词的排名靠后	积累交易数据，提升关键词的排名
所用关键词的热度低	通过分析找出高热度的关键词
无付费广告	开通直通车、购买顶展

（2）点击率不高。点击率不高的原因及解决方案如表 11-2 所示。

表 11-2　点击率不高的原因及解决方案

原因	解决方案
用词不精准	使关键词和产品相匹配
图片没有吸引力	参考优秀同行的图片
没有价格优势	对比调整价格
最小订购量太高	将最小订购量小单化

（3）询盘率低。询盘率低的原因及解决方案如表 11-3 所示。

表 11-3　询盘率低的原因及解决方案

原因	解决方案
产品详情页没有吸引力	参考优秀同行的产品详情页，优化高点击率反馈产品详情页
头像不专业	使用职业形象的头像
回复率低	保证在 1 小时内给出回复
TM 不常在线	保持 TM 在线

第三节　店铺流量优化

一、店铺流量的类型

流量是店铺经营的起点，是销售转化的基础。店铺流量按来源划分有 11 个大类。

（1）搜索引擎：来自搜索（如文字搜索、图片搜索、类目导航等）的访问。

（2）系统推荐：包括来自阿里巴巴国际站旗下各域名网站首页和消息盒子及买家 App 消息通道的访问。

（3）导购会场：来自日常会场及大促会场的访问。

（4）频道：来自阿里巴巴国际站现有频道的访问。阿里巴巴国际站现有的频道主要有 WeeklyDeals、Brandzone、Bargainbuys、Top-ranking Products、Top-ranking Suppliers。

（5）互动：主要包括 3 种情况，即由点击询盘中的产品信息产生的访问，由点击订单系统中的产品信息产生的访问，来自买家收藏、购物车、对比、分享中的访问。

（6）自营销：主要包括 3 种情况，即由点击附加在 RFQ 中的产品信息产生的访问、由点击附加在短视频频道中的产品信息（卖家通过短视频频道发布的内容，如视频、图片、无线/旺铺 Feeds 等）产生的访问、由点击附加在客户通 EDM 中的产品信息产生的访问。

（7）网站外投：来自阿里巴巴国际站外投推广的访问。

（8）直接访问：买家直接访问或无上一级页面的访问。

（9）店内：来自自己店铺其他页面的访问。

（10）站外：上级页面来自外部网站的访问。

（11）其他：剩余未知来源的访问。

二、流量的来源与去向分析

1. 流量来源对比

分析流量来源是商家开展数据运营的基础。通过分析流量来源及各场景询盘效果，观察流量来源的变化，对比业内优秀店铺，商家可以找到提升流量及询盘支付转化率的抓手。在阿里巴巴国际站商家中心界面左侧导航栏的"数据参谋"中可以找到"流量来源"选项。在"流量来源"界面，商家可以了解每个流量来源的详细转化情况，如图 11-6 所示。

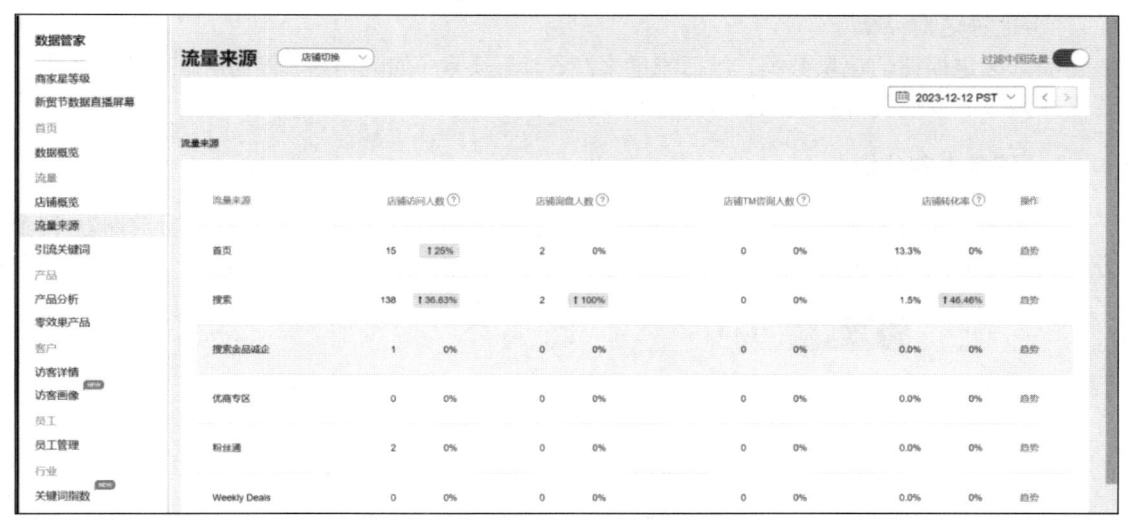

图 11-6　"流量来源"界面

2. 流量结构优化

流量结构（见图 11-7）优化一般从完善流量渠道、合理分配资源、进行定期评估 3 个方面入手。

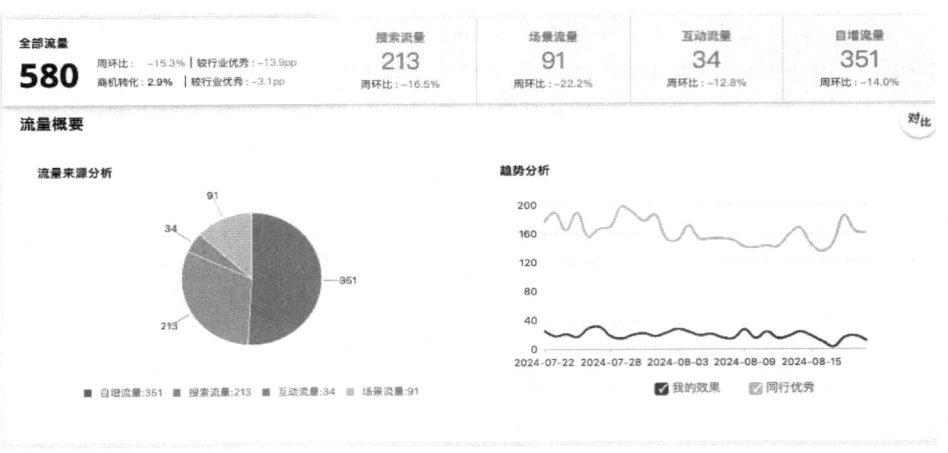

图 11-7　店铺流量结构

1）完善流量渠道

商家应确保店铺在各种可能的流量渠道上都有曝光，并对每个流量渠道的投入产出比进行评估，以了解哪些流量渠道带来了高质量的流量和更高的转化率，哪些流量渠道需要被调整或淘汰。

2）合理分配资源

商家应将更多资源（如预算、时间、人力等）投入到表现良好的重点流量渠道上，以进一步提升其引流效果。对于重点流量渠道，商家要进行更深入的优化，如优化关键词、优化广告创意、优化落地页设计、优化用户体验等，以提高转化率和投入产出比。

3）进行定期评估

商家应定期评估流量数据，包括流量来源、流量质量（如跳出率、停留时间、转化率等）、买家行为等，以便及时发现问题并采取解决措施。

3．流量去向分析

为了进一步分析流量的去向，商家可以从去向产品、地域偏好、类目及场景偏好 3 个方面入手，如图 11-8 所示。

图 11-8　流量去向分析

三、流量价值分析

流量价值作为衡量店铺运营效果的重要指标，对商家来说具有极其重要的意义。它不仅反映了店铺流量的质量，还直接关系到店铺的盈利能力和经营效率。高流量价值意味着访客转化为购买者的可能性大且购买金额高，这反映了店铺在吸引力、产品竞争力和用户体验等方面的优势。通过比较不同流量渠道的流量价值，商家可以识别出哪些流量渠道更为有效，从而优化资源分配，减少在低效流量渠道上的投入，增加在高效流量渠道上的投入。对流量价值进行持续监控可以帮助商家及时发现经营中的问题，如转化率下降、客单价降低、利润率下滑等，从而采取相应措施进行调整和优化。

流量价值分析一般采用的方法有成交金额计算法和利润计算法。

在成交金额计算法下，流量价值=流量产生的交易金额=访客数×转化率×客单价。这种方法直接计算了流量带来的交易金额，是评估流量价值最直接的方法。其中，访客数是店铺在一定时间内的访问量，转化率是访客中实际完成购买的人数的比例，客单价是每个访客的平均购买金额。

在利润计算法下，流量价值=流量产生的利润/流量大小=访客数×转化率×客单价×利润率/访客数=转化率×客单价×利润率。这种方法在交易金额的基础上进一步考虑了利润因素，更全面地反映了流量对店铺盈利的贡献。利润率是店铺净利润与总销售额的比率，它反映了店铺的盈利能力和成本控制能力。

计算流量价值可以帮助商家了解店铺整体流量是否处于健康状态。尤其是在店铺经营进入稳定期后，对于每个流量能产生多少价值，商家要做到心中有数。如果流量价值开始下降，商家就需要考虑是否在低效的流量渠道上投入了太多资源。

第四节　店铺成长优化

一、商家星等级评定

1. 商家星等级的含义

商家星等级是评价阿里巴巴国际站商家服务买家的能力和意愿的分层体系，是基于商家在阿里巴巴国际站上进行跨境贸易全过程中的客观数据表现生成的分层体系。商家星等级分为1星、2星、3星、4星、5星5个星级，其中5星最高。

商家星等级指标体系强调买家核心关注点，包含四大能力项：产品力、营销力、交易力、保障力。产品力关注优质产品的展示，营销力关注商机获取能力，交易力关注成交转化效果，保障力关注交易质量及买家体验。

商家星等级又分为两种场景指标：一种是商机星等级，另一种是交易星等级。商家星等级一般取二者中的较高等级。商机星等级指标和交易星等级指标分别如表11-4和表11-5所示。

表 11-4　商机星等级指标

能力项	子项指标
商家力	全店优品数、橱窗优品占比、可交易产品数、指定证书得分（加分）
营销力	30 天营销流量指数、30 天商机指数、30 天商机转化率
交易力	180/90 天站内外交易额、180/90 天支付转化率
保障力	买家评价分、风险健康分、30 天平均回复时间

表 11-5　交易星等级指标

能力项	子项指标
产品力	全店优品数、橱窗优品占比、可交易产品数
营销力	30 天营销流量指数、30 天商机指数
交易力	60 天站内外交易额、60 天支付转化率、90 天复购率、90 天按时发货率、60 天半托管订单数（加分）
保障力	买家评价分、风险健康分

商家可参考商家星等级指标的表现调整服务行为，从而更好地吸引买家，获取更多商机。

2．商家星等级的评定规则

（1）商家（定制和快速交易）星等级由商家四大能力项的表现所决定。每个能力项的满分都为 100 分。四大能力项均符合一定标准的商家才能晋级为星级商家。1~5 星的四大能力项分数要求分别是 60 分、70 分、80 分、85 分、90 分。

（2）四大能力项的分数由多个子项指标共同决定，根据各子项指标的权重可综合计算出对应能力项的分数。各子项指标的值越大，对应能力项的分数越高。

若能力项内有基础服务指标，当基础服务指标未达到对应星级要求时，则能力项的分数会停留在下一个星级的临界值。例如，30 天平均回复时间未达到 24 小时，营销力显示为 59 分；30 天平均回复时间未达到 20 小时，营销力显示为 69 分，以此类推。

（3）阿里巴巴国际站会同时展现定制和快速交易两套不同场景的评分指标和商家表现数据，并依据商家星等级的评定规则（见表 11-6）确定定制和快速交易两种场景中的星等级。阿里巴巴国际站将取二者中较高的星等级作为商家最终的（预测/评定）星等级。快速交易场景中的星等级仅在商家店铺的 RTS 品占比不小于 30%时才会触发星等级评定操作，未达到此评定门槛时，默认星等级为 0 星；定制场景中的星等级不受此影响，阿里巴巴国际站对全部商家进行星等级评定。

表 11-6　商家星等级的评定规则

星等级		四大能力项均达到	基础指标	买家评价分
★★★★★	5 星	90 分	平均回复时间≤8 小时 风险健康分＞60 分 异常履约率≤10%	≥4.9 分
★★★★	4 星	85 分		≥4.7 分
★★★	3 星	80 分		≥4.5 分
★★	2 星	70 分		≥4.3 分
★	1 星	60 分		≥4.0 分

（4）商家当月的星等级由上一个自然月月末（太平洋标准时间）当天商家实际数据的表现决定（不是指月末当天商家在后台看到的数据，而是月末两天后商家在后台看到的数据）。星等级的评定结果决定了商家当月可享受的权益。星等级的评定结果每月 5 日在后台更新，到次月 5 日前不会变动。

3．商家星等级的权益

商家星等级的权益由商家星等级决定，不同星等级的商家可享受的权益不同，如表 11-7 所示。商家升星后将在访客、曝光、点击、反馈及订单获取的表现上均有明显提升，并且买家对星级商家的评价分也比对非星级商家的评价分高。

表 11-7　商家星等级的权益

权益		1 星	2 星	3 星	4 星	5 星
客服类	搜索排序	√	√	√	√	√
	行业活动报名准入	—	√	√	√	√
	Weekly Deals 报名准入	√	√	√	√	√
工具类	短视频频道的使用权	√	√	√	√	√
优惠类	金融活动优先参与	√	√	√	√	√
客服类	供应链服务优先	—	√	√	√	√
	线上专属客服	—	—	√	√	√

相较于单一维度的交易等级，商家星等级能更全面、动态地反映商家的线上综合表现，参考性更强。

二、店铺成长提升

按照店铺成长阶段，可以把店铺分为新手期、成长期、成熟期和拓展期。在不同阶段，商家需要采取不同的提升星等级的方法如图 11-9 所示。

新手期
- 了解买家和市场，确定赛道及产品
- 完成星级新手推荐任务，触发星级评定操作
- 装修店铺和发布产品，打好店铺基础

成长期
- 组建产品矩阵；搭建营销体系
- 提升成交转化率，做好买家服务
- 盘点四力大能力项指标，查漏补缺，提升星等级

成熟期和拓展期
- 充分利用星等级的权益，沉淀店铺数据
- 精细化买家/商机运营，积累高质量买家
- 高星维稳，拓展新机会并快速提升星等级

图 11-9　店铺成长阶段与对应的星等级提升方法

在进行店铺提升时，商家一般从确定店铺层级、设计运营策略、效果监测、活动复盘沉淀 4 个阶段进行监控管理。具体的操作步骤如下。

第一步，商家需要根据后台数据，确定店铺星等级，并对比同行平均水平、同行优秀水平，进一步定位店铺运营水平。第二步，商家需要审视店铺单项能力，进行诊断，分析确实需要提升的方面。第三步，商家需要根据单项能力诊断数据，根据客户采购路径，进一步定位店铺重点问题，并根据店铺重点问题，进行进一步拆解，确定店铺的细分运营动作。第四步，商家需要根据店铺的细分运营动作，制定店铺成长提升的系统方案，执行店铺细分运营动作，监控店铺运营执行数据，并根据这些数据对店铺细分运营动作进行优化，从而实现店铺成长。

本 章 小 结

本章主要介绍了店铺数据优化的内容：第一节介绍了数据分析的基础，包括数据分析的概念、目的、作用、流程，阿里巴巴国际站的数据分析工具——数据参谋和常见的数据指标；第二节介绍了店铺经营优化的内容，包括店铺经营状况、店铺经营漏斗模型、店铺经营数据优化；第三节介绍了店铺流量优化的内容，包括店铺流量的类型、流量的来源与去向分析、流量价值分析；第四节介绍了店铺成长优化的内容，包括商家星等级评定、店铺成长提升。通过学习本章，读者应能了解各数据指标出现问题的原因及提升指标的方法，提出各种店铺数据优化方案。

本 章 练 习

一、选择题

1. 跨境 B2B 企业为了洞悉客户、进行宏观预测和数据化管理，对数据加进行细研究和概括总结的过程是（　　）。

A．商机沟通

B．客户管理

C．数据分析

D．交易履约

2. 某店铺一周的搜索曝光次数为 1200 次，搜索点击次数为 12 次，以下采取的提升曝光点击转化率的方法效果不明显的是（　　）。

A．检查图文的匹配性

B．优化产品主图

C．优化交易信息

D．投放广告

3. 商家在用关键词"smart washing machine"对某产品持续进行 P4P 营销一个月后，发现该产品的曝光次数为 2780 次，点击次数为 10 次，询盘数为 1 个。你认为该商家最需要做的是（　　）。

A．优化产品主图与产品标题

B．添加更多关键词

C．提升关键词的出价

D．将关键词投放改为推荐投放

4. 商家优化发货时间可以提升快速交易场景中的星等级能力项中的（　　）。

A．产品力

B. 营销力
C. 交易力
D. 保障力

二、实训题

分小组讨论某店铺的数据（见表 11-8）表现，并给出相应的数据优化方案。

表 11-8　某店铺的数据

日期	曝光量次数/次	点击次数/次	反馈量/个	TM 咨询数/个	点击率/%	反馈率/%
2019 年 8 月	299 282	9233	281	170	3.09	3.04
2019 年 9 月	221 225	4798	146	155	2.17	3.04

第十二章　AI 智能运营

学会使用 AI 工具将助力企业在跨境电商 B2B 店铺运营的关键环节实现降本增效。

> **导入案例**
>
> **外贸企业运用新技术开拓海外市场，斩获国际新订单**
>
> 2024 年以来，随着全球贸易整体延续复苏态势，我国重点外贸企业新签订单趋势连续向好，外贸企业发展的信心持续提升。外贸规模增长的背后是我国外贸企业持续增强产品的国际竞争力，运用新技术开拓海外市场，斩获国际新订单。
>
> 作为国内领先的跨境电商 B2B 平台，阿里巴巴国际站不仅建立了多语言站点，还在 2023 年正式上线了 AI 外贸助手——生意助手。它可以实现多种语言实时翻译和一键生成图文视频内容。通过使用生意助手的这些功能，义乌市德洋机械设备有限公司的外贸人员徐某在接待一个来自阿曼的客户时，用了差不多半小时就让该客户下单了。
>
> 阿里巴巴国际站总裁张阔曾表示："AI 进入与产业化结合的长跑期，将成为外贸的最大变量。"在数字外贸背景下，AI 已经不是未来趋势，而是当下趋势。生意助手还可以帮助外贸企业洞察行业先机、诊断和优化产品。跟上趋势使用 AI 技术的第一批外贸企业已经吃到了红利。
>
> 山东领品机械科技有限公司是一家融研发、生产、销售、售后为一体的光纤激光切割机生产企业，在阿里巴巴国际站上开有 3 个店铺。为了应对市场压力和竞争挑战，该企业以前每年都需要花费 3 万元购买全球海关数据，而现在通过生意助手可以获取并分析这些海关数据，从而深入了解各国对产品的需求和产品价格趋势，甚至可以了解具体国别买家的采购偏好，以便及时调整产品结构。例如，利用生意助手的智能分析功能，该企业发现德国对高精度小型切割机的需求增长了 27%，随即快速调整产品并成功拓展市场。现在，该企业不仅节省了采购成本，还实现了基于大数据的精准市场定位，获取了更多跨境贸易机会。

第一节　AI 智能运营基础

AI 是 Artificial Intelligence 的首字母简写，中文译名是人工智能。AI 是研究、开发用于模拟、延伸和扩展人的智能的一种新技术，可以让机器拥有类似人的智能行为。从早期的符号主义、连接主义到现代的深度学习和神经网络，AI 技术不断演进，逐渐成为推动科技发展的重要力量。AI 领域的 OpenAI 公司推出了大型自然语言模型——ChatGPT。GPT 的全称为 Generative Pre-trained Transformer，即生成式预训练，这类模型也被称为 AIGC（Artificial

Intelligence Generated Content，生成式人工智能）。AIGC 在多个领域得到了广泛应用。

一、AI 智能运营概述

1. AI 智能运营——运营的进化

智能运营是指利用先进的信息技术，通过大数据分析、AI 等手段对企业的运营过程进行优化，以实现运营效率的提高、成本的降低、产品的创新和服务的优化，最终驱动企业的业务实现持续增长。简单来说，智能运营是通过各种智能技术的支持和应用来实现对企业运营活动的全面监控、精细管理和智能决策的运营高阶形态。

AI 智能运营是指利用 AI 技术和算法进行企业运营管理和经营决策的过程，它通过实时监控、数据分析和策略生成等方式，实现业务运营的自动化、精准化和自优化。在电商领域，AI 智能运营可被看作通过信息网络进行、以智能化为特征的运营工作，包括为实现经营目标，利用 AI 技术围绕产品和服务交易开展的各项经营与管理工作。

2. AI 智能运营的目的

随着 AI 技术尤其是 AIGC 技术的不断发展和应用，企业的运营模式正在发生深刻变革。通过大量数据的训练，AI 大模型能够学习特定领域的模式和规则，从而以其强大的数据处理分析和智能生成能力助力企业提升运营效率，改变企业的经营和管理方式。AI 智能运营正逐渐成为许多企业实现业务增长和优化管理流程的重要手段。

AI 智能运营的目的是把人工从烦琐、重复的运营事务中解放出来，转而聚焦价值更高的环节。具体来说，AI 智能运营可以与人工运营协同配合，前者侧重于自动运营、量化分析、策略生成和迭代，后者侧重于经验赋能、创意策划和策略模型搭建。通过交互，AI 智能运营和人工运营可以相互促进、共同成长，最终助力企业实现降本增效，并为企业带来生意增量。

3. AI 智能运营的作用

AI 智能运营在企业的经营过程中，主要具有以下 3 个方面的作用。

第一，驱动式辅助决策：从海量数据中挖掘有价值的信息和模式，为企业的运营决策和业务优化提供依据及建议。这将有助于企业更准确地理解市场需求、客户行为及业务运营状况，从而做出更明智的决策。

第二，自动化智能管理：基于数据和算法自动做出决策并执行，优化企业的资源配置和业务流程，提高企业的运营效率。这将有助于企业简化烦琐的人工操作，从而提升员工的工作效率和工作满意度。

第三，个性化客户运营：根据企业的客户画像，为客户提供个性化的营销活动和服务体验。这将有助于企业精准覆盖客户成长的各个阶段，不断提高客户满意度和客户忠诚度，从而促进业务持续增长。

总之，随着 AI 智能运营的发展，AI 与数据的界限正在模糊。AI 可以不断降低数据使用门槛，从数据科学家到运营人员都可以使用 AI；同时，AI 将加快数据洞见在各个场景中的应用，从而拉大运营效率之间的差距。因此，数据治理与 AI 使用技能是实现 AI 运营创新的关键。

二、生意助手

1．生意助手简介

生意助手是基于阿里巴巴国际站数字外贸实践、全球生意分析、全新 AI 技术创新打造的首款"懂外贸"的 AI-native 工具。它开启了跨境贸易 AI 时代的新篇章，拥抱全新的工作方式。

阿里巴巴国际站做的商家调研显示，50%以上的商家在经营过程中至少用过一款 AI 工具，如用 ChaGPT 处理文本、用 Midjourney 生成图片等。由于这些 AI 工具中的通用大模型解决的都是点状问题，商家在场景侧应用 AI 工具进行工作的时候往往需要反复切换不同的 AI 工具。

随着 AI 的竞争从通用大模型转向垂直专业大模型，外贸领域成为大模型落地应用的热门赛道，各大跨境电商平台（如亚马逊、eBay 等）都陆续推出了 AI 工具。与之相比，生意助手更强调全链路提效，除了可以为商家降低运营成本，还可以为商家带来生意增量。

作为一款与跨境电商平台结合的生成式 AI 原生应用，生意助手依托阿里巴巴国际站 20 多年的数字外贸数据积累，建有专业垂直语料库，并且具备 AI-native 全链路内置节点，可以实现买家和商家双端数据实时优化。同时，生意助手可以实现全套生意数据实时感应交互，自主学习，持续迭代。

2．生意助手的功能

生意助手主要包括 4 个功能模块：智能发品、智能接待、智能分析和助手框架，如图 12-1 所示。处于不同阶段的商家由于经营目标和管理需求不同，对生意助手功能使用的侧重点不同。

智能发品	智能接待	智能分析	助手框架
● 标题优化	● AI 润色	● 机会分析	● 自由对话
● 扩充关键词	● 辅助接待	● 单品诊断	● 私有知识库
● 白底图/场景图	● 自动接待	● 知产扫描	● 应用衣场
● 视频处理	● RFQ托管报价	● 店铺诊断	● Prompt&Agent编排
● 一键详描	● RFQ智能报价	● 营销诊断	
● 极简发品			

图 12-1　生意助手的功能模块

新手商家可以使用智能发品功能快速创建产品标题、关键词、图片、视频等内容；使用智能接待功能自动接待买家或根据买家的不同标签智能生成接待话术，以及对 RFQ 进行托管报价或智能报价；使用助手框架功能低门槛地构建自己的外贸助理，快捷、精准地解决网站问题和外贸难题。

熟手商家除了可以使用上述功能来优化产品、接待客户、解决疑问，还可以通过机会分析、单品诊断、店铺诊断等智能分析功能，更加快速地了解自己所在行业的站内外宏观情况和微观情况，并通过诊断对产品未来的运营潜力进行细致判断，对当前店铺的运营问题进行定位，对账号的违规风险进行检测。

总之，随着海外年轻一代采购商的崛起和买家行为习惯的改变，通过在线平台进行数字化采购的趋势越发明显。在 AI 等新技术的赋能下，数字外贸正迎来最好的发展机遇。企业应该主动接触和拥抱 AI，不断增强与 AI 交互的能力，努力做到人工主导智能，最大限度地发挥智能辅助的价值，快人一步获取商机和提高转化率，从而实现降本增效。

第二节 市场智能分析

通过有效的市场分析工作，商家可以了解自己面临的战略外部环境，明确自己可以服务的细分市场和满足的买家需求，从而为新品开发和店铺运营打下良好的基础。阿里巴巴国际站提供的智能分析工具基于全球跨境贸易数据积累，自动学习并专业分析站内外海量市场数据，为商家分析机会和诊断风险，给出市场结论和生意建议，从而帮助商家抢占商机。

一、智能洞察市场需求

1. 市场机会分析

把握市场动态是商家制定战略决策、优化市场布局及增强竞争力的关键。

想要及时、准确地把握市场动态，商家就需要做大量的市场调研工作，全面分析自己所在行业的市场规模、市场增速、供需情况、转化率等数据，从而判断是否有新的市场机会。

当商家使用生意助手的智能分析功能，先选择宏观市场机会，再选择想要分析的二级类目时，生意助手会结合站内外趋势和买家行为，自动生成所选行业的宏观市场调研分析报告，概括总结行业品类机会，从而及时把握市场动态。例如，宠物用品类目的宏观市场机会分析结果如图 12-2 所示。

图 12-2 宠物用品类目的宏观市场机会分析结果

2. 了解买家需求

了解买家需求是商家为买家提供有吸引力的产品或服务的前提。

想要精准、有效地洞察买家需求，商家就需要对买家画像、客户来源、客户偏好等情况进行全面的调研和分析，这样才能进行精细化的买家运营，在发布产品或进行营销推广时准确触达买家。

当商家使用生意助手的智能分析功能，先选择买家偏好分析，再选择想要分析的细分市场时，生意助手会聚合细分市场下的买家行为，基于买家偏好属性和关键词，深度挖掘买家的搜索偏好和爆品的核心卖点，从而洞察买家的隐性需求。

二、精准进行市场拓展

1. 细分市场开发

在产品同质化严重和市场竞争激烈的环境下，能更好地渗透细分市场并服务好买家的商家才能赢得更多的市场份额。

想要有效地开发细分市场，商家就需要在行业市场调研的基础上，进一步分析机会市场的需求总量、受众偏好、竞争对手、市场准入等具体情况，以便找准细分市场并进行精准运营。

当商家使用生意助手的智能分析功能，先选择细分市场机会，再选择想要分析的细分市场时，生意助手会智能推荐相关细分市场，帮助商家发现更多潜在机会，还会在相关品类下提炼行业趋势属性，为商家的新品设计提供灵感。例如，宠物床类目的细分市场机会分析结果如图 12-3 所示。

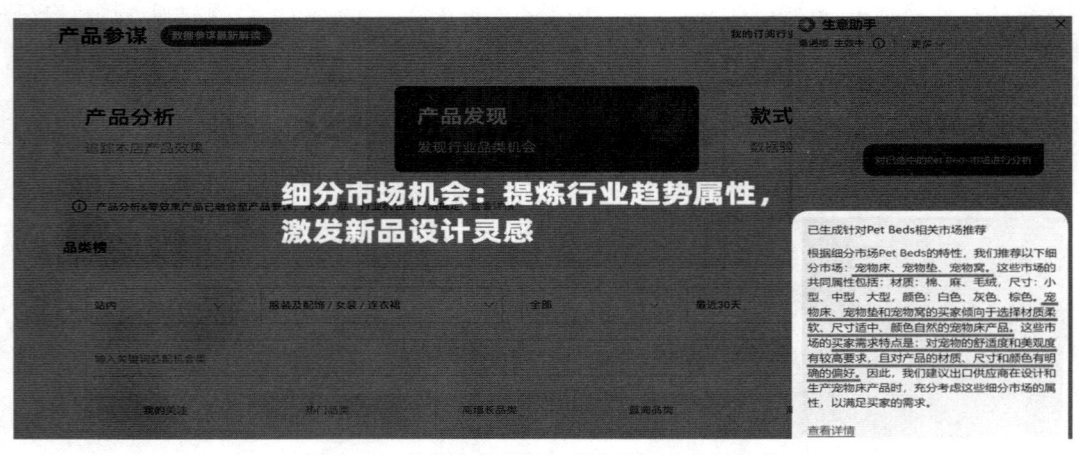

图 12-3 宠物床类目的细分市场机会分析结果

2. 新品开发

新品开发是商家优化店铺产品布局，快速抢占市场先机的关键环节。

想要有效地开发新品，商家就需要在了解买家需求的基础上，制定正确的产品开发策略和市场策略，从而打造出高潜力新品矩阵。

当商家使用生意助手的智能分析功能，先选择细分市场机会，再选择想要分析的细分市场时，生意助手会基于买家偏好分析给出新品开发建议，辅助商家更精准地制定选品策略。例如，宠物床类目的新品开发建议如图 12-4 所示。

图 12-4　宠物床类目的新品开发建议

当商家使用生意助手的智能分析功能，先选择机会分析，再选择想要分析的产品时，生意助手会基于阿里巴巴国际站和全球海关数据，一站式综合分析产品所在行业的市场机会（包括产品所属二级行业的全球趋势分析、产品所属叶子类目的买家偏好、产品所属细分市场的关联细分市场机会），辅助商家进行市场开发和新品开发，以更好地满足目标市场的买家需求。

例如，自行车行业的机会分析结果如图 12-5 所示。

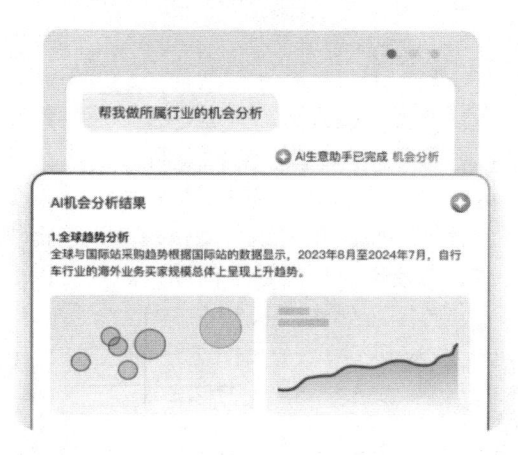

图 12-5　自行车行业的机会分析结果

三、店铺智能运营

1. 诊断店铺的薄弱环节

店铺诊断对商家提升店铺业绩、优化买家体验、制定发展规划等来说具有重要意义。

想要有效地进行店铺诊断，商家就需要分析店铺流量的来源、转化、去向等情况，从中找到店铺的薄弱环节并制定优化策略，从而提升店铺运营效果。

在商家使用生意助手的智能分析功能，根据提示选择感兴趣的店铺运营问题或在对话框中输入自己想问的问题后，生意助手将针对商家的问题，结合店铺前后的数据或同行数据定位出导致店铺表现欠佳的最薄弱的环节。例如，商家要进行智能分析——店铺的商机数有什么优化方法，得到的关于店铺商机数优化方法的建议如图12-6所示。

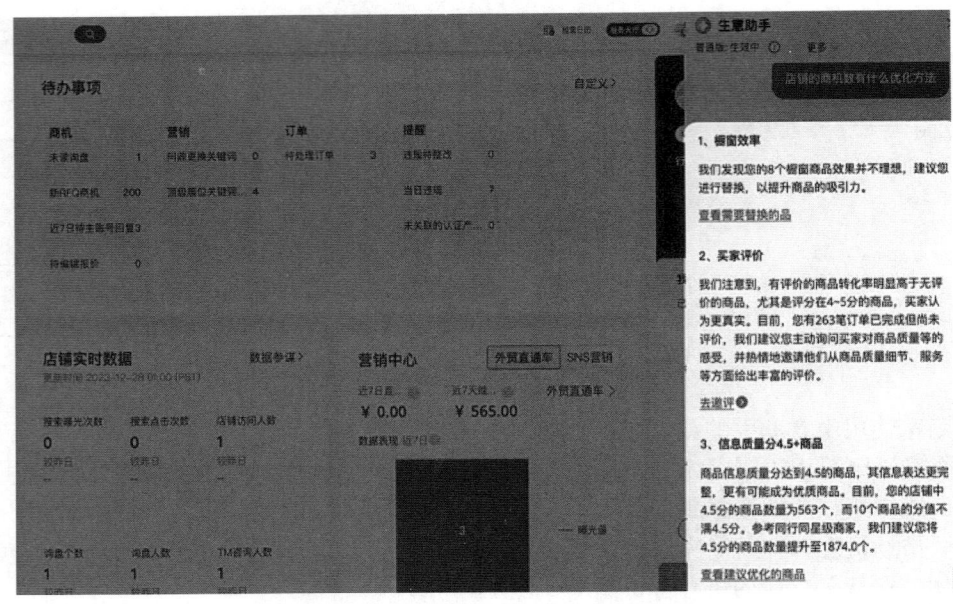

图12-6　关于店铺商机数优化方法的建议

2．制定店铺优化策略

店铺优化对商家提高运营效率、提升买家体验、提高店铺销量等来说具有重要意义。

想要有效地优化店铺，商家就需要在做好店铺诊断的基础上，制定正确的店铺优化策略，持续提升店铺运营效果，这样也有助于商家提升店铺等级，获得更多的平台资源倾斜。

生意助手可以针对平台各个环节的相关运营动作及效果，提供有针对性的优化行动建议和行动点。例如，针对橱窗产品效果不理想这个问题，商家可以根据建议（见图12-7）直接替换相关产品。

图12-7　效果不理想的橱窗产品替换建议

另外，商家还可以使用生意助手诊断店铺风险，快速定位店铺违规的待办任务，以及店铺内潜在的风险产品和对应的风险点详情，以便及时进行整改，避免影响店铺流量和商机获取。

例如，商家向生意助手提出帮他检测店铺风险、违规待办任务的请求，得到的店铺风险、违规待办任务的诊断报告如图 12-8 所示。针对产品的知识产权问题，商家可以选择通过"立即智能整改""申诉""去编辑商品"来进行处理。

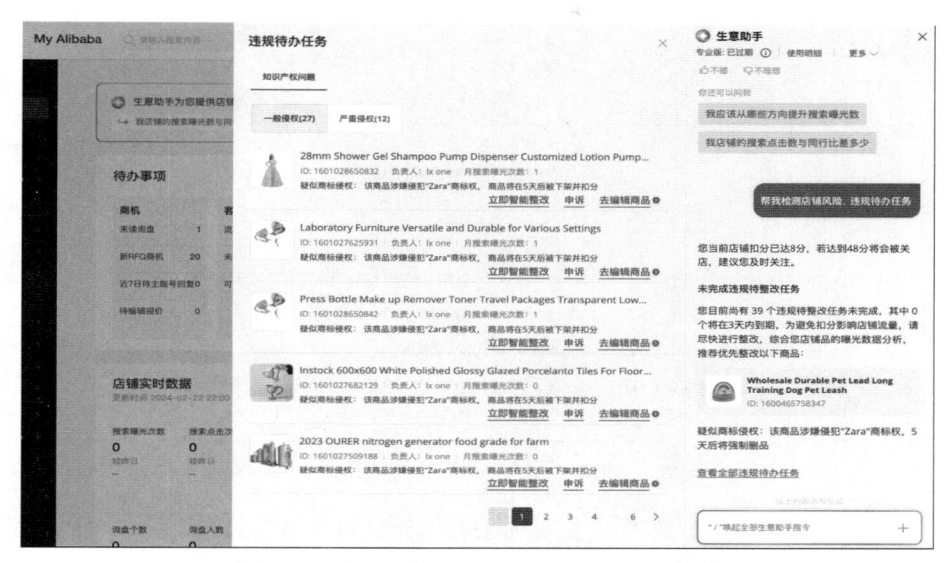

图 12-8　店铺风险、违规待办任务的诊断报告

第三节　产品智能管理

产品发布与管理是店铺运营人员的重要工作，可以帮助商家建立起高质量的新品和潜力品矩阵，从而为营销推广等后续工作打好基础。通过智能运营工具（如生意助手等），商家可以基于买家行为，智能洞察买家需求，优化产品的标题、图片、视频，扩充关键词，从而有效地捕捉商机，全面提升运营效率。

一、产品智能发布

作为产品运营第一个的流程，产品发布是商家进行产品管理的关键工作任务之一。

对产品种类多、市场需求大、需要快速大量铺货的商家，以及顾不上做运营、只擅长做业务、需要节省时间的商家来说，以往只能通过人工发布类似品的功能来实现快速发布产品的目的，但对于没有类似品作为产品模板的新品发布，商家依然要从头进行产品发布。

当商家在发布产品时使用生意助手的智能发品功能，上传至少一个产品的关键词或一张图片时，生意助手会自动识别产品类目，生成标题、关键词、图片、视频、详情等产品信息，并自动将这些信息填写到产品信息表单中，实现一键高效高质量铺货。

1. 商品词发品

商家使用生意助手进行商品词发品的具体操作如下。

第一步，进入商品管理后台，选择商品发布功能。

第二步，选择极简发品方式，进入"商品词发品"界面。

在商家输入中文或英文产品关键词后，生意助手会自动推荐商品对应的细分类目，并同时给出其他热门细分类目下的热销商品属性。商家可以基于商品图片和核心特征选择最符合自身预期的类目。以发布一款女士夏季长裙为例，"商品词发品"界面如图 12-9 所示。

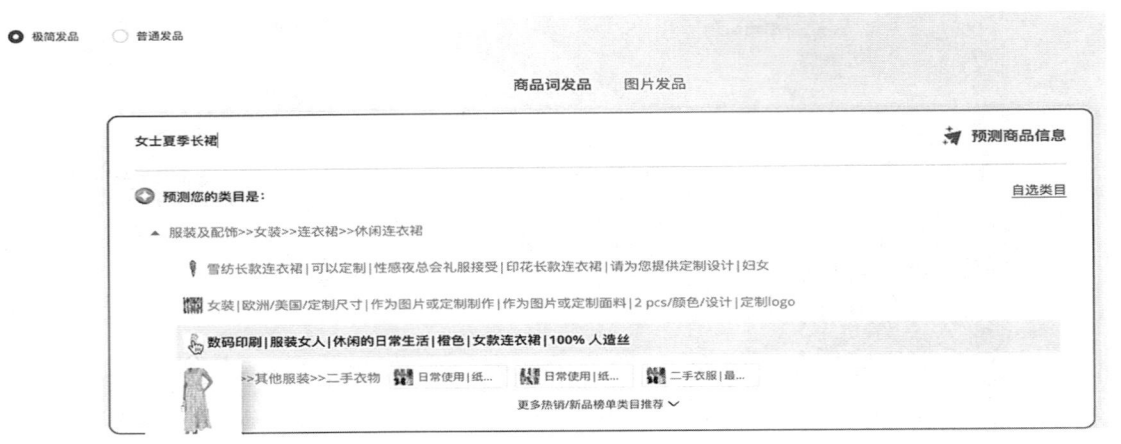

图 12-9　"商品词发品"界面

第三步，单击发布商品的按钮。生意助手会依托全球商品信息库，通过 AI 深度学习算法，快速完成图像识别理解和知识图谱构建，自动生成标题、关键词、属性、图片、价格、详情等相似或相关商品的全方位关键要素信息，如图 12-10 所示。在商品信息生成后，生意助手会自动将其填写到商品信息表单中，商家可以在核对后一键快速发布商品，也可以在进行单项优化后发布商品。

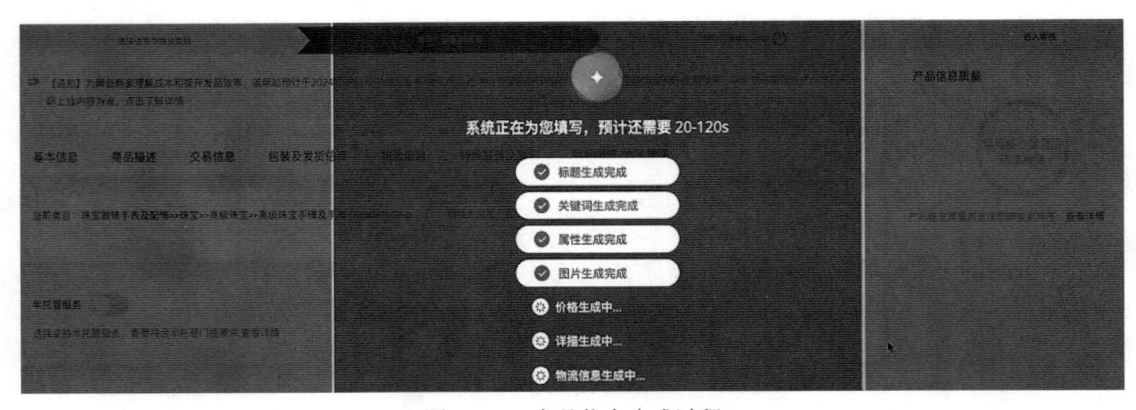

图 12-10　商品信息生成过程

2．图片发品

商家使用生意助手进行图片发品的操作流程和商品词发品的操作流程类似，不同之处仅在于在选择极简发品方式后，要使用图片发品方式并上传至少 1 张图片，并选择"预测商品信息"选项，选择最符合自身预期的类目。以发布一款手镯为例，"图片发品"界面如图 12-11 所示。

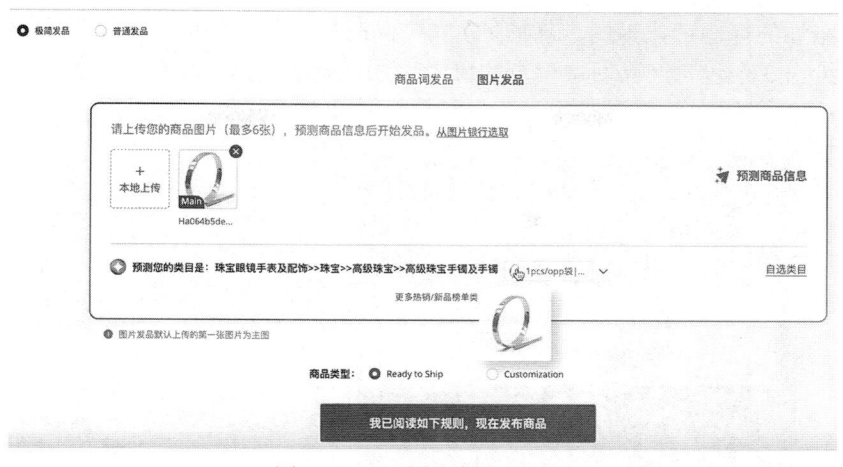

图 12-11 "图片发品"界面

二、产品质量优化

由于产品发布的信息质量直接影响产品在站内的自然搜索排名,而产品发布的内容质量则对产品的点击转化和商机转化有着至关重要的基础性影响,因此商家在运营过程中需要花费时间和精力来优化产品质量,尤其是研究如何制作突出营销卖点的标题并配上相应的图片、视频和文案,以便让自己的产品更好地触达和吸引潜在买家。

对在发布产品时选择普通发品方式的商家来说,产品发布效率与质量难以两全的情况给不少商家的产品发布工作带来了两难的选择:如果想要在短期内大量地发布产品,就不得不牺牲产品发布质量,这样可能对产品发布后的曝光、点击和商机获取效果产生一定的负面影响;相反,如果想要只发布精品,就需要牺牲产品发布速度,这样可能会错过优质的市场机会。

在阿里巴巴国际站,商家在因发布产品而需要填写产品信息时或因修改产品而需要编辑产品信息时,可以使用生意助手的智能发品功能。在商家提供原始信息或素材后,生意助手可以一键生成高质量的标题、关键词、图片、视频等产品信息。商家需要判断这些信息是否可以吸引买家,如果可以,就一键应用这些信息;如果不可以,就进行优化。这样一来,商家就可以提升产品质量优化的效率。

1. 标题优化

优化产品发布质量的首要关键点是写好标题来覆盖主要关键词,以符合平台的 SEO 规则和买家的采购需求,从而获得更多的站内搜索曝光机会及更好的点击转化效果。

想要制作出高质量的标题,商家就需要从各个渠道收集买家使用的关键词,并对关键词进行数据分析和词性分类,找到引流效果比较好的关键词,按照标题公式对关键词进行组合,通过持续的效果测试来不断优化标题。

生意助手的标题优化功能可以结合产品特性和阿里巴巴国际站的热搜词,生成符合平台运营特性、海外市场需求、具有卖点的英文标题来供商家选择,商家也可以重新选词以进行多次优化。相较于由中文标题简单翻译而来的英文标题,基于行业市场分析和买家搜索习惯而生成的标题可以提升标题制作和优化的效率,从而增加产品的曝光量、提高产品的点击率。

以香薰蜡烛的标题优化为例，商家在发布产品时输入中文标题，单击"标题优化"按钮，生意助手会给出 3 个包含产品新增卖点的参考标题供商家选择，如图 12-12 所示。

图 12-12　香薰蜡烛的标题优化建议

再以电动摩托车的标题优化为例，商家在修改产品时单击"标题优化"按钮，生意助手会提供标题优化后的结果，并新增部分卖点供商家选择应用或重新优化，如图 12-13 所示。

图 12-13　电动摩托车的标题优化建议

2. 关键词优化

作为买家最常用的产品采购需求表达载体，关键词显然是买家搜索产品的关键要素。

想要持续找到买家搜索热度高的关键词，商家就需要打造高质量、标准化的在线词库，并根据产品运营节奏定期将其导出，以便通过查看和对比不同时间节点关键词的相关数据，找到最新的买家热搜词来优化产品关键词覆盖范围和付费推广，从而快速链接精准买家。

商家输入关键词后会唤起生意助手的关键词扩展功能，生意助手会匹配生成更多相关关键词，包括精准关键词和模糊关键词，并对其中买家搜索热度最高的关键词给出对应的推荐理由，在关键词维度辅助商家做好产品运营的定向优化，从而提升产品的引流效果。

例如，对于咖啡杯，基于原有关键词，生意助手可以扩展更多精准表达产品特性和具有较高搜索热度的关键词供商家参考选择，如图12-14所示。

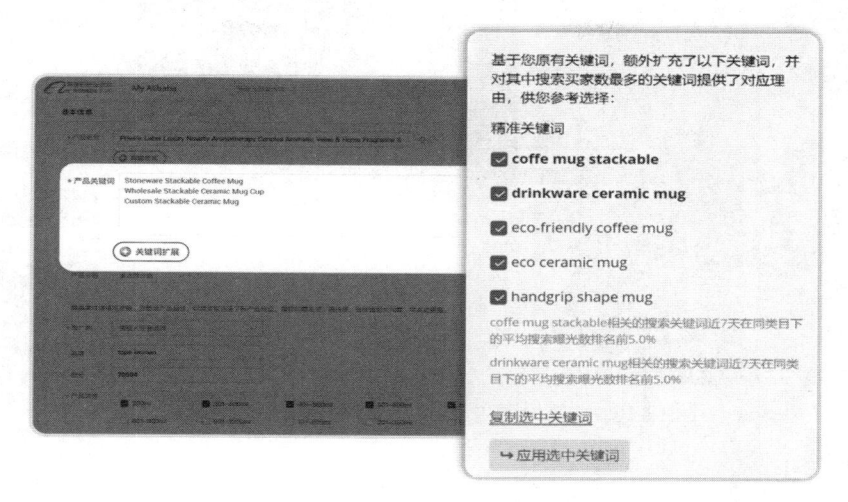

图12-14　咖啡杯的关键词扩展

3．图片优化

产品主图决定了买家对产品的第一印象，很多时候会直接影响产品的点击率甚至商机转化率。商家应该重视制作与买家诉求最相关的图片，利用优质实用场景吸引精准买家。

想要制作出符合平台要求的产品白底图或符合行业需求、适配产品及买家喜欢的场景图，商家就需要投入一定的费用和时间来进行拍摄与修图，通过持续的效果测试来不断优化图片。

商家上传提前准备好的图片会唤起生意助手的图像处理功能，生意助手会生成适配平台要求的产品白底图或基于买家审美偏好及需求洞察生成多种风格的场景图，商家从中找到适合自己的产品、有差异化竞争力的图片即可。如果对生意助手生成的图片不满意，那么商家可以自定义进行二次优化或重新生成，从而节省图片制作成本，以及提升图片制作效率。

例如，生意助手生成的瓶子的白底图如图12-15所示，生意助手生成的电动自行车的合成场景图如图12-16所示。

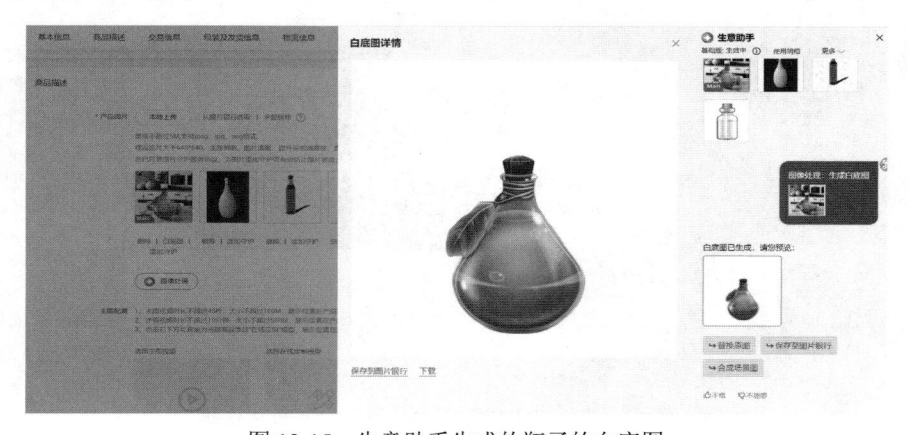

图12-15　生意助手生成的瓶子的白底图

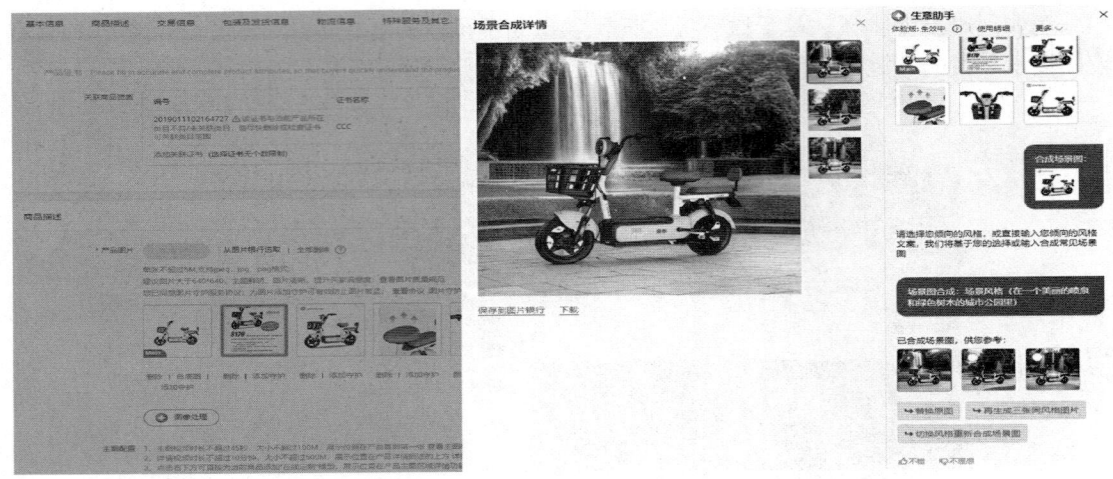

图 12-16　生意助手生成的电动自行车的合成场景图

4．视频优化

视频不仅可以方便买家了解产品，还会对商机转化率产生很大的直接影响。

想要制作出符合行业产品风格审美、符合买家需求的视频，商家很多时候就需要以较高的成本请专业团队对产品进行拍摄、剪辑、配文案、配音等，通过持续的效果测试来不断优化视频。由于工作流程较多，整个视频制作环节耗时、耗力，但产出往往有限。

商家上传提前准备好的产品基础视频素材会唤起生意助手的视频处理功能。在商家填写讲解声音、文本风格等内容的视频内容清单后，生意助手会结合阿里巴巴国际站的细分行业及买家兴趣点，生成既符合产品特点、又提炼了产品所属行业特色卖点的产品介绍视频，并且视频自带产品卖点英文字幕、标准英文语音解说及合适风格的背景音乐，从而节省人工拍摄、剪辑等视频制作成本。

例如，生意助手生成的电动自行车的讲解视频如图 12-17 所示。

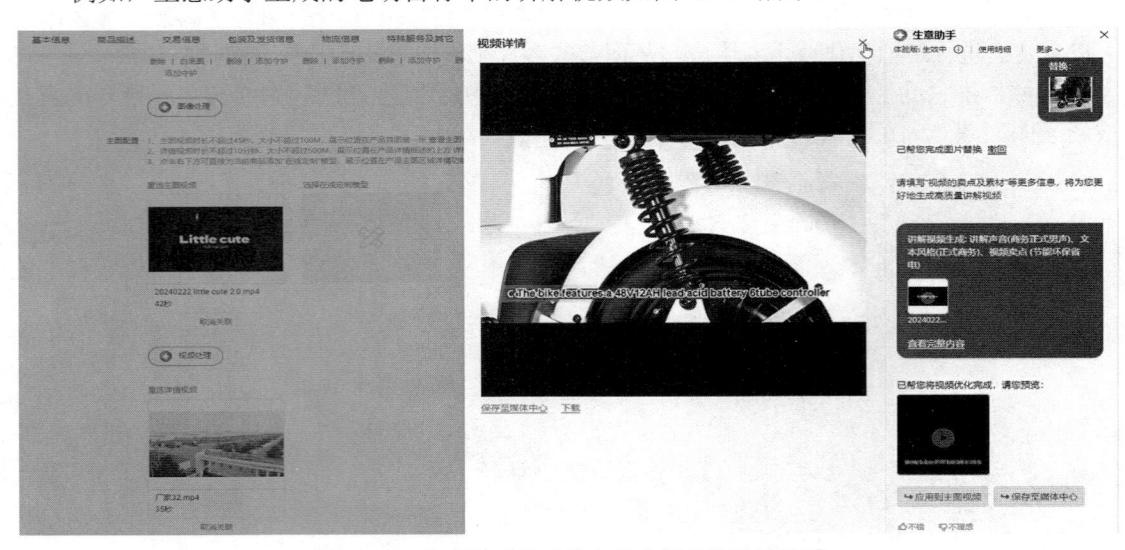

图 12-17　生意助手生成的电动自行车的讲解视频

5. 产品详情页优化

做好产品详情页的核心作用是可以提升产品的询盘转化率，这是 B2B 模式下买卖双方最终达成交易的关键。如果产品详情页没有做好，即使商家花很多钱引来了大量买家，他们也会在访问产品详情页后因为不感兴趣而离开，这就会导致宝贵的推广资金被浪费。

想要打造一个高转化率的产品详情页，商家就需要将通过 FABE 法则提炼出的产品的优势、卖点等关键推广信息应用到产品详情页的设计中，把买家最想看的内容和自己最有优势的部分结合起来，通过具体的详情模块设计，将其用视频及图文的形式展示出来，以符合买家需求和获得买家的信任。

商家在编辑产品详情页时选择普通编辑方式，在产品详情页没有内容的前提下，会唤起生意助手的一键详描功能。在商家选择撰写风格、文案长度、内容模块后，生意助手会基于产品类目特点和买家需求，有针对性地生成突出产品卖点的详情描述，并支持商家对这些详情描述进行优化，从而有效提升产品详情页的质量。

例如，生意助手生成的电动自行车详情描述如图 12-18 所示。

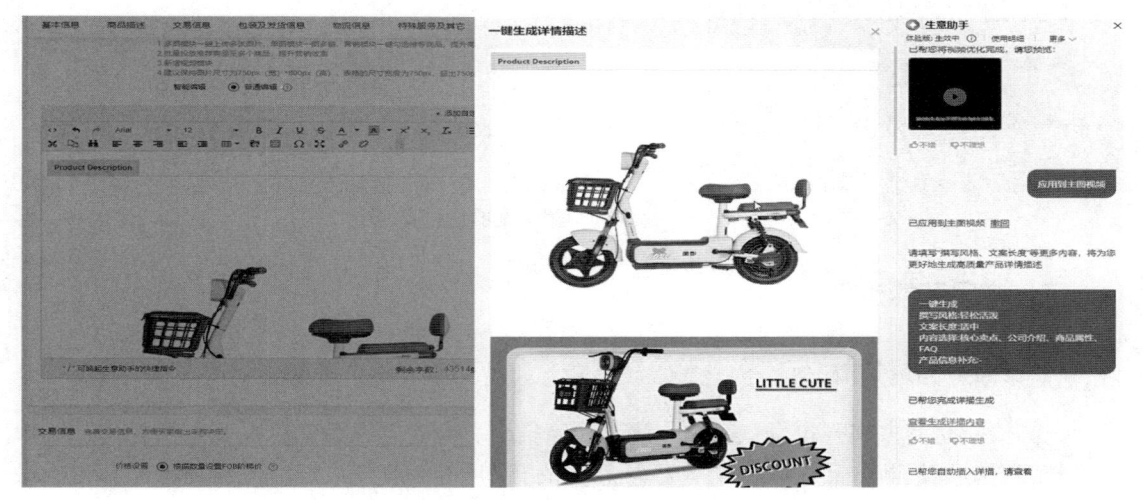

图 12-18 生意助手生成的电动自行车的详情描述

6. 营销文案优化

营销文案是用来包装和展示创意的文字，其本质是产品和买家需求的连接，核心目的是满足买家需求，让买家信赖商家或产品，最终促进商机转化。因此，优质的营销文案可以有效地提升商家信息或产品信息的传播效率和效果。

以产品文案为例，想要写出高质量的营销文案，商家就需要基于市场调研，以及业务员和潜在买家的业务沟通情况，用中、英文整理出买家最关心的焦点问题和可以满足买家需求的自身优势，通过结构化的表达方式来形成营销文案并不断进行优化。

商家在编辑产品详情页时选择普通编辑方式，在产品详情页已有营销文案的前提下，选中需要修改的营销文案，会唤起生意助手的文本润色功能。在商家选择撰写风格和营销文案的长度后，生意助手会基于当前文案进行文本润色和内容扩写，并自动将优化后的营销文案替换原营销文案，以增强营销文案的吸引力。

以球阀为例,其营销文案的优化界面如图12-19所示。

图12-19 球阀的营销文案的优化界面

三、产品智能运营

1. 诊断产品运营情况

产品诊断对商家增强市场竞争力、满足买家需求、制定营销策略等具有重要意义。

想要有效地诊断产品,商家就需要全面了解产品所处的竞争层级,以及分析产品和标杆竞品在商机转化路径上的全方位数据差距与趋势变化,判断产品运营潜力并制定优化策略。商家从产品参谋或产品管理的产品列表中选择某个产品会唤起生意助手的单品诊断功能,生意助手会基于买家偏好和阿里巴巴国际站的数据生成以下智能诊断详情。

首先,生意助手确认产品在同品类下的效果排名和产品所在的市场定位,帮助商家快速评估产品的运营潜力和提升方向。

其次,生意助手通过提供产品属性效果分析、关键词效果分析、国家流量分析等重点数据,辅助商家挖掘买家偏好特征、抓住精准买家流量、洞察精准国家机会。

2. 制定产品优化策略

产品优化在提高单品运营效率、提升买家体验、提高单品销量等方面具有重要意义。

商家需要在做好产品诊断的基础上,制定正确的产品优化策略,持续提升产品运营效果,以便打造更多优爆品,获得更多的平台资源倾斜。

在阿里巴巴国际站,生意助手对某个产品进行智能诊断后,会自动生成如下诊断结论。

首先,生意助手根据当下产品效果与同行对比分析,结合市场定位,评估产品的商机潜力和运营方向,引导商家完善买家关注的证书认证和能力认证。

其次,生意助手从产品关键词、流量来源、访客所在国家等维度挖掘提升机会并给出具体运营策略建议,辅助商家在产品表达、营销场景、市场开发等方面制定有针对性的产品优化策略,让产品运营更精准和高效。

最后,生意助手根据产品图片和文字等信息,诊断产品违规风险,辅助商家复查产品并及时整改。

第四节　客户智能运营

客户运营的本质是商家用自己的产品和服务所打造的解决方案去满足客户的核心需求,其最终目标是提升订单转化率和客户复购率,从而把客户询盘尽可能地转化为商家的订单,把平台用户尽可能地转化为商家的忠实客户。

生意助手基于客户采购需求分析,通过智能接待客户,帮助商家提升客户接待效率和商务谈判效果。另外,生意助手还可以通过智能生成 RFQ 报价,帮助商家及时把握商机,有效获取客户并快速成交订单。

一、客户智能接待

客户接待对商家调动客户兴趣、增强客户信任、提升订单转化率等来说有着重要意义。

商家在收到客户的询盘后,想要有效地接待客户并成交订单,就需要在第一时间回复客户并开启商务谈判。因此,商家需要在询盘内容、目标产品、专业程度等方面做好询盘分析并准备好回复话术,还需要在客户层级、活跃程度、采购习惯等方面做好客户分析并准备好成交话术,以便及时、专业地做好商机管理工作和客户跟进工作,最终和客户达成交易。

在阿里巴巴国际站,当商家使用生意助手的智能接待功能时,生意助手会自动进行客户需求分析并智能生成客户标签和智能润色沟通话术,并根据沟通记录和客户标签智能生成回复建议,从而辅助商家提升沟通话术的针对性和专业性,帮助商家拓展更多商务谈判思路。另外,商家还可以使用生意助手的自动接待功能,生意助手会根据商家的设置自动回复客户消息,以及收集客户的采购需求,从而提高商家的工作效率和质量。

1. 客户辅助接待

商家使用生意助手辅助接待客户的具体操作如下。

首先,在回复客户消息时,生意助手会自动生成客户标签,以清晰地展示客户画像,辅助商家精准挖掘客户的采购偏好并根据客户的采购偏好进行定向回复。商家输入回复内容会唤起生意助手的 AI 润色功能,生意助手会基于客户所在国家或地区的表达习惯自动润色回复文案和优化语法,辅助商家提升回复语言的生动性和流畅度,提升信息传递效果,助力成交。

AI 润色效果示例如图 12-20 所示。

图 12-20　AI 润色效果示例

其次，商家不明确如何回复客户消息或客户没有进一步回复消息会唤起生意助手的辅助接待功能，生意助手会基于已有沟通记录的上下文提取关键信息并结合客户标签，智能分析客户需求并生成回复内容，辅助商家及时、有效地响应客户消息或打开商务谈判思路。

辅助接待效果示例如图 12-21 所示。

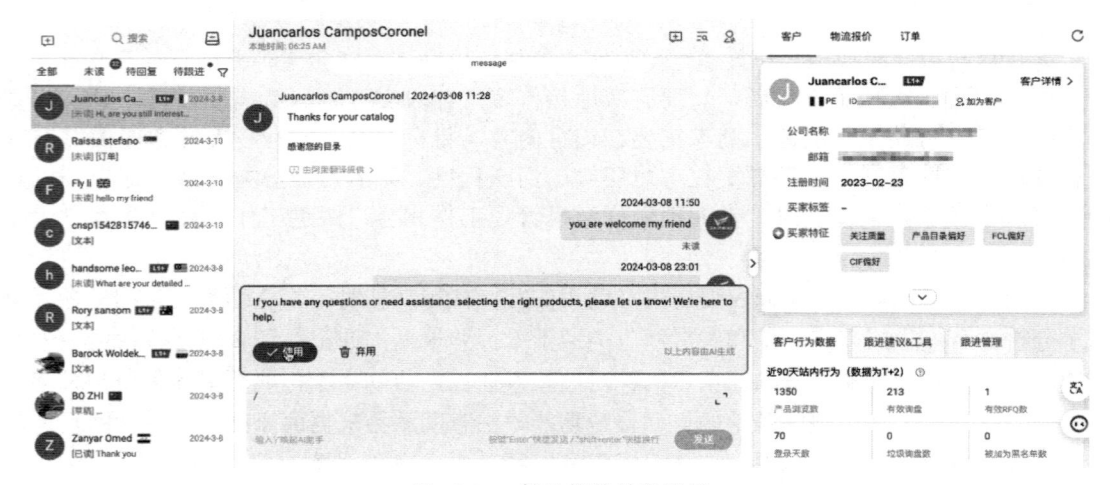

图 12-21　辅助接待效果示例

2. 客户自动接待

商家使用生意助手自动接待客户的具体操作如下。

首先，针对有客户咨询但业务员无法及时回复的场景，商家可以在阿里商家客户端沟通页面或生意助手后台开启生意助手的自动接待功能，并在生意助手后台完成自动接待功能设置，这样就可以做到无时差自动响应客户消息，从而提升客户的二次回复率。客户在 5 分钟内回复，可以同时提升商家的极速回复率。

自动接待功能的开启方式如图 12-22 所示。

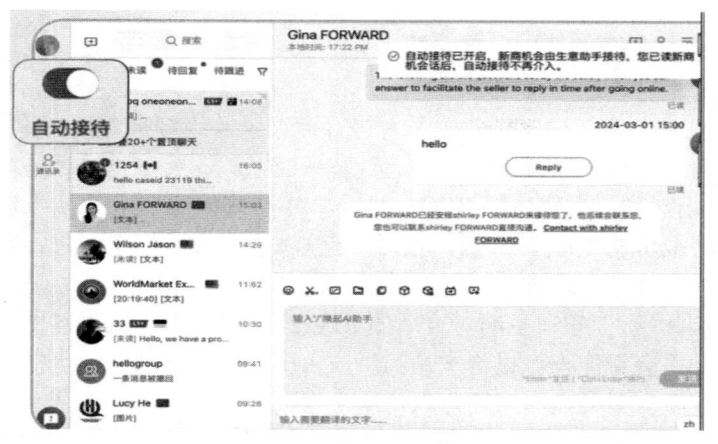

图 12-22　自动接待功能的开启方式

其次，在商家开启并设置生意助手的自动接待功能后，对于新客户或在一年内没有沟通过的客户，生意助手将针对客户信息进行自动回复，如基于产品详情回答关于报价、属性、样品的问题，同时通过追问方式收集客户具体的采购需求（如采购数量、目的地、用途等）。

注意：在生意助手完成客户采购需求收集或商家已读客户信息后，自动接待便不再介入该会话，改由人工基于已有会话信息继续进行客户接待，从而提高商家的工作效率和工作质量。

自动接待效果示例如图 12-23 所示。

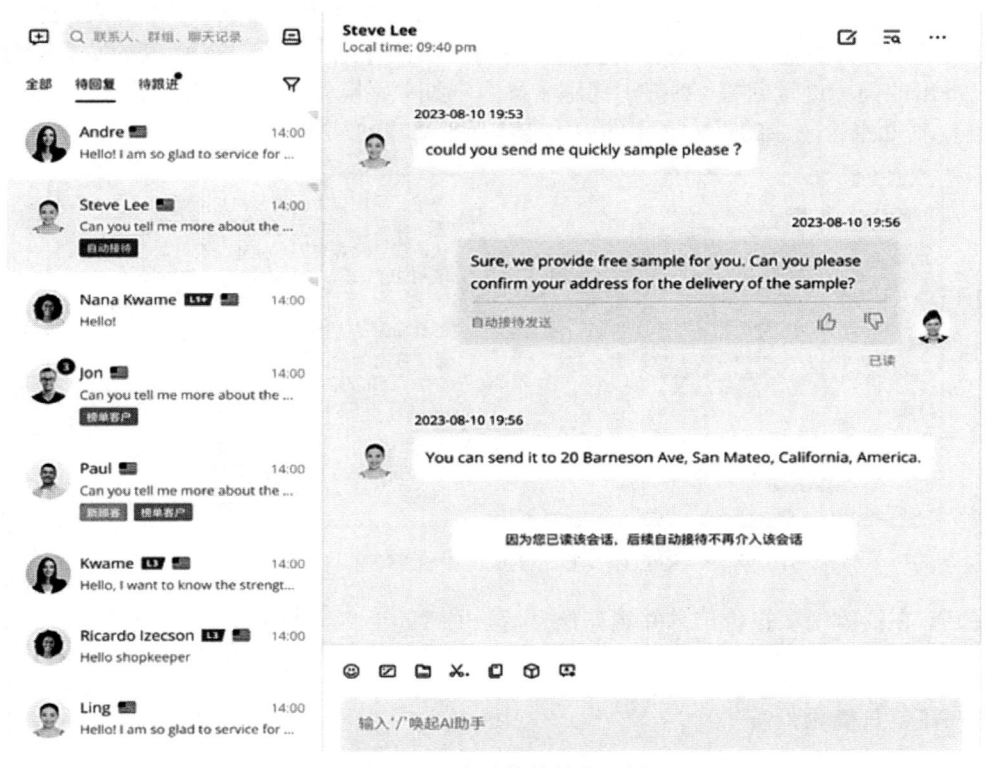

图 12-23　自动接待效果示例

二、RFQ 智能报价

RFQ 报价对商家与客户建立生意关系、提升商家星等级等来说具有重要意义。

想要有效地对 RFQ 商机进行报价并成交订单,商家就需要首先通过系统推荐或主动搜索的方式在 RFQ 市场找到一批优质的 RFQ;然后,对相关 RFQ 的信息质量进行快速的分析与判断,以确定值得报价的 RFQ;最后,按照平台规则对选定的 RFQ 进行有针对性的、及时的、全面的报价和持续管理跟进。

在阿里巴巴国际站,商家在主动对合适的 RFQ 商机进行报价时可以使用生意助手的辅助报价功能。生意助手会智能推荐报价产品和生成报价留言,辅助商家更快、更准确地报价,从而提升商机转化率。另外,商家还可以使用生意助手的托管报价功能,将优质产品托管到 RFQ 市场。生意助手会实时匹配市场新发布的指定商机,智能自动报价和生成专业留言,帮助商家在第一时间获取商机转化机会。

1. RFQ 辅助报价

商家使用生意助手进行 RFQ 辅助报价的具体操作如下。

首先,商家在 RFQ 市场找到合适的 RFQ 商机,进入 RFQ 详情页,唤起生意助手的辅助报价功能。生意助手会根据 RFQ 的内容,基于客户在平台上的足迹识别客户的采购需求,智能推荐常报价产品、橱窗产品、客户浏览产品等作为报价产品,商家可以快速选择或手动选择报价产品。

其次,在商家选择报价产品后,生意助手会结合客户的采购需求、报价产品的卖点、商家的优势等信息,智能生成专业报价留言,有针对性地介绍产品优势和商家的实力,对 RFQ 中客户提出的问题进行回答,并提出问题引导客户细化采购需求,辅助商家高效地完成报价。

RFQ 辅助报价生成的报价文案的内容结构示例如图 12-24 所示。

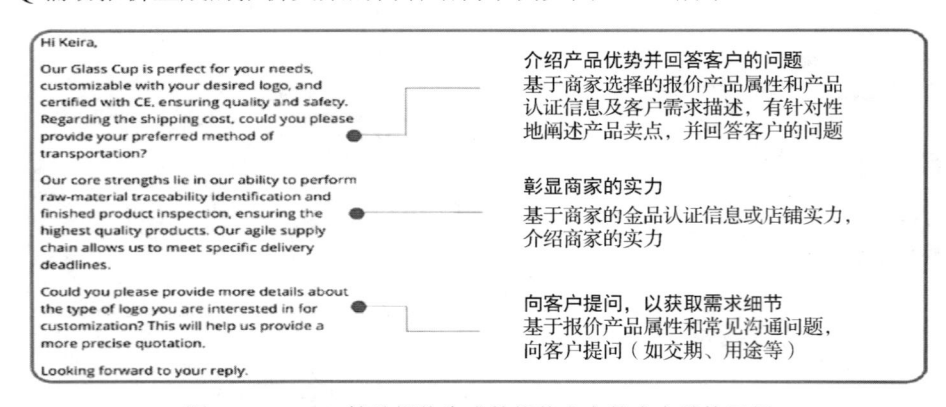

图 12-24　RFQ 辅助报价生成的报价文案的内容结构示例

最后,在商家确认报价信息并填充信息后,生意助手将自动填充 RFQ 报价信息表单,作为 RFQ 报价的基础。商家可以根据需要对 RFQ 报价信息表单进行完善,以完成最终报价。

2. RFQ 托管报价

商家使用生意助手进行 RFQ 托管报价的具体操作如下。

首先，商家在产品管理界面逐个选定想要托管的产品并进行匹配方式、托管预算、托管偏好等 RFQ 托管报价设置，也可以直接唤起 RFQ 托管报价功能或在生意助手的 RFQ 托管报价设置后台批量选择想要托管的产品并进行 RFQ 托管报价设置，如图 12-25 所示。

图 12-25　RFQ 托管报价设置

其次，在商家将产品托管到 RFQ 市场后，生意助手将开启市场新发商机实时监测，主动发现、自动匹配目标商机，以承接机会，并结合托管产品、商家的实力和商机需求等信息，自动生成专业留言并及时完成报价，帮助商家在第一时间找到潜在客户。

最后，商家可以在 RFQ 托管报价管理界面中查看托管产品报价回复效果和批量修改托管偏好，如图 12-26 所示。目前，每条商机的托管报价坑位是有限的，仅为 3 个。

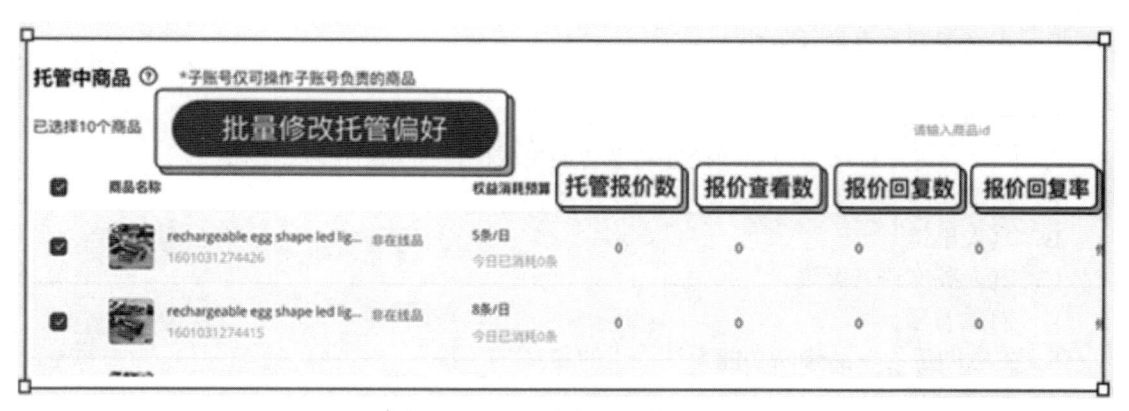

图 12-26　RFQ 托管报价管理界面

本 章 小 结

本章主要介绍了 AI 智能运营的内容：首先介绍了 AI 智能运营的基础知识，接下来通过对比阿里巴巴国际站经营各链路环节中的人工操作和 AI 操作的优劣势，分别介绍了生意助手的市场智能分析、产品智能管理、客户智能运营三大功能的使用思路和使用方法。通过学习本章，读者应能理解并掌握跨境电商 B2B 领域中 AI 工具的目的、作用、适用人群、功能、操作方法及发展趋势，并能在跨境电商 B2B 店铺运营的关键环节使用 AI 工具助力商家实现降本增效。

本章练习

一、选择题

1. 生意助手的宏观市场机会分析功能是基于商家选择的（　　）类目来生成宏观市场调研分析报告的。
   A．一级
   B．二级
   C．三级
   D．四级

2. 商家在使用生意助手的图片发品功能快速发布产品时，应该选择的产品发布方式是（　　）。
   A．极简发品
   B．普通发品
   C．发布类似品
   D．发布半托管产品

3. 商家在发布产品时输入产品关键词会唤起生意助手的关键词扩展功能，生意助手可以匹配生成更多相关关键词，并对其中（　　）的关键词给出对应的推荐理由。
   A．买家搜索热度最高
   B．买家搜索热度增长最快
   C．商家规模指数最大
   D．竞争度最高

4. 商家使用生意助手的视频处理功能智能生成的产品介绍视频不包括（　　）。
   A．产品卖点英文字幕
   B．真人出镜
   C．真人英文语音解说
   D．背景音乐

5. 生意助手的单品诊断功能无法提供的是（　　）。
   A．属性分析
   B．关键词分析
   C．国家/地区分析
   D．广告分析

6. 在商家开启生意助手的自动接待功能后，对于（　　），系统将针对客户信息进行自动回复。
   A．新客户或在一年内没有沟通过的客户
   B．样单客户
   C．成交客户
   D．复购客户

二、判断题

1. 生意助手的市场智能分析功能中的细分市场指的是产品所在的叶子类目下由大数据基于买家需求聚合的更细的市场分类，它在叶子类目和产品之间虚拟存在，仅用作数据分析，以发现机会。（   ）
2. 生意助手给出的标题优化建议一定可以满足买家需求，无须商家自己优化。（   ）
3. 生意助手的辅助接待功能可以智能分析从未与商家有过沟通记录的客户的需求并生成沟通话术。（   ）
4. 商家使用生意助手的RFQ辅助报价功能生成的报价文案一定能够得到客户的反馈。（   ）
5. 生意助手的RFQ托管报价功能包括产品匹配和叶子类目匹配两种匹配方式。（   ）

三、实训题

请你选择自己感兴趣的店铺运营问题或自行输入问题向生意助手进行提问，并结合生意助手的建议给出最终的问题解决方案。

反侵权盗版声明

电子工业出版社依法对本作品享有专有出版权。任何未经权利人书面许可，复制、销售或通过信息网络传播本作品的行为；歪曲、篡改、剽窃本作品的行为，均违反《中华人民共和国著作权法》，其行为人应承担相应的民事责任和行政责任，构成犯罪的，将被依法追究刑事责任。

为了维护市场秩序，保护权利人的合法权益，我社将依法查处和打击侵权盗版的单位和个人。欢迎社会各界人士积极举报侵权盗版行为，本社将奖励举报有功人员，并保证举报人的信息不被泄露。

举报电话：（010）88254396；（010）88258888
传　　真：（010）88254397
E-mail：dbqq@phei.com.cn
通信地址：北京市万寿路173信箱
　　　　　电子工业出版社总编办公室
邮　　编：100036